BERIT HÜTTINGER

ROAD TRIP MIT FRAU SCHERER

EIN ALLRADABENTEUER
VON DER ADRIA BIS ZUM ALTAI

DELIUS KLASING VERLAG

INHALT

5

VON DEUTSCHLAND BIS LETTLAND
AUF UMWEGEN

2.3.–24.5.2014

»Metallknetmasse, Isolierband, Multitape, Kupferpaste ...«, ruft mir mein Freund Heppo über eine grüne Kiste gebeugt zu, während ich gewissenhaft unsere Ausrüstungsliste abhake. Ich schaue kurz zu unserem Kumpel Matthias, der gerade die Elektrokiste bestückt. »S-c-h-r-u-m-p-f-s-c-h-l-a-u-c-h-s-e-t«, tippt er in seinen Computer. Ich muss schmunzeln. Noch immer amüsieren mich die lustigen technischen Begriffe, mit denen ich konfrontiert werde, seit wir unseren Allradlastwagen Frau Scherer haben. Anfangs konnte ich es kaum glauben: »Frau Scherer hat tatsächlich Schmiernippel?« »Klar«, bekam ich von unseren Rundhauberfreunden zu hören. »Es gibt sogar einen Schmierplan, und dazu benötigt man eine Fettpresse!« Wie sympathisch! Auf Diät ist unsere beleibte Dame also schon mal nicht.

Seit wir 2009 den damals noch dunkelblauen Allradlastwagen erstanden haben, ist viel passiert. Heppo ist mittlerweile ein ganz passabler Autoschrauber, und auch ich habe viel Neues gelernt, zum Beispiel mit einer Flex umzugehen. So wurde aus einem vernachlässigten

Nutzfahrzeug ein schmuckes, hellblaues Reisemobil mit Oldtimer-status. Der einst leere »Koffer«, wie man den hinteren Aufbau nennt, ist nun eine gemütliche Miniwohnung. Auf nur gut neun Quadratmetern befinden sich ein Klappbett, ein Essbereich mit Platz für drei Personen, eine Küchenzeile und viel Stauraum unterm Bett. Sogar eine Nasszelle gibt es. Am Fahrzeug selbst haben wir einiges an Extras verbaut, unter anderem eine motorbetriebene Reserveradhalterung, die abgesenkt zugleich als Außentisch genutzt werden kann, Solarzellen auf dem Dach und ein speziell für uns angefertigter Dachgepäckträger auf dem Fahrerhaus.

Ja, Frau Scherer ist nun wirklich bereit für ihre große Fahrt. Aber sind wir es auch? In wenigen Tagen soll es jetzt tatsächlich losgehen. Seit über einem Jahr planen wir nun schon unsere Reise nach Zentralasien über Osteuropa und die Ukraine weiter nach Russland, Kasachstan, Kirgistan, Tadschikistan, Usbekistan, Turkmenistan bis in den Iran und zurück. Wir, das sind Heppo, unser gemeinsamer Freund Matthias, unser Hund Sidi und ich, Berit. Ob das mal gut geht, zu dritt so lange auf engstem Raum unterwegs zu sein? Ich habe da so meine Bedenken. Aber der Plan entstand nun mal zusammen mit Matthias, als wir 2010 und 2011 sehr schöne gemeinsame Wochen in Marokko verbrachten. »Warum also nicht länger gemeinsam reisen?«, dachten wir uns. Schließlich verstehen wir uns gut, und die Kosten werden gedrittelt. Insbesondere der letzte Punkt ist bei unserem äußerst knappen Budget von 10.000 Euro pro Person nicht zu unterschätzen. Immerhin, Matthias hat ein eigenes Dachzelt bekommen. So viel Privatsphäre muss sein! Ein Zurück gibt es nun sowieso nicht mehr, denn für unseren Aufbruch ist mittlerweile alles in die Wege geleitet. Wir haben zu Hause sämtliche Kosten fast auf null reduziert, Verträge gekündigt und unsere Jobs auf Eis gelegt.

Heppo und ich sind unterdessen in der glücklichen Lage, unsere Lohnarbeit bereits seit letzter Woche hinter uns zu haben. Mein Freund ist selbstständiger Zimmerermeister, und da er weder eine eigene Werkstatt noch Angestellte hat, kann er relativ flexibel sein. Ich hingegen habe schweren Herzens meine Anstellung als Webdesignerin bei einem Sprachreisevermittler gekündigt. Unsere »Hauptwohnung«, einen selbst gebauten Zirkuswagen, lassen wir in der Obhut unserer Freunde am Wagenplatz in Regensburg. Das zweite Zimmer – nämlich Frau Scherer – wird mit uns reisen. Für Matthias aber ist alles ein bisschen komplizierter. Als Elektrikermeister mit eigener Firma konnte er sich nur unter großen Mühen Zeit für eine längere Abwesenheit freischaufeln. Am entspanntesten ist wie immer unser Hund Sidi, den wir vor fast vier Jahren als Welpen aus einer Mülltonne in der Westsahara gerettet haben. Er döst in der Sonne und blinzelt nur ab und zu verstört, wenn wir wieder einmal hektisch fluchend zwischen unseren Wagen hin und her laufen.

»Berit, träumst du?«, fragt Heppo und wedelt mit seinen Händen vor meinen Augen herum. »Tut mir leid!«, murmle ich geistesabwesend und wende mich wieder meiner Inventurliste zu. »Was war das noch einmal? Motorstarthilfe, Silikonbremsflüssigkeit und Rostlöser?«

Irgendwann muss man dann aber einfach losfahren. Denn es wird immer noch und noch etwas zu tun geben. Also starten wir den Motor und winken unseren Freunden zum Abschied zu: »Vergesst uns nicht!«

Auf der Autobahn Richtung Österreich ist Frau Scherer recht flott unterwegs. Bei der Alpenüberquerung ächzt und schnauft sie dann aber schon ordentlich. Weitaus fröhlicher klingt das Tuckern ihres Motors, als wir Slowenien hinter uns haben und Kroatien bereits in Sichtweite ist.

Bei Šibenik entdecken wir ein verwunschenes Grundstück, einen leer stehenden Campingplatz auf einer kleinen Landzunge. Durch einen terrassierten Garten führen Treppchen hinab zum Meer. Oben stehen noch einige der ehemaligen Gebäude in halbwegs gutem Zustand. Wie toll, hier möchten wir wohnen und Campingplatzbesitzer sein. Wir verbringen einen sonnigen Nachmittag voller Träumereien und Gitarre spielend am Meer.

Abends drängt Heppo darauf, dass wir zum Clubbing nach Šibenik fahren. Die mittelalterliche Innenstadt ist schön. Die Gassen sind eng, und die prächtige, weiße Kathedrale zählt zum UNESCO-Weltkulturerbe. Die Café-Bar Faust an der Hafenpromenade ist ein Schuppen für alte Männer mit einer Vorliebe für schlechte 80er-Jahre-Musik. Wir trinken ein Karlovačko und sind gelangweilt. Daher wechseln wir in einen Club in einem großen Gewölbekeller. Hier legt ein DJ Funk auf. Wir tanzen fröhlich. Allerdings beunruhigt mich eine Gruppe in Springerstiefeln und Tarnfleckhosen. Und tatsächlich outen sich die Typen wenig später als Naziskins: »Ah Germany! Hitler ist cool and Josef Mengele my idol!« Heppos »Fuck you!« und mein »We hate Naziskins!« tragen nicht gerade zur Entspannung der Situation bei. Ich beschwichtige dann aber mit dem – zugegebenermaßen stupiden – Satz: »Let's meet as people and let's not talk about politics.« Um ehrlich zu sein habe ich überhaupt keine Lust, diesen Idioten als Menschen zu begegnen, aber es scheint zu helfen. Außerdem findet sich noch ein kroatischer Beschützer mit mehr Haaren und mehr Hirn als seine Kumpels. Mattia begleitet uns zum Laster und lobt uns: »You guys are more open minded than most of the people in Šibenik!«

Der Blaue See in Imotski ist auf den ersten Blick eine herbe Enttäuschung. Er entpuppt sich als riesiges Loch, gefüllt mit Wasser, obwohl doch im Reiseführer von einem Naturwunder die Rede war. Der Ort ist auf der einen Seite bis direkt an den See gebaut, auf der anderen Seite ist das Ufer bewaldet. Irgendwie hatten wir uns vorgestellt, dass wir ganz einsam direkt am See stehen könnten. Aber klar, das ist wohl nicht so ganz einfach, bei einer Einsturzdoline mitten in einem Ort.

Schon gestern hatte uns beim nahe gelegenen Roten See ein Kroate angesprochen. Tomislav ist ein netter, ruhiger Mann – Berufssoldat. Er findet Frau Scherer sehr schön. Leider klappt die Verständigung nicht so recht, denn er spricht nur Kroatisch und wenige Brocken Deutsch. Wir glauben herauszuhören, dass er uns gern auf einen Wein einladen würde. Und tatsächlich, pünktlich um acht Uhr morgens steht er mit einer Zweieinhalbliterflasche, gefüllt mit Rotwein aus eigener Produktion, vor unserer Tür. Vom Bruder gibt es als Zugabe einen hausgemachten Schinken, Serrano-Art.

Wir sind noch beim Frühstück und laden ihn zu Kaffee und Linzer Torte ein. Die Verständigung ist wieder schwierig, daher bittet er telefonisch einen Freund dazu. Kurz darauf erscheint ein gut aussehender Rockertyp mit hellen Augen, grauem Bürstenschnitt und Lederjacke. Wie er heißt, haben wir leider vergessen. »Namenlos« kann ganz gut Deutsch und beginnt sogleich, sein komplettes Leben zu erzählen: »Vor dem Krieg habe ich als Automechaniker in Frankfurt gearbeitet. Zu Kriegsbeginn bin ich wieder zurück nach Kroatien, denn ich bin ein Politischer. Mein Land und meine Familie habe ich mit der Waffe verteidigt ...« Tomislavs Kumpel kommt nun richtig in Fahrt, qualmt uns die Bude mit einem streng riechenden Tabak voll und textet uns im Staccato zu: »Schönes Auto habt ihr da. Mercedes baut die besten Autos. Ich bin ja Motorradfahrer. Hatte schon viele Unfälle. Und siehst du den Typen da draußen, der da gerade vorbeigeht? Das ist ein Serbe. Die Serben sind schlechte Menschen, aber dieser hier ist schon in Ordnung. Heute haben ja alle frei, ist ein katholischer Feiertag. Jesus wird in neun Monaten wiedergeboren ...«

Tomislav ist zum Schweigen verdammt, jetzt, da sein Freund sich so gut an die deutsche Sprache erinnert. »Aber Leute«, fährt dieser fort, »nun müsst ihr euch den See anschauen und, bitteschön, überall weitersagen, dass Imotski – Stadt, See und Menschen – auf jeden Fall einen Besuch wert sind!« Alles klar, das habe ich hiermit erledigt.

Autoprobleme in Montenegro

Es regnet in Strömen, und kalt ist es auch. Bei Vitaljina geht es dann nach Montenegro. Die Beamten durchsuchen halbherzig unseren Lkw, und erstmals müssen wir die Hundepapiere vorzeigen. Immer wieder ist es erstaunlich, wie sich gleich nach der Grenze alles verändert. Der Verkehr in Montenegro ist chaotisch. Plötzlich sieht man kyrillische Schriftzeichen, und die Landschaft wirkt dramatisch. Die Berge sind tatsächlich schwarz – wie der Name Montenegro schon sagt – und steigen gleich hinter der Küste steil an. Die größte Überraschung jedoch ist, dass man hier mit Euro zahlt. Montenegro hatte bereits 1999 die DM eingeführt und dann gleich mit auf den Euro umgestellt. Und das, obwohl Montenegro kein offizielles Mitglied der EU und auch nicht Teil der Währungsunion ist! Daher darf das kleine Land auch keine eigenen Münzen prägen.

Die Bucht von Kotor ist zauberhaft schön – und ein teures Pflaster. Am Straßenrand sieht man einen Schilderwald aus Werbetafeln in mehreren Sprachen – Serbisch, Russisch und Englisch: Penthouse für 1,5 Millionen, Luxury Residences, der Quadratmeter ab 180 Euro. Montenegro steht Monte Carlo offensichtlich in nichts nach. Reiche Russen kaufen sich hier Land und Häuser in bester Mittelmeerlage.

Die Stellplatzsuche gestaltet sich für uns schwierig. Wir haben uns hinter der Bucht von Kotor einen Landzipfel ausgesucht, der laut unserer Straßenkarte etwas weniger dicht besiedelt sein soll. Aber das ist reine Theorie. Die Straßen werden einspurig und sind sehr eng. Erschwerend kommt hinzu, dass der Weg eine einzige Baustelle ist und uns immer wieder dicke Lkw entgegendonnern. Zusätzlich sind mehrere Schikanen eingebaut: Eisenstäbe, die aus dem Boden ragen, oder metertiefe, ungesicherte Löcher. An der Spitze des Landzipfels entdecken wir dann Bedrückendes. Der ehemalige Militärstützpunkt ist eine Geisterstadt, ziemlich gruselig. In einer verlassenen Kaserne finden wir Einschusslöcher, deutliche Spuren des Krieges. Darüber hinaus ist der Schotterweg beiderseits mit Bändern als vermintes Gebiet gekennzeichnet. Hier möchten wir nicht bleiben. Nach längerer Suche finden wir einen Stellplatz neben den Ruinen eines Hofes mit mehreren Gebäuden, in der Nähe der Plaža Mirišta bei Žanjic. An sich ist das ein wildromantisches Grundstück mit Zypressen und Blick auf die Berge. Sogar ein Stückchen Meer kann man sehen. Aber richtig wohl ist mir auch hier nicht. Hier hat einmal eine Familie gewohnt, sie wurde vielleicht vertrieben oder sogar getötet. Ich möchte mir das gar nicht so genau vorstellen.

Nachts entdecken wir am sternenklaren Himmel seltsame Leuchterscheinungen. Eine Disco? Leuchtbojen? Ufos? Geister? Außerdem hören wir ein durchdringendes Heulen ganz in unserer Nähe. Indianer? Kinder? Echte Gespenster? Gar die ruhelosen Seelen der ehemaligen Bewohner? Oder Schakale? Matthias in seinem Dachzelt träumt nachts von Menschen, die auf dem Grundstück hin und her gehen und sich lautstark auf Serbisch unterhalten. Als er schweißgebadet aufwacht und nach dem Pfefferspray greift, ist weit und breit niemand zu sehen.

Weil wir hier nicht bleiben mögen, beschließen wir, einige Hundert Meter bergab an die Plaža Mirišta zu fahren. Da greifen beim Bergabfahren plötzlich die Bremsen nicht mehr! Wir sind entsetzt! Vor unserer Abreise haben Heppo und Matthias die Bremsanlage komplett erneuert, das heißt, neue Bremsleitungen und neue Bremsbeläge eingebaut sowie das ganze System mit wartungsfreier Silikonbremsflüssigkeit befüllt. Die Bremszylinder, die neu nicht mehr erhältlich sind, wurden von einem Fachbetrieb überholt. Da die Bremse mit das Wichtigste am Fahrzeug ist, gingen die beiden mit großer Sorgfalt vor, besonders beim abschließenden Entlüften. Beim TÜV erzielte Frau Scherer auf dem Prüfstand hervorragende Werte. Daher ärgern wir uns nun umso mehr, dass plötzlich so gravierende Probleme auftreten. Bei einer Inspektion stellen wir fest, dass der Kupferring am Hauptbremszylinder ganz leicht undicht ist. Da aber bei mehreren nachfolgenden Tests die Bremse wieder einwandfrei funktioniert, schließen wir daraus, dass nicht ein Druckverlust das Problem ist, sondern das System an dieser Stelle Luft saugt. Das könnte der Grund für das einmalige Versagen sein. Also machen wir uns sofort an die Arbeit und entlüften die Bremse. Zum Nachziehen der undichten Schraubverbindung benötigten wir jedoch einen 41er-Schraubenschlüssel, den wir dummerweise nicht an Bord haben. Deswegen fahren wir weiter Richtung Budva und halten in Radanovici bei einer Lastwagenwerkstatt. Dort vereinbaren wir mit Chef Stanko für den nächsten Morgen einen Termin.

Da die Werkstatt direkt neben einer stark befahrenen Straße liegt, wollen wir uns in der Nähe ein ruhiges Plätzchen für die Nacht suchen. Das ist echt schwierig. Alle Straßen führen zu Häusern oder sind ausgesprochen eng und steil. Wenigstens finden wir eine Quelle, wo wir unseren Wasservorrat auffüllen können.

So ein Versorgungsstopp ist bei uns immer sehr aufwendig, da wir Trink- und Brauchwasser ausschließlich in stapelbare Zehnliterkanister der Marke Kabi abfüllen. Diese haben gegenüber einem fest verbauten Tank den Vorteil, dass sich keine Algen- oder Bakterienkulturen entwickeln können. Außerdem haben wir so eine bessere Kontrolle über die verschiedenen Wasserqualitäten. Dafür haben wir ein internes Markierungssystem entwickelt. Ein blaues Bändchen bedeutet zum Beispiel Trinkwasser, gelb hingegen Brauchwasser. Der Nachteil von Kanistern liegt aber auf der Hand: Wir müssen jeden Behälter einzeln aus unserem Lagerplatz in der Dusche holen, befüllen, abtrocknen und zurücklegen. Bei 15 Kanistern kann die Mission Wasser daher schnell mal zu einer längeren Aktion werden.

Vier Stunden später. Es ist bereits dunkel, als wir Frau Scherer auf einem Schuttabladeplatz abstellen. Wir konnten einfach keinen besseren Platz finden. Montenegro beginnt uns langsam zu nerven!

Frühmorgens einen Termin zu haben, ist für uns eine echte Herausforderung. Nicht, weil wir so furchtbare Langschläfer sind, sondern vielmehr, weil unsere Art zu reisen für viele Dinge mehr Zeit erfordert. Allein schon das Sichern unserer Habe im Lkw dauert. Beim Fahren soll schließlich nicht alles wild durcheinanderpurzeln. Dazu ist Frau Scherer mit ihren 100 PS auch eine echte Schnecke, und so brauchen wir schon mal für Strecken von nur zehn Kilometern bis zu einer Stunde – je nach Straße und Gelände. Trotzdem sind wir wie vereinbart kurz nach acht Uhr in der Werkstatt. Stanko bedeutet uns, auf die Grube zu fahren, und ruckzuck ist der Kupferring ausgebaut, der tatsächlich eine deutliche Kerbe aufweist. Wie ärgerlich, so etwas sollte nach einer Generalüberholung nicht vorkommen. Da der Ring eine Sondergröße hat, müssen wir uns leider mit Abschleifen zufriedengeben. Für kurze Zeit sieht alles sehr gut aus. Als der Chef dann aber persönlich zum Schlüssel greift und die Schraube fest anzieht, höre ich Heppo aus der Grube heulen: »Jetzt hat er ihn kaputtgemacht!« Es folgt eine Serie von hässlichen Flüchen. Der Worst Case ist eingetreten, das Gussgehäuse hat einen Riss. Eine schreckliche Schockstarre macht sich breit. Ein Mechaniker versucht uns einzureden, dass ein bisschen Metallkleber das Gussteil so gut wie neu werden lässt und wir damit locker bis nach Russland und zurück kämen. Von wegen! Das Teil ist hinüber. Da ist nichts mehr zu machen. Eine schöne Bescherung!

Uns tröstet lediglich ein wenig, dass wir zu Hause noch einen alten Zylinder haben. Jetzt tritt das Notfallszenario in Kraft: mit dem Handy teuer nach Regensburg telefonieren und veranlassen, dass dieser sofort zum Überholen geschickt wird. Außerdem den ADAC anrufen, da meistens auf die Einfuhr von Ersatzteilen Zoll erhoben wird und nur der Automobil-Club dies umgehen kann. Vom Mobiltelefon aus führe ich ein paar verzweifelte, überaus kuriose Gespräche, um Informationen über die Einfuhrbestimmungen zu bekommen. Mit dem Flughafen verläuft das Gespräch folgendermaßen: »Could you please help me with information about custom regulations?« »No,

I am not the captain!« Acht ähnliche Telefonate später gebe ich entnervt auf.

Wegen des besseren Internetempfangs setze ich mich zu Recherchezwecken in die Werkstatt, wo die Mechaniker ihre wahre Freude mit mir haben. Sie machen mir Komplimente und füllen mich mit Raki ab. Es ist erst 13 Uhr, und ich habe schon zwei Schnaps getrunken. Sie kramen sogar ihr Englisch hervor: »You have beautiful eyes!« Na, so was.

Der Tag verläuft äußerst frustrierend. Wir laufen zu dritt los und versuchen, in der gut drei Kilometer entfernten Shoppingmall eine montenegrinische SIM-Karte aufzutreiben, um uns die teuren Roaminggebühren zu ersparen. Erfolglos. Von einer gelangweilten Verkäuferin werden wir auf die nächstgrößeren Städte Kotor oder Tivat verwiesen. Die sind aber sechs beziehungsweise acht Kilometer entfernt. Busse gibt es hier nicht, geschweige denn Taxis, also weiter zu Fuß. Plötzlich stehen wir vor einem mehrere Kilometer langen Autotunnel ohne Fußgängerweg. Da kommen wir nicht durch. Mein Trampversuch bleibt ebenfalls erfolglos. Mein gekränktes Ego – ich bin leider keine süße 20 mehr – tröstet sich damit, dass es wirklich viel verlangt ist, drei Personen und einen Hund mitzunehmen. Bei großer Hitze müssen wir also unverrichteter Dinge wieder zurückmarschieren. Wir sind übrigens die einzigen Fußgänger weit und breit. Im Straßengraben liegen unzählige tote Tiere, skelettierte Hunde, Marder, Frettchen, Schlangen und wer weiß, was noch alles. Die Montenegriner fahren wie die Henker, und Bürgersteige oder gar Radwege gibt es nicht. Wir müssen verdammt aufpassen, dass wir nicht Teil der makabren Road-Kill-Sammlung werden.

Als Lichtblick des Tages dürfen wir dann jedoch hinter der Werkstatt auf dem Grundstück des netten, Deutsch sprechenden Opas Janko stehen. Vorsichtig tasten wir uns nur mit der Handbremse auf das Gelände, das recht idyllisch und vor allem ruhig an einem Bach liegt.

Heppo, der einen besonderen Sinn für das Praktische hat, säubert die Stelle vor unserer Tür vom Müll und richtet uns einen Duschplatz ein. Über den Bach läuft nämlich eine schlecht verlegte Trinkwasserleitung, die an einer Stelle undicht ist. Nach mehreren Stunden Steine schleppen und Kies harken präsentiert er uns stolz eine Outdoordusche mit halbhohem Mäuerchen und kleinen Stufen, die er in die Böschung gegraben hat. Wie herrlich, Wasser im Überfluss! Bei unserer Art zu reisen ist es ratsam, jede potenzielle Waschgelegenheit zu ergreifen, denn wir haben ja nur maximal 150 Liter Wasser an Bord. Das brauchen wir zum Trinken, Kochen, Abspülen und natürlich auch für die Körperpflege. Wir waschen uns daher, wenn es die Umstände zulassen, vorzugsweise in freier Natur. Wenn nicht, dann bleibt eben nur unsere Nasszelle. Diese ist eine mit Dachbegrünungsfolie ausgeschlagene Kammer im Lastwagen, die allerdings gleichzeitig als Lagerraum dient. Wollen wir dort duschen, müssen wir sie also vorher jedes Mal ausräumen. Dann stapeln sich in unserem Wohnbereich plötzlich Wasserkanister, Ersatzteile, Reis- und Kartoffelsäcke, Tonnen mit Hundefutter und Lebensmittel in Dosen. Niemand kann sich dann noch bewegen. Mit Humor betrachtet, hat ein Duschtag also Ähnlichkeit mit einem sehr fortgeschrittenen Level des Computerspielklassikers Tetris. Ein sonnig warmer Tag, ein uneinsichtiger Platz und eine unerschöpfliche Wasserquelle sind daher ein wahnsinniger Luxus. Wen stört es da bitte, dass das Wasser kalt ist?

Wir kommen auf die tolle Idee, uns über den ADAC einen Leihwagen zu besorgen. Wir hängen hier ja wirklich fest. Und tatsächlich bekommen wir für sieben Tage ein Fahrzeug. Trotz der Panne sind wir daher plötzlich guter Dinge. Mit unserem Leihauto, einem Golf TDI, fahren wir nach Budva, einem der ältesten Orte am Mittelmeer. Leider wurde die Stadt 1979 bei einem Erdbeben komplett zerstört, danach aber wieder originalgetreu aufgebaut. Jetzt tummeln sich dort reiche Russen und gehen mit ihren Luxusyachten vor Anker. Wir fühlen uns reichlich deplatziert.

Die mittelalterliche Festungsstadt Kotor ist dagegen sehr schön. Von drei Seiten ist sie von hohen Bergen umgeben und liegt an einer malerischen Bucht. Zusätzlich wird der Ort von einer Stadtmauer geschützt, und den Berg hinauf zieht sich eine ausgedehnte Burganlage. Die Stadt muss einmal sehr reich gewesen sein, denn wir entdecken überall Paläste, Prunkbauten, kleine Türmchen und Kirchen. Ein Rundweg führt auf die Bergrückseite zur Burg, dem St John's Castle. Hier sieht es wie im Auenland aus, dem Land der Hobbits. Die Geräusche der Stadt verstummen, dafür hört man die Vögel singen. In Schlangenlinien geht es, einem Eselspfad folgend, wieder hinunter nach Kotor.

Heppo und Matthias starten früh am nächsten Morgen nach Dubrovnik, wo unser mittlerweile überholter Hauptbremszylinder eingetroffen ist. Wegen der Zollbestimmungen – Kroatien ist ein EU-Land – ist es anscheinend einfacher, das Ersatzteil dorthin zu schicken. Ich bleibe mit Sidi bei Frau Scherer. Ich wäre zwar gern mitgefahren, aber mit dem Hund wollen wir keine unnötigen Grenzübertritte wagen. Außerdem ist die Tour ja auch nicht als Vergnügungsfahrt gedacht. Am frühen Nachmittag sind die beiden wieder zurück. Die Zollbeamten hatten sie bereits erwartet, und die Übergabe des Zylinders klappte ohne Probleme. Jetzt kann es mit dem Einbau losgehen. Bitte Daumen drücken, denn schon morgen wollen wir weiter nach Albanien reisen.

In der Nacht stürmt es orkanartig, und Matthias steht morgens total zerknittert vor uns. Er hat die ganze Nacht nicht geschlafen, und außerdem hat es in sein Dachzelt geregnet. Heppo hat von der Bremse geträumt und ich wirres Zeug von Albanien. Dann bekommen sich Matthias und ich wegen irgendeines Unsinns in die Haare, und zu allem Überfluss schwitzt der neue Zylinder nach dem Einbau schon wieder Bremsflüssigkeit am Kupferring aus. Das darf doch nicht wahr sein! Was für ein unglaubliches Pech. Nach zehntägiger Wartezeit hat das Ersatzteil genau den gleichen Defekt wie sein Vorgänger. Wir sind verzweifelt. Also zerlegen wir erneut den Hauptbremszylinder und überprüfen den Kupferring. Und siehe da, der ist tatsächlich schon wieder komplett zerfurcht und sieht nicht wie neu aus. Da wir keine andere Wahl haben, machen wir den Ring heiß, um ihn weicher und damit dichter zu bekommen. Weit nach Einbruch der Dunkelheit beginnen wir langsam zu hoffen, dass diese Maßnahme von Erfolg gekrönt sein könnte.

Die ganze Aktion hat uns einen weiteren Tag plus graue Haare plus Lebensjahre gekostet. Doch können wir weiterfahren und schaffen es noch an diesem Tag bis Bar in die Berge. Dort sieht es landschaftlich vielversprechend aus. Aber wir können die schöne Natur kaum genießen, denn Matthias und ich bekommen schon wieder einen Riesenstreit. Schuld bin ich, da mir scheinbar grundlos der Kragen platzt und ich den armen Kerl wild schimpfend aus Frau Scherer werfe. Klar, nun ist die Gesamtstimmung nachhaltig dahin, und Heppo ist jetzt ebenfalls böse auf mich. Das tut mir alles furchtbar leid, ich habe sicher nicht besonders erwachsen reagiert. Aber manchmal weiß man ja selbst nicht, was man so genau möchte, oder? Ich würde am liebsten die Reset-Taste drücken, aber wo gibt es die im richtigen Leben?

Später weiß ich dann, was mich stört, und kann es auch benennen. Ich merke einfach, dass ich mehr Zeit für mich und auch mit Heppo brauche, und so genügen im Moment schon Kleinigkeiten, dass ich aus der Haut fahre. Uns allen war schon im Vorfeld klar, dass es schwierig werden würde, in einer Dreierkonstellation zu verreisen. Bereits letztes Jahr im Juni war ich kurz davor, das Unternehmen abzublasen. Aber schließlich haben wir uns dann doch dafür entschieden, es zumindest zu versuchen. Jeder muss wohl erst seinen Platz finden. Da wir so lange Zeit auf so engem Raum zu dritt unterwegs sind, ist Ärger wahrscheinlich vorprogrammiert. Ich versuche, mich in Matthias hineinzudenken, dessen privater Bereich sich nur auf das Dachzelt beschränkt. Heppo und ich bewohnen immerhin den gesamten Koffer, was mehr Bewegungsfreiheit und bei schlechtem Wetter ein warmer Platz am Holzofen bedeutet. Andererseits befinden sich hier neben unserem Bett auch der gemeinsam genutzte Essbereich und die Küchenzeile. Schwierig ist das für beide Parteien. Matthias muss sich beim Essen und Kochen stets nach uns richten, er ist uns somit ein gutes Stück weit ausgeliefert. Wir hingegen haben so gesehen gar keinen Privatbereich, da der Lastwagen Versorgungsstation für alle ist. Innerlich verfluche ich mich für die Schnapsidee, zu dritt wegzufahren. Trotzdem tut mir meine miese Laune schrecklich leid, und ich bemühe mich nun sehr, für eine harmonische Stimmung zu sorgen.

Albanien und die Waschanlagen

Albanien heißt auf Albanisch Shqipëria und wurde 1967 zum »ersten atheistischen Staat der Welt« erklärt. Die Gottlosigkeit war staatlich verordnet, aber heutzutage gibt es wieder zahlreiche Moscheen und Kirchen. Überhaupt hat Albanien sehr harte Zeiten hinter sich, vor allem das letzte Jahrhundert war schrecklich für Land und Leute. Erst wurde Albanien von italienischen und deutschen Faschisten besetzt, dann folgten über 40 Jahre Kommunismus unter dem paranoiden Diktator Enver Hoxha, der überall kleine Einmannbunker bauen ließ und das Land komplett isolierte. Diese Bunker sieht man noch jetzt überall; sie werden aber von den Albanern kreativ genutzt, zum Beispiel als Geräteschuppen. Später folgte im Rahmen des sogenannten Pyramidenskandals der wirtschaftliche Ruin vieler Albaner, die auf dubiose Geldanlagefonds mit angeblichen gewaltigen Zinssätzen hereingefallen waren. Das hart erarbeitete Geld der kleinen Leute verschwand in ominösen Quellen. 1997 kam es daher zum Lotterieaufstand, zu einer landesweit herrschenden Anarchie und vorgezogenen Neuwahlen. Erst seit 2000 geht es langsam bergauf. Albanien ist aber noch immer eines der ärmsten Länder Europas.

Für uns fühlt sich Albanien statt europäisch schon eher ziemlich exotisch an: Plötzlich gibt es Moscheen neben Kirchen, Mofafahrer mit bekopftuchten Frauen auf dem Rücksitz, Motorradeigenbauten mit einem kleinen Wagen vorn dran – zum Transport der Freundin, der Familie, der Tiere und Güter –, weidende Kühe am Straßenrand und mehrstöckige Betonbauten, die nur aus Säulen und Treppen bestehen. Wirklich lustig sind die Waschanlagen (Lavazh), die alle 250 Meter auftauchen. Da findet sich die Profianlage bei einer Tankstelle bis hin zur einfachsten Variante nur mit Gartenschlauch. Lavazh, Lavazh, Lavazh ... überall. Auch Brautmodengeschäfte und Beautysalons stehen hoch im Kurs. Dafür ist es nicht ganz einfach, Brot oder Milch aufzutreiben. Erst im vierten Geschäft bekommen wir die gewünschten Lebensmittel. Die vermeintliche Milch entpuppt sich dann allerdings als Trinkjoghurt.

Die kleine Stadt Shkodra macht einen recht netten Eindruck. Sie liegt zu Füßen einer großen Burg, zwischen dem Skutarisee und den Flüssen Drin, Kir und Buna. Mehrere Erdbeben und die Jahre im Kommunismus haben viel von der alten Bausubstanz zerstört, und so ist der Ort zu weiten Teilen etwas gesichtslos. Eine hübsche alte Straße gibt es aber noch, und durch die schlendern Heppo und ich nun, gehen zum Kaffeetrinken und essen ein Stück Kuchen in einem plüschigen Omacafé. Auf dem Nachhauseweg entdecken wir ein schlimm aussehendes Romaviertel. Die Leute dort wohnen auf einer Müllhalde. Ich habe ja ein Faible für Randexistenzen, aber das hier kann ich gar nicht einschätzen: Slum? Getto? Keine Ahnung! Weil ein Hund kläglich winselt, spähen wir über die Mauer: Ein Kind steht vor einem angebundenen Welpen und täuscht immer wieder Schläge an. Das Tier fängt jedes Mal sofort bitterlich zu winseln an. Überhaupt fallen die vielen räudigen und abgemagerten Hunde ins Auge. Uns blutet das Herz.

Heppo isst bereits seit einiger Zeit kein Fleisch mehr. Ich hingegen gönne mir ab und zu noch einen Braten oder eine Wurstsemmel. Und Fisch finde ich einfach superlecker. Ein Erlebnis in einem Restaurant lässt mich dann aber doch zur Vegetarierin werden. Vor unseren Augen angelt der Chef einen schlappen Karpfen aus einem trüben Becken und schneidet dem Tier bei lebendigem Leibe alle Flossen ab, bevor er es ins Frittierfett wirft. Es reicht! Ich nehme mir vor, ab sofort weder Fisch noch Fleisch zu essen. Dennoch weiß ich schon jetzt, dass dieses Vorhaben in vielen Ländern auf unserer Reise nur schwer durchzuhalten sein wird ...

Schon im Reiseführer hatten wir gelesen, dass die Albaner täglich zwischen 18 und 20 Uhr ein Schaulaufen veranstalten. In den besten Klamotten – Kostüm und Stöckelschuhe bei den Frauen, Sakko und blank gewienerte Stiefeletten bei den Männern – zeigt man sich auf den Straßen, geht etwas trinken und essen, hält ein Schwätzchen. Und tatsächlich, pünktlich um 18 Uhr ist Primetime! Die ganze Stadt ist auf den Beinen. Gegen 22 Uhr ziehen auch wir drei los, aber da ist der Zauber bereits vorbei. Nur in den Sportwettenbars sitzen noch ein paar Männer. Frauen sind so gut wie gar keine mehr unterwegs. Andere Länder, andere Sitten! Frustriert trinken wir noch eine Cola in einer neonbeleuchteten Bar mit lila Seidentapeten und kehren dann wieder zu unserem Zuhause zurück.

Wir brauchen dringend einen Recherchetag, denn noch immer wissen wir nicht, wie wir nach Russland einreisen sollen. Die Krise in der Ostukraine hält unvermindert an und bringt somit unsere Routenplanung durcheinander. Unzählige Stunden haben wir bereits im Internet nach Alternativen gesucht, aber bisher konnten wir nur Folgendes herausfinden: Es gibt wohl eine Fähre vom türkischen Trabzon nach Sotchi. Diese hat aber keine geregelten Abfahrtszeiten. Angeblich existiert auch eine Verbindung über das Schwarze Meer, von Aserbaidschan nach Kasachstan. Dazu findet man aber so gut wie gar keine Informationen. Außerdem benötigt man für Aserbaidschan ein Visum, das wir nicht haben. Dann finden wir Informationen über eine neue Fährgesellschaft ferryknowhow. Diese will das Schwarze Meer befahren, und zwar vom ukrainischen Odessa nach Sotchi in

Russland und weiter nach Batumi in Georgien und wieder zurück. Die Agentur sitzt in Berlin und schreibt auch prompt zurück: »Wegen der unsicheren politischen Lage können wir im Moment keine genauen Angaben zum Fahrplan machen. Bitte melden Sie sich in zwei Wochen noch einmal.« Schade, diese Möglichkeit kommt also ebenfalls nicht infrage.

Auch der Landweg über den Kaukasus ist so gut wie ausgeschlossen. Kein Mensch fährt da, so glauben wir zumindest. Später im August werden wir Reisende treffen, die ohne Probleme über die georgische Heerstraße gefahren sind. Also doch durch die Ukraine? Aber die Nachrichten von Terrorakten und Toten in Donetsk und Kharkiv beunruhigen uns. Außerdem findet genau am 25. Mai die Präsidentschaftswahl statt. Wenn es zu Ausschreitungen kommen sollte, dann sicher in diesem Zeitraum. Die Überlegung, nördlich von Kiew das Krisengebiet weiträumig zu umfahren, verwerfen wir gleich wieder, da dort das riesige Sperrgebiet von Tschernobyl liegt!

Aber wie wäre es, die geplante Strecke einfach anders herum zu fahren? Also über die Türkei in den Iran, nach Turkmenistan usw.? Dann verfallen allerdings unsere ersten drei Visa, und wir sind jahreszeitlich voll daneben, also in der größten Hitze im Iran und im Winter in Russland. Die Situation scheint aussichtslos. Zu allem Überfluss beginnt es am späten Nachmittag auch noch sintflutartig zu regnen und heftig zu gewittern. Die Internetverbindung funktioniert nicht mehr. Irgendwie wird es uns im Moment nicht leicht gemacht: Prüfungen über Prüfungen.

Das Wetter ist immer noch scheußlich, und die Prognose für die nächsten Tage verheißt keine Besserung. Es soll sogar bis auf minus zwei Grad abkühlen. Dafür hat Heppo über Nacht einen Geistesblitz gehabt, denn es gibt noch eine weitere Möglichkeit. Wegen der vielen Extrakilometer hatten wir eigentlich von Anfang an den Landweg über das Baltikum nach Russland kategorisch ausgeschlossen. Angesichts der vielen Risikofaktoren bei allen anderen Varianten erscheint dieser jetzt aber als die einzig sinnvolle Alternative. Ein Blick in die Karte ergibt, dass der Umweg machbar ist. 1.000 Kilometer hin oder her, die Fähre hätte schließlich auch eine Stange Geld gekostet. Der neue Plan steht. Morgen fahren wir gen Norden.

Bei der Ausreise werden wir auf der albanischen Seite gefilzt und müssen dazu in die Durchsuchungsgarage fahren. Der Grenzpolizist fragt uns streng nach »Narcotis«, worauf ich mit einem entrüsteten »Oh, no!« antworte. Dann wühlt er sich gründlich durch unsere nassen Klamotten, die Unterwäsche, den Schuhschrank, das Küchenkästchen, das Gewürzregal, die Badezimmerutensilien und den Gitarrenkoffer. Größtes Misstrauen erregen der Majoran in unserem Gewürzschrank und der rote Koffer mit den Tees. Insbesondere der Pfefferminztee ist ihm ein Dorn im Auge. Mir tut er fast schon leid, der Grenzbeamte, denn unseren Lkw zu durchsuchen ist kein Spaß. Nach zwei Stunden erfolglosem Wühlen hat er wahrscheinlich erst ein Zehntel durchforstet. Seine anfängliche Euphorie und Energie versiegen zusehends, denn mittlerweile sind auch ihm die Untiefen unseres Fahrzeugs und der damit verbundene Arbeitsaufwand klar geworden. Spätestens als er die mannshohen Kisten- und Kanisterstapel in unserer Dusche zu Gesicht bekommt, gibt er ein lautes Seufzen von sich und verlässt mürrisch vor sich hin brummelnd unseren Wagen. Mit einer fahrigen Handbewegung und verärgertem Gesichtsausdruck bedeutet er uns, dass wir uns vom Acker machen sollen.

Serbiens Heilbäder

Was weiß man schon von Serbien? Ich denke an den Jugoslawienkrieg, den Kosovokrieg, Kriegsverbrechen und -verbrecher. Meine Freundin Kathi, die vor ein paar Jahren kurz entschlossen mit zwei ihr nur flüchtig bekannten englischen Rockern mitten im November auf dem Motorrad mit nach Serbien gefahren ist, hatte uns ein wenig von dem Land erzählt. Ihre Erinnerungsfotos zeigten bärtige Männer, selig auf dem Sofa schlummernd, die Schrotflinte im Arm. Daher sind wir ziemlich überrascht, als sich uns Serbien eher beschaulich als Land der Heilwässer und -bäder präsentiert.

Weil es mittlerweile schon fünf Tage regnet, sind wir ziemlich durchgefroren. Unser kleiner Holzofen wärmt den Innenraum normalerweise innerhalb kürzester Zeit ohne Probleme auf. Aber wir hatten nicht damit gerechnet, dass wir um diese Jahreszeit noch einheizen müssen, und daher ist trockenes Brennholz, das wir stets vor Ort suchen, gerade Mangelware. In klammen Klamotten sitzen wir im Laster und ziehen lange Gesichter. Ein Thermalbad käme uns in dieser ungemütlichen Situation also gerade recht. Wir haben ziemlich konkrete Vorstellungen davon, wie es sein sollte, und malen uns den Wellnessbereich schon in den schönsten Farben aus. Doch die Realität hält sich selten an die Fantasie, und so kommen wir in Bujanovac, einer öden Kleinstadt, vor einem hässlichen, heruntergekommenen Zweckbau aus den 1970er- oder 1980er-Jahren zum Stehen. Das Bad hat bereits geschlossen. Der Nachtwächter signalisiert uns immerhin, dass wir gern über Nacht auf dem Parkplatz bleiben können. Im Internet lesen wir dann, dass es in Serbien über 238 geothermische Phänomene gibt, unter anderem auch einen Geysir. Wir sind gespannt!

Auch bei Tageslicht wirkt die Banja bei Bujanovac beunruhigend. Im Hinterhof des Rehazentrums stehen zwei dampfende Betonbecken, die wie die Meiler eines Atomkraftwerkes aussehen. Heppo schleicht sich an der Rezeption vorbei und riskiert einen Blick in die »Saunalandschaft«. Er berichtet von einer regennassen, tropfenden Decke und vielen alten Männern in dampfenden Becken. Wir hoffen, dass es im Land der Heilbäder auch noch schönere Optionen gibt und wollen daher weiter nach Vranjska Banja fahren, um dort unser Glück zu probieren.

Auch diese Stadt hat ihre besten Zeiten schon lange hinter sich, wirkt aber insgesamt wie ein gediegener Kurort. Überall dampft es aus der Erde und riecht nach Schwefel. Die Straßenhunde wärmen sich auf den Betondeckeln auf, unter denen die heißen Quellen entspringen. An vielen Stellen hört man es blubbern und aus der Erde rülpsen. Die Empfangsdame des Bades kann kein Englisch und zeigt uns daher kurzerhand die Waschkabinen. Es sind schmuddelig wirkende, gefliese Baderäume, groß genug für ein oder zwei Personen. Egal, Wellness sieht war anders aus, aber das nehmen wir trotzdem. Endlich, ein heißes Bad!

Die Sonne scheint wieder, und die Landschaft ist sehr reizvoll. Die Hügel sind vom zarten Grün der Laubwälder bedeckt und überall dampft es aus den Wäldern. Serbien hat eindeutig noch unentdecktes touristisches Potenzial! Wir möchten gern ein weiteres Highlight Serbiens kennenlernen, und zwar den Geysir bei Sijarinska Banja. Der Ort liegt Luftlinie nur 40 Kilometer von Vranjska Banja entfernt, da aber keine Straßen direkt dorthin führen, müssen wir über 80 Kilometer fahren. Unser Ziel liegt nahe der Grenze zum Kosovo. Die Dörfer auf der Strecke werden zunehmend ärmlicher. Kaum vorzustellen, dass es hier Tourismus geben soll.

Sijarinska Banja ist ein verschlafenes Nest mit immerhin einem Hotel und einem Restaurant. Der Rest des Dorfes präsentiert sich in verschiedenen Stufen des Zerfalls. Unser Kommen löst gleich ein großes Hallo unter den Einwohnern aus. Von jungen, sportlich aussehenden Männern bekommen wir einen Parkplatz auf einer Wiese mitten im Ort zugewiesen und werden sogleich ermahnt, uns sofort registrieren zu lassen.

Die Polizeistation befindet sich in einem winzigen Metallcontainer am Ortsrand. In diesem sitzen ein älterer Polizist, der sich gerade die Nachrichten vom Hochwasser in Serbien ansieht, und sein junger Kollege.

Beide sind sichtlich überfordert und genervt von unserem Erscheinen. Der Senior blättert in unseren Reisepässen und kann angeblich den Einreisestempel nicht finden, hat aber augenscheinlich überhaupt keine Lust, uns zu registrieren. Der jüngere, Alexander, taut langsam auf und fördert recht gute Englischkenntnisse zutage. Er bietet sich sogar an, mit uns eine kleine Heilwasserführung zu machen. Leider ist vom Geysir nichts mehr zu sehen, da er mittlerweile zur Beheizung des Hotels genutzt wird. Angeblich war die Fontäne einmal bis zu 70 Meter hoch, im Internet steht allerdings etwas von acht Metern. Eine echte Attraktion hat der Ort aber dennoch zu bieten: Innerhalb von nicht einmal einem Kilometer gibt es 18 Mineralwasserquellen mit einer Temperatur zwischen 32 und 72 Grad. Jede Quelle hat ihre eigene mineralische Zusammensetzung und wird zur Heilung einer anderen Erkrankung verwendet. Das Wasser der Jablavica-Quelle zum Beispiel ist warm, schmeckt säuerlich und prickelt auf der Zunge.

Bei weiteren Erkundungen entdecken wir das stillgelegte Hallenbad namens Gejser. In seiner Mitte scheint der Geysir einst verschiedene terrassenförmig angelegte Becken mit Warmwasser versorgt zu haben. Das Bad war wirklich mal sehr hübsch. Doch nun wirkt die Anlage nur noch traurig. Trotz der eigentlich ernüchternden Situation sind wir erheitert und fühlen uns wie Pioniere im serbischen Heilbadtourismus. Zur Feier des Ostersonntags und zur Unterstützung von Sijarinska Banja gehen wir im Restaurant essen: Omelett, Fritten, Salat und Pfannenbrot mit Schafskäse für uns und für Matthias ein riesengroßes Schweinefilet, Schuhgröße 45!

Die Sonne weckt uns auf, und bei unserer Abfahrt aus dem kleinen Ort erleben wir eine Überraschung. Der Geysir im Hallenbad ist plötzlich doch aktiv. Irgendjemand hat den Schlauch entfernt, und nun spritzt es ungefähr vier Meter hoch aus dem Loch im Boden. Die Tropfen sind tatsächlich warm. Wir verlassen Sijarinska Banja amüsiert und wünschen dem Ort das Beste für seine Zukunft.

In Belgrad treffen wir eine alte Bekannte wieder, die Donau. Sie ist ein bisschen trüber als in Regensburg, aber ebenso breit. Auch landschaftlich sieht es beinahe wie zu Hause aus. Ohne Schwierigkeiten finden wir einen Stellplatz in einer Wohngegend am Fluss, zwischen dem Sportzentrum und der Marina. Hier gibt es etliche kostenlose Parkplätze, und zu Fuß ist man in einer Viertelstunde in der Innenstadt. Der einzige Nachteil ist, dass sich vor unserem Wagen zahlreiche Sportgeräte befinden, die stark frequentiert werden und grausam quietschen. Aber sonst lässt es sich hier aushalten. Nur einen Kilometer flussaufwärts strömt die Sava in die Donau. Die blaue Donau und die braune Sava fließen noch lange voller Berührungsängste unvermischt nebeneinander her. Doch manchmal schiebt sich schon ein mutiges Fleckchen Blau in das Braun. Ein erster Annäherungsversuch.

Zu dritt erkunden wir am Nachmittag die Innenstadt und versuchen, etwas über das Wochenendprogramm herauszufinden. Die Fußgängerzone ist riesig und ähnelt der aller anderen Innenstädte Europas. Die Partymeile scheint sich neben der Innenstadt auf die Uferzonen der beiden Flüsse zu konzentrieren. Hier befinden sich die berühmten Discoboote und viele Clubs. Unsere erste Anlaufstelle am Abend ist die Industrjia Bar, die im Industrie-Schick eingerichtet ist. Allerdings gefällt uns das Publikum nicht. Und das Bier wird tatsächlich aus Miniaturweizengläsern getrunken. Eine Beleidigung für jeden Bayern. Unser zweiter Versuch endet in einer rustikalen Kneipe, in der ein serbisches Volksmusiktrio Liebeslieder und Gassenhauer zum Besten gibt. Das Publikum liegt sich sturzbetrunken in den Armen. Alle, ausnahmslos alle, singen mit. Die Band spielt tapfer mitten im Raum, in einer Besetzung aus Akkordeon, Gitarre und Bass, umringt von kreischenden jungen Frauen. Uns steht der Mund offen, wie gebannt verfolgen wir das Spektakel. Das sind also die berühmten Livekonzerte und die tanzlustigen Serben. Bei uns wäre das so nicht vorstellbar, allenfalls beim Oktoberfest oder bei einer Burschenschaftsfeier. Also probieren wir es noch mit einem der Schiffe, um das

Belgradprogramm komplett zu machen. Der Eintritt kostet moderate 200 Dinar. Drinnen sind jedoch so viele Menschen, dass man sich keinen Zentimeter bewegen, geschweige denn tanzen kann. Auf dem Außendeck dagegen ist es ganz angenehm. Leider klingt der Sound dort furchtbar blechern. Vor dem Boot lernen wir ein junges Mädchen kennen, die wie Lady Gaga aussieht. Kiki stammt aus dem Kosovo und ist zusammen mit einem Zyprioten namens Claudius unterwegs. Sie überreden uns, noch ein anderes Partyboot zu besuchen. Dort ist es viel angenehmer, es wird guter Electro aufgelegt, das Publikum ist weniger gestylt, und wir haben Platz zum Tanzen. Glücklich und müde treten wir um fünf Uhr morgens den Heimweg entlang der Donau an.

Gegen Mittag werden wir von den quietschenden Sportgeräten geweckt, auf denen fitnesswütige Serben ihre Körper stählen. Leicht zerknittert öffne ich die Lkw-Tür und blicke auf die Promenade vor unserer Tür. Dort flanieren scheinbar sämtliche Hundebesitzer Belgrads mit ihren Vierbeinern vorbei, und ich sehe längst vergessen geglaubte Rassen wieder. Hier erfreuen sich anscheinend toupierte Königspudel und dürre Windhunde großer Beliebtheit.

Wie schön, denn heute werde ich allein mit Heppo einen Ausflug in die Stadt unternehmen und diesen seltenen Moment der Zweisamkeit genießen. Am Rand der Altstadt, direkt an der Donau, sehen wir die riesige Festungsanlage Kalemegdan. Hier spazieren Jung und Alt durch ausgedehnte Parkanlagen, trinken Cappuccino, knutschen auf den zahlreichen Parkbänken oder spielen Schach. Eine Fotoausstellung zeigt die mehrmalige Bombardierung Belgrads, erst durch die Deutschen und dann durch die Alliierten. Das erklärt auch, warum in der Altstadt wenig historische Bauten herausstechen. Im Viertel Durcol haben wir am Abend die Qual der Wahl zwischen verschiedensten Bars und Kneipen. Wir entscheiden uns für einen bunt bemalten Innenhof mit Biergarten, und ich genieße es, die Zeit nur mit meinem Freund zu verbringen. Aber unser Idyll wird nach einiger Zeit jäh gestört.

Ein entzückendes, bildhübsches Romakind bettelt uns um Geld an: »Money!« Stumm schüttele ich den Kopf. Was macht die Kleine um diese Uhrzeit hier draußen? Sie ist maximal sechs Jahre alt. Entsetzt beobachten wir, wie einige Gäste dem Mädchen Geld geben und sich mit ihr fotografieren lassen. Das kann man doch nicht unterstützen, oder? Das Kind gehört ins Bett und nicht zu fremden Männern auf den Schoß, nachts um eins in einer Kneipe. Für einen Moment kann ich ihre Zukunft sehen – und die sieht nicht rosig aus. Sie ist schon jetzt mit allen Wassern gewaschen, flirtet und hüpft kokett durch die Menge. Als sie nach einer Weile wieder zurück auf die Straße läuft, taucht aus dem Schatten eine falsche Blondine auf – wahrscheinlich die Mutter – und zieht das Kind grob an den Haaren. Sie hat wohl zu viel Zeit vertrödelt. Nachdenklich gehen wir nach Hause.

Höhenangst in Rumänien

In Rumänien zeigt das Thermometer erstaunliche 24 Grad an, ein Segen nach dem kalten Regenwetter der letzten Wochen. Wir finden einen feinen Übernachtungsplatz östlich von Deta auf einer mit Weiden bewachsenen Wiese an einem unbefestigten Flussufer. Schon wieder sieht es aus wie bei uns zu Hause in der Oberpfalz, nur weniger dicht besiedelt – grüne Wiesen, Flüsse und sanfte Hügel. Die Ortschaften sind wahnsinnig idyllisch. Hier könnte man einen Film über das romantische Landleben um 1900 drehen, vor allem, wenn dann noch ein Pferdekarren durch das Bild rumpelt. Vor dem Grünstreifen der bunt getünchten Häuser sitzen alte Mütterchen mit Kopftüchern und tauschen den neusten Dorfklatsch aus. In allen Gärten wird fleißig gewerkelt und Gemüse angebaut. Es ist kaum auszuhalten, so schön ist es!

Doch wieder werden wir jäh auf den Boden der Tatsachen zurückgeholt, denn irgendwas stimmt mit unserer Einspritzpumpe nicht. Frau Scherer verliert am Belüftungsfilter leicht Diesel und schleppt sich schlapp und müde durch die Landschaft. Heppo, der die meiste Zeit fährt, bemängelt einen Leistungsverlust. Alles deutet darauf hin, dass die Förderpumpe die eigentliche Ursache ist. Das wäre schlimm genug, aber noch relativ einfach zu beheben. Da unser Russlandvisum aber schon in vier Wochen beginnt, müssen wir Strecke machen. Deshalb bestellen wir in Deutschland eine Förderpumpe und lassen uns diese an eine DHL-Station in Warschau schicken. Mal sehen, ob das klappt.

Weil wir auf dieser Reise auch endlich mal was von den Karpaten und Rumänien sehen möchten, parken wir in einem tristen Ort mit Wildwest-Holzfäller-Stimmung namens Brezoi südlich von Sibiu. Von hier geht es zu Fuß über eine Brücke, dann durch ein etwas ärmliches Hüttendorf mit Spießrutenlauf durch den Hundeparcours böser Dorfköter, immer an einem Bächlein entlang, bis zu einer schönen Wiese mit bizarren Berg- und Felsformationen. Das Gestein sieht wie verschmolzen aus, und im Bach glitzern Glimmer und Gneis. Die Landschaft ähnelt der des Bayerischen Waldes. Leider blüht es nicht so toll, wie uns der Reiseführer versprochen hat. Dafür sehen wir mehrere Feuersalamander. Sogar die Sonne kommt raus. Doch nun gibt es weit und breit keine Wandermarkierung mehr, das rote Kreuz auf weißem Grund haben wir zuletzt beim Einstieg in den Weg gesichtet. Aber wir finden ein rotes X. Das könnte die Markierung sein. Der Laubwald verdichtet sich, und die Felsen links und rechts werden zunehmend steiler. Langsam wird der Weg anspruchsvoll, und wir landen in einer Sackgasse. Das kann nun unmöglich der Wanderweg sein. Wir haben sicher etwas übersehen. Zurück zur letzten Gabelung. Doch eine Markierung gibt es auch dort nicht. Wir landen wieder in einer Sackgasse. Also erst mal zurück zur Wiese und Brotzeit machen.

Wir probieren noch eine dritte Abzweigung, wieder am Bach entlang, und stehen vor einem meterhohen Wasserfall ohne Weiterkommen. Matthias klettert einen der Steilhänge hoch und kommt atemlos zurück: »Da oben ist die Aussicht traumhaft. Es gibt sogar einen Pfad. Nicht ganz einfach, dort hinaufzugelangen, aber schaut selbst!«

Blöderweise habe ich fürchterliche Höhenangst. Sobald ich an einem Abgrund stehe, egal, ob es zwei oder 100 Meter nach unten geht, dreht sich alles vor mir, meine Muskeln versteifen sich, und ich kann mich nicht mehr normal bewegen. Dann beginne ich zu schwitzen und panisch zu werden. Und als wir nun den Steilhang erklimmen, stehe ich unvermittelt auf einem nur noch einen Fuß breiten Pfad neben einem 15 Meter tiefen Abgrund. Kein Problem für den erfahrenen Alpinisten Matthias oder Zimmermann Heppo, für mich aber das Grauen schlechthin. In meiner Panik beginne ich, senkrecht den Steilhang hochzuklettern, statt am Abgrund entlangzugehen. Das ist sicher ein Fehler, aber so ist es mir lieber. Mit Schnappatmung ziehe ich mich den Berg hinauf. Wenigstens bleibt Heppo hinter mir, und irgendwann sind wir oben. Dort sitzen wir auf einem schmalen Grat, von dem es links und rechts irre steil bergab geht. Ich traue mich hier nicht mal aufzustehen und kann es nicht fassen, dass ich diesen Steilhang überhaupt hochgekommen bin. Verrückt! Die Aussicht kann ich auch nicht genießen, denn wie soll ich hier jemals wieder runterkommen?

Matthias erkundet einen Alternativabstieg über einen steilen Laubwaldhang. Das geht. Endlich sind wir wieder am Bach. Doch als wir an diesem entlang zurückwandern, stehen wir plötzlich oberhalb des Wasserfalls. Der Weg daran vorbei führt ironischerweise nur wieder über meine Angststelle. Es hilft nichts. Von einem plötzlichen Fatalismus erfasst, ergreife ich die Wanderstöcke und meinen letzten Rest Mut. Stoisch setze ich Fuß vor Fuß, den Blick in die Tiefe meidend. Schließlich ist es geschafft – und es war noch nicht mal so schlimm! Anscheinend war das für heute meine persönliche Lektion: Stellen Sie sich Ihren Ängsten, Teil 1: Höhenangst. Ich verleihe mir selbst den kleinen Alpinistenorden und sende ein Dankgebet zum Himmel. In solchen Momenten werde ich gern katholisch …

Eigentlich wollten wir heute noch einmal einen Lagertag einlegen. Aber freundliche Rumänen informieren uns, dass der aktuelle Wetterbericht ab 14 Uhr für die Karpaten und Südrumänien mindestens 36 Stunden lang starken Regen vorhersagt. Das miese Wetter scheint uns zu verfolgen, daher disponieren wir um und fahren bis kurz vor Turda. Matthias bekommt eine Fahrstunde und steuert uns im Affenzahn gen Norden. Ich kralle mich zwei Stunden lang an Heppo und der Beifahrertür fest. Aber da ich mir geschworen habe, nett zu sein und meine Klappe zu halten, sage ich lieber nichts. Während der gesamten Fahrt zucken Blitze hinter uns inmitten schwarzer Wolken.

Ukraine an einem Tag

Um günstig zu tanken, wollen wir doch für einen Tag in die Ukraine einreisen. Das war allerdings keine gute Idee, denn riesige Schlaglöcher lassen die Fahrt zu einem anstrengenden Ritt werden. Für die ersten 20 Kilometer brauchen wir über zwei Stunden. Die Verkehrspolizei hält uns irgendwann an, kontrolliert den Führerschein und die Fahrzeugpapiere und lässt Heppo aussteigen. Der Polizist fragt: »Alkohol, Andreas?«, und lässt sich anhauchen. Als das Ergebnis negativ ausfällt, nickt er zufrieden, grinst und meint auf Deutsch: »Hände hoch!« Andreas alias Heppo kontert schlagfertig: »Ruki wierch!« Beide lachen und verabschieden sich mit einem Händeschütteln. Gut, dass es 2014 ist und nicht 1914!

Wir lieben Polen

Polen ist das Land der schönen Frauen, der leckeren Biere und deftigen Speisen. Und so freuen wir uns sehr, als wir die Grenze passieren. Wir sind immer wieder gern hier. Rzeszów ist eine typisch polnische Stadt. Am Rand stehen ein paar hässliche Plattenbauten, und im Stadtkern gibt es einen hübschen Marktplatz mit restaurierten Bürgerhäusern und einem schmucken Rathaus. Das studentische Publikum sitzt an diesem milden Abend vor den Cafés und Bars und lässt es sich gut gehen. Eine Eckkneipe mit rustikalem, urigem Anschein verspricht lokale Biere, aber der Wirt ignoriert uns gekonnt, um gebannt in seinen Laptop zu starren. Also ziehen wir weiter. Wir kehren in einer liebevoll eingerichteten, hellen Bar ein, die die 1920er-Jahre zum Thema hat. Großformatige Schwarz-Weiß-Fotos in cremefarbenen geschnitzten Holzrahmen zeigen Szenen aus dieser Zeit, auch die Musik passt gut dazu. Es wird selbst gebrautes Bier in bauchigen Krügen ausgeschenkt, und zu essen gibt es Schmalz im Blechhaferl, dazu Essiggurken und Brot. Ein stimmiges Konzept, das uns gut gefällt. Der Schnaps kostet umgerechnet nicht mal 50 Cent! Daher bleiben wir hier und freunden uns mit den polnischen Tischnachbarn an. Erst gegen vier Uhr morgens fallen wir kichernd aus der Bar.

Noch fast 200 Kilometer bis Warschau. Von der polnischen Hauptstadt bekommen wir so gut wie nichts mit. Unser Sehnsuchtsort ist hier einzig und allein die DHL-Station. Denn dort wartet postlagernd ein Paket auf uns, die Förderpumpe für unsere Einspritzpumpe. Beim optischen Vergleich der beiden Modelle entdecken wir jedoch einen markanten Unterschied: Der Stößel, der den Kolben der Pumpe betätigt, ist bei der neuen etwas länger als bei der alten. Daher telefoniert Heppo mit dem Händler, um nachzufragen. Der versichert uns, dass ein längerer Stößel keinen Nachteil hätte, und uns bleibt nichts anderes übrig, als ihm das zu glauben. Also bauen Matthias und Heppo die neue Förderpumpe ein. Danach läuft Frau Scherer fürs Erste ohne Probleme, was ich kaum zu sagen wage.

Magisches Litauen

Ein paar Kilometer südwestlich von Merkinė, wo die Merkys in die Memel fließt, erregt ein Wegweiser zu einer Pyramide unsere Aufmerksamkeit, und so biegen wir spontan in den Wald ab. Was wir dann entdecken, hätten wir nicht erwartet: Drei große Holzkreuze stehen am Eingang des Geländes, und dahinter erhebt sich eine geodätische Kuppel neben rustikalen Holzhäuschen. Es sieht hier wie in einem Setting für einen Science-Fiction-Film aus. In der Kuppel sind Holzstühle kreisförmig um eine Aluminiumpyramide auf einem bunten Fliesenmosaik arrangiert, darauf steht ein geschnitzter Holztisch, auf dem verschiedene Kelche zu sehen sind. Fehlt nur noch eine hereinschwebende Elfendelegation. Hier erleben wir eigenartige Phänomene: Unsere Stimmen scheinen von überall her zu kommen, leises Singen wird sehr laut. In den Fensterscheiben bricht sich das Licht und spiegelt das Innen wie Außen hundertfach wider. Aus einem Tank kann man sich darüber hinaus energetisiertes Wasser abfüllen. Heppo nimmt das Ganze wohl nicht so furchtbar ernst, denn er legt ein paar Snickers in die Ecken der Pyramide, damit diese mit kosmischer Energie aufgeladen werden. Powersnickers sozusagen, für den Notfall. Und als ob jemand da oben die Idee mit den Schokoriegeln zu blasphemisch gefunden hätte, beginnt es sofort, heftig zu donnern und zu blitzen.

Auf einer Infotafel entdecke ich die Geschichte des Tempels: 1990 vernahm der siebenjährige Povilas Zekas während eines Gottesdienstes in der Kirche von Merkinė die Stimme seines Schutzengels, die ihm sagte, dass er von nun an mit Gott kommunizieren könne. Seine Verwandten glaubten ihm natürlich nicht und wollten einen Beweis. Dieser erfolgte schon am nächsten Tag im Beisein der Familie in Form eines Lichtstrahls, in dem eine wunderschöne Gestalt zu sehen war. Seither kann man an diesem Platz die göttliche Energie spüren. Zwölf Jahre später erhielt er die Aufgabe, an diesem Ort eine Pyramide zu errichten. Viele Menschen kamen und erlebten spontane Heilungen. Ein Wallfahrtsort entstand. Erst 2009 baute Povilas – wiederum auf Befehl Gottes – die Kuppel rundherum. Seitdem wird regelmäßig von Wundern und Lichterscheinungen berichtet. Der Ort steht Menschen aller Religionen zum Gebet und zur Meditation offen.

Wir sind uns einig: Humbug ist das, aber ein schöner, der nicht wehtut. Und eine gute Geschäftsidee ist so eine professionelle Erleuchtung wahrscheinlich auch. Zwar ist der Eintritt in die Anlage kostenlos, aber nach einer spontanen Heilung klingelt es sicherlich kräftig in der Spendenkasse. Die Anlage dürfte außerdem einen Nerv unserer Zeit treffen, esoterisch genug, um auch Nichtchristen anzusprechen. Vorsichtshalber werden wir unsere energetisierten Snickers gut verwahren und nur essen, wenn wir einen echten Energieschub benötigen. Man weiß ja nie!

»Zeit für eine kleine Wanderung«, denken sich Heppo und ich und nehmen Sidi an die Leine. Auf der Landkarte sind unweit von Puvočiai in Rudnia drei grüne, mit Rudnios Cirkas bezeichnete Sterne eingezeichnet, die wir als keltische Steinkreise interpretieren. Wir sind in Entdeckerstimmung, können den Weg nach Rudnia aber gar nicht so einfach finden. Ein Feldweg führt in den Wald hinein und verzweigt sich dann wiederholt. Unsere Karte im Maßstab 1:200.000 kann uns hier dann auch nicht mehr weiterhelfen. Mithilfe von Matthias' Garmin-GPS-Kompasses, den wir allerdings ohne Kartenmaterial und daher meistens nur zu Dokumentationszwecken verwenden, schlagen wir uns nach Süden durch. Nach etwa zehn Kilometern sind wir immer noch nicht am Ziel. Gerade als wir umkehren wollen, taucht dann vor uns eine beschilderte Kreuzung im Wald auf. Nach Rudnia geht es nach rechts. Und plötzlich stehen wir in einem aus der Zeit gefallenen Dorf, mit vielleicht elf oder zwölf bunten, windschiefen Holzhäusern. Nicht mal eine richtige Schotterstraße führt dorthin. Kein Auto ist zu sehen und auch kein Mensch.

Wir machen kurz unter dem Holzkreuz mitten im Ort Pause und überlegen, wo nun diese Cirkas sein könnten. Es ist ein bisschen schwierig, etwas zu suchen, von dem man gar nicht genau weiß, was es eigentlich ist. Plötzlich hält ein Kleinbus vor uns. Heraus steigen zwei Männer, die uns gleich in ein Gespräch verwickeln. Von der angeblichen Sehenswürdigkeit haben sie noch nie etwas gehört. Sie kennen aber jemanden, den sie fragen können. Es wohnen also doch Menschen in diesem einsamen Nest. Und schon naht eine kleine Gruppe älterer Herrschaften. Eine davon ist eine Nonne, die gerade von der Krim geflohen ist, da die Zustände dort so unerträglich seien.

»Lebensmittelknappheit, Unruhen ...«, erklärt uns eine rothaarige
Dame in bestem Deutsch. Sie ist Übersetzerin und hat Germanistik
und Schwedisch studiert. Sie ist sehr gesprächig und erzählt uns, dass
das gesamte Baltikum angesichts der Situation in der Ukraine Angst
hat, dass Putin seinen Anspruch auf die ehemaligen GUS-Länder aus-
dehnen wird. Ihr Mann, ein wilder, weißhaariger Lockenkopf, spricht
ebenfalls sehr gut Deutsch und bietet uns an, uns durchs Dorf zu führen. Zuerst müssen wir das Gedenkmuseum zu Ehren der Künstlerin
Gražina Didelytė besuchen. Ihre Bilder sind zum Teil sehr grafisch und
abstrakt, zum Teil aber auch äußerst fein gezeichnete Radierungen in
Postkartengröße. Als ich Szenen aus dem *Kalevala*, einem Epos der fin-
nischen Mythologie, erkenne, freut sich das Paar sehr. Außerdem gibt
es jeweils einen Zyklus zu den Themen Wasser, Erde, dem Menschen-
sein und Europa. Die Bilder sind detailreich und zart, man könnte
sie stundenlang betrachten. Vygandas, so der Name des weißhaarigen
Mannes, verbringt sein Rentnerdasein mit der Pflege dieser Galerie
und dem Schreiben von Büchern über die Künstlerin und ihre Werke.

Beim Rundgang durch den Museumsgarten bleiben wir vor einer
erhöhten Feuerstelle stehen. Gražina, erzählt uns unsere Begleiterin,
war eine moderne Heidin und zelebrierte hier zur Tag- und Nachtglei-
che Zauber und alte Rituale. Außerdem lernen wir, dass es in Rudnia
besonders viele doppelstämmige Linden gibt. Wenn man vor den Bäumen meditiert und dann zwischen den Stämmen hindurchgeht, kann
man böse Gedanken und Krankheiten hinter sich lassen. Und schließlich erfahren wir sogar noch, was es mit den Cirkas auf sich hat. Sie
sind ein rein geografisches Phänomen. Viel zu sehen gibt es da nicht.
Das Dorf liegt einfach in einer Senke am Ufer des Flusses Skroblus,
und rundherum erhebt sich ein natürlicher ringförmiger Wall, wie die
Arena von einem Zirkus.

Steinkreise haben wir also nicht gefunden, aber eigentlich etwas viel
Besseres: Aussteiger und Vertreter der litauischen Intelligenzija in

einem kleinen Dorf mitten im Wald, die die wunderschöne Kunst ihrer Freundin Gražina im öffentlichen Andenken halten. Leider haben wir nun noch an die zehn Kilometer Rückweg vor uns, und es ist schon halb acht am Abend. Gut, dass es hier bis zehn Uhr hell ist. Vygandas führt uns quer durch den Wald, vorbei an ehemaligen Schützengraben – wo einst Deutsche und Russen gegeneinander kämpften – zu einem Weg, der am Fluss Skroblus entlangführt. Zweieinhalb Stunden später, nach insgesamt gut 23 Kilometern, sind wir nach Sonnenuntergang wieder am Lkw. Matthias hatte sich bereits Sorgen um uns gemacht. Wir aber sind sehr erfüllt von unserer Wanderung, dem Ort Rudnia und der Begegnung mit diesen aufgeschlossenen Menschen. Dank Pyramidenenergie fühlen wir uns auch kaum müde, sondern frisch und munter.

Es regnet! Als es aufhört, wagen wir einen Spaziergang über eine Hängebrücke auf die andere Seite der Merkys. Auf einem einsamen Gehöft mitten im Wald bestellt ein gebeugtes Ehepaar sein Feld. Wir kommen ins Gespräch. Der alte, einäugige Herr mit Fliegermütze und dunkler Sonnenbrille erzählt uns auf Russisch, dass er 89 Jahre alt sei und ein ehemaliger Partisanenkämpfer. Er möchte uns gern den Bunker in seinem Garten zeigen. Und tatsächlich befindet sich hinter seinem Haus ein Erdloch. Darin stehen Tische und Bänke, darauf eine alte Schreibmaschine, getippte Briefe, Blechteller mit Essensresten und Löffeln darin. Es sieht aus, als ob hier gerade eben noch jemand gearbeitet und gegessen hätte. Ich verstehe ihn so, dass er hier zusammen mit Deutschen aus Hamburg im Zweiten Weltkrieg im Partisanenkrieg (gegen die Russen?) gekämpft hat. Wir folgen ihm ins Wohnhaus, wo in der einfach eingerichteten Stube ein kleines Gedenkmuseum eingerichtet ist. Alte Fotografien zeigen deutsche und litauische Soldaten, und überall liegen Magazine mit Bilderserien des Bunkers herum. Von der Wand lächelt der Partisane herab, umringt von weiteren Veteranen und seiner Familie. Leider kennen wir uns viel zu wenig in der Geschichte aus. Aber durch Litauen sind einst die Grenzen des Großdeutschen Reiches verlaufen. Gab es da nicht so eine Liedstrophe »Von der Maas bis an die Memel«? Ich erinnere mich, gelesen zu haben, dass die litauische Bevölkerung anfangs die Anwesenheit der Deutschen sehr begrüßt hatte, da sie sich Hilfe gegen Russland versprach. Dann stellte sich aber schnell heraus, dass die Besatzer eigene Interessen verfolgten, es kam zu den Massakern an den Juden in Vilnius und anderswo.

Wir verabschieden uns von dem alten Herrn, und ich schreibe etwas Unverfängliches in sein Gästebuch. Wäre ja auch blöd, wenn ich bei einer Pro-Nazi-Gedenkstätte voll des Lobes wäre. Schade, dass mein Russisch nicht besser ist und ich nicht mehr verstanden habe. Wir verabschieden uns von dem alten Mann. Dieser schnappt sich den Spaten und gräbt weiter schwungvoll Pferdemist in den sandigen Boden – Seite an Seite mit seiner Frau. 89 Jahre, nicht schlecht!

Weiße Nächte in Lettland

In Lettland weichen die rustikalen Holzhäuser zusehends hanseatischen Backsteinbauten. Wir entscheiden uns spontan, in der ersten größeren Stadt, Daugavpils, zu bleiben. Vor dem Supermarkt spricht uns eine Gruppe junger Männer an und bewundert Frau Scherer. Alle sprechen perfektes Englisch und sind sehr aufgeschlossen. Wir bekommen viele Informationen über den Ort, eine Flasche Wein und einen Stadtplan von ihnen. So erfahren wir zum Beispiel, dass Daugavpils nach Riga mit 100.000 Einwohnern die zweitgrößte Stadt Lettlands ist. Sie besitzt eine schön restaurierte Festungsanlage, die Napoleon einnehmen wollte, aber nicht konnte. Das Fort ist heute ein eigenes Stadtviertel mit speziellem Charme. Zwischen teils schön restaurierten alten Kasernengebäuden stehen Plattenbauten und Wohnblocks. Aber das hat durchaus Flair, vor allem wenn das Licht so sagenhaft weich ist, wie es nur im hohen Norden in der Zeit um Mittsommer in den späten Abendstunden sein kann.

Am Abend zieht es uns in die Altstadt, doch gibt diese nicht viel her. Die Jugend konzentriert sich hier auf den Fast-Food-Laden Hesburger und trinkt auf den Parkbänken Bier aus braunen Zweiliterplastikflaschen. Schließlich entdecken wir doch noch eine Kellerbar, aus der ein rockiger Bass herauswummert. Artilērijas Pagrabi nennt sich die Kneipe, und an diesem Abend gibt es Livemusik. »Punkblues«, meint der Türsteher im Anzug auf unsere Frage nach der Art der Veranstaltung. Der Gewölbekeller sieht vielversprechend aus, und das aushängende Programm der nächsten Wochen liest sich auch ganz gut. Morgen, zum Beispiel, wird Death Metal geboten. Im Hinterraum sitzt das sehr junge Publikum gelangweilt auf Sofas. Die Band, Adamsu Family aus Riga, besteht aus einem schwer übergewichtigen Sänger und Gitarristen, einem dicken Schlagzeuger und einem normal gebauten Bassisten. Sie covern Rockklassiker. Das haut uns nicht gerade vom Hocker, und das restliche Publikum anscheinend auch nicht, denn alle bleiben wie festgenagelt auf den Sesseln sitzen. Die Stimmung ist nordisch kühl. Nur zwei Betrunkene werden vom Türsteher verwarnt, weil sie etwas Bier auf den Boden schütten. Das nenne ich ein Punkkonzert! Später versuche ich noch, mit dem Sänger Thomas ein Gespräch zu führen, das mich aber in paranoide Abgründe von der dunkelsten Sorte entführt, sodass ich schnell das Weite suche.

AMBIVALENTES RUSSLAND – GOLDENE KUPPELN UND INDUSTRIE- STÄDTE

25.5.-21.6.2014

D er große Tag des Grenzübertritts nach Russland ist gekommen. Über das Prozedere haben wir Abenteuerliches gehört. Zwischen fünf und 20 Stempel müssen auf einem Talon gesammelt werden, danach folgen diverse Formulare, Zoll-, Fahrzeug- und Personenkontrollen. Konstantin Abert, der Autor des Buches *Russland per Reisemobil*, berichtet in diesem von über 50 eigenen Einreisen nach Russland mit 50 verschiedenen Abläufen. Die Regel ist also, dass es keine Regel gibt.

Wir sind frech und reihen uns in die Pkw-Schlange ein. Im Vergleich zum Wartebereich für Lkw herrscht hier nämlich so gut wie kein Andrang. Unsere kleine Mogelei scheint erfolgreich, denn wir werden ohne Probleme zu den Vorkontrollen zugelassen. Dann schickt man uns weiter zur Registrierung. Den Beamten im Tarnanzug interessiert sowieso nur unser Bier, das er im Auto entdeckt. Pro Person seien nur drei Liter zulässig, meint er mitleidig lächelnd. Ihm wäre es ja egal, aber die nächste Zollbeamtin sei sehr streng, und da gäbe es eben Probleme. Sein Vorgesetzter schlendert herbei. Nun stehen beide mit besorgter Miene in unserem Wagen und begutachten die Palette mit den 24 Halbliterdosen. »Zurück zur Vorkontrolle und alles noch einmal machen. Ohne Bier!«, befehlen sie. Schnell bieten wir an, das Corpus Delicti vor Ort zu lassen. »Aber nein, das geht natürlich nicht.« Ein besonderes Problem sei das, denn nun hätten sie beide schon den illegalen Alkoholvorrat gesehen, und was könne man da nur machen. »Vielleicht ein bisschen weniger sichtbar verpacken?« Wir stecken also alles in eine große, weiße Tüte und stellen diese an den Platz neben dem Eingang. Besorgt schüttelt der Beamte den Kopf: »Nicht gut!« Er reicht uns eine braune Tasche herein und bedeutet uns, das weiße Plastikpaket noch einmal darin zu verpacken. »Wie nett«, denken wir, »jetzt hilft er uns dabei, Alkohol zu schmuggeln.« Lustlos kontrolliert er weiter das Auto, das Dachzelt und unsere Registrierungsformulare. Dann bedeutet er uns, das Bier vor Frau Scherer zu stellen. Da steht es eine Weile in doppelter unauffälliger Verpackung und, ehe wir uns recht versehen, ist es mit einem routinierten Handgriff verschwunden ... Durch zusammengebissene Zähne lässt er uns wissen, dass wir nichts gegenüber der Kollegin verlauten lassen sollen. »Aber klar doch, welches Bier?«

Die strenge Zollbeamtin ist eine rotblond gelockte Dame, Typ Lehrerin, der ihre mintgrüne Uniform sehr gut steht. Hier bekomme ich als Fahrzeughalterin das Dokument für die Zollerklärung ausgehändigt. Dieses soll ich in zweifacher Ausfertigung ausfüllen. Das Formular ist sogar auf Deutsch. Aber Moment, ist das wirklich Deutsch? »Mit mir oder in meine Adresse fahren vorhandene Waren und Verkehrsmittel, die man deklarieren muss: Nachfolgendes Gepäckstück/ja/nein, Unnachfolgendes Gepäckstück/ja/nein, Gelieferte Waren ja/nein ...«

Ich kreuze sicherheitshalber mal überall »nein« an. Stolz bringe ich der Zöllnerin nach etwa einer Viertelstunde die Formulare zurück. Doch da ergreift sie, ganz strenge Lehrerin, den Rotstift, sagt: »Wsjo nije prawda«, was so viel wie »Alles falsch« heißt, und korrigiert unerbittlich meinen Bogen. Heppo steht neben mir und kann sich ein Lachen nicht verkneifen, während ich mich ziemlich blöd fühle. Wie eine Erstklässlerin werde ich mit zwei neuen Zetteln zurückgeschickt. Gnädigerweise überlässt sie mir das korrigierte Exemplar zum Abschreiben. Beim zweiten Mal passt es. Ich erhalte die doppelte Ausführung mit dem aufgeklebten Wremenja Wos, der dreimonatigen Einfuhrerlaubnis für unser Fahrzeug. Anschließend müssen wir noch durch eine weitere Passkontrolle und sind dann endlich in Russland. Der Grenzübertritt selbst ist allerdings etwas enttäuschend. Es gibt dort nicht mal ein Schild »Russland«, keinerlei Hinweis.

Es ist drückend heiß. Laut unserem Laserthermometer, das wir normalerweise dazu verwenden, die Temperatur unserer Bremsen bei längeren Bergabfahrten zu kontrollieren, ist es über 30 Grad. Wir fahren noch ein paar Stunden, parken dann an einem See und schwimmen dort völlig ahnungslos eine Runde. Doch auf uns wartet das Grauen: Wegen der Schwüle haben wir die Fenster offen gelassen und erwachen nachts von einem Geräusch, das in einem Horrorfilm eine tragende Rolle spielen könnte: ein Mückenschwarm! 200 oder 300 dieser Blutsauger quälen uns auf unseren gut neun Quadratmetern. Mitten in der Nacht erschlagen wir ganze Familien, ach was, Völker. Die Bettlaken und Wände sind von Blutflecken übersät. Ein Massaker ist das. Und wir selbst sehen aus, als hätten wir Beulenpest im Frühstadium.

Frau Scherer hat heute ihren 50. Geburtstag, die Gute. Der Tag der Erstzulassung war der 26. Mai 1964, an dem sie als werkfrisches, damals noch steingrau lackiertes Fahrzeug ihren Dienst als mobile Trinkwasseraufbereitungsanlage beim Katastrophenschutz in Marburg antrat. Doch Frau Scherers Abenteuerlust wurde trotz der spannenden Jobbeschreibung nicht annähernd erfüllt. Die meiste Zeit verbrachte sie in einer Halle und durfte nur selten, zum Beispiel bei einem Hochwasser, ihrer eigentlichen Bestimmung nachgehen. Mindestens zwei Jahrzehnte vergingen, bis sie in einer Zweikastenbieraktion THW-blau umlackiert wurde. Die Unternehmungslustige schöpfte Hoffnung, aber wieder wurde sie nur eingemottet und schließlich sogar vergessen. Nach 40 Jahren Treue wurde sie 2005 dann beim THW aussortiert. Einfach so. Es gab keine Feierstunde und nicht mal eine kleine Rede. Mit nur 17.000 Kilometern auf dem Tacho wurde sie daraufhin günstig weiterverkauft. Der neue Besitzer taufte sie feierlich auf den Namen Frau Scherer, da einer seiner Kumpel einen baugleichen Lastwagen erworben hatte und dieser bereits Herr Scherer hieß. Nun war die Dame also verheiratet und durfte zweimal nach Kroatien und zurück reisen.

Leider hatte man danach schon wieder genug von ihr und beschloss die Scheidung. Frau Scherer wurde daher im Internet inseriert. Wirklich traurig über ihre kurze Ehe war sie nicht. Sie träumte schon wieder von der großen, weiten Welt und blickte mit ihren runden Scheinwerferaugen sehnsuchtsvoll in die Ferne. Und so kamen wir zu Frau Scherer, denn ihr Blick hatte es uns sofort angetan, erkannten wir doch unsere eigene Reiselust darin. Im April 2009 durfte sie zu uns nach Regensburg übersiedeln und wurde sofort einem grundlegenden Umbau und Facelift unterzogen. Kurz vor ihrem 50. Ehrentag war die mittlerweile hellblau lackierte Frau Scherer endlich bereit für Abenteuer und eine große Reise nach Russland und durch die sogenannten Stan-Länder ...

Aber die Geburtstagsfeierlichkeiten müssen vorerst entfallen, denn noch sind wir zu sehr vom Wahnsinn der letzten Nacht gefangen. Mit verquollenen Augen und geschwollenen Gliedmaßen kehren wir Berge von Leichen aus unserem Zuhause. Matthias öffnet die Dusche und schließt sie ganz schnell wieder. Er ist entsetzt. Hier haben sich noch einmal Hunderte Mücken verschanzt. Gierig und ausgehungert stürzen sie sich auf jeden, der wagemutig genug ist, die Tür zu öffnen. Das Ausräuchern und Töten nimmt einige Zeit in Anspruch, dann erst können wir Frau Scherer ein Ständchen singen. Matthias, unser Hobbyflorist, hat einen wunderschönen Blumenschmuck gezaubert, eine Löwenzahnkette, die nun ihr Haupt krönt.

Wir fahren den ganzen Tag auf einer schnurgeraden Straße Richtung Moskau, durch endlose Birkenwälder und Sumpf. Alle 100 Kilometer eine Tankstelle, die einzige Abwechslung. Auf einer Strecke von 500 Kilometern sieht man links und rechts der Fernstraße nur Bäume. So hatten wir uns Russland nicht vorgestellt. In der ersten größeren Stadt vor Moskau, in Rschew, kaufen wir ein bisschen ein. Dort fallen uns die vielen betrunkenen Männer auf, gern mal oben ohne. Die Frauen hingegen sind sehr schön gekleidet und stolzieren auf hohen Absätzen durch den Dreck.

Der sogenannte Goldene Ring besteht aus einer Reihe sehenswerter historischer Städte nordöstlich von Moskau. Pereslavl-Zalessky ist der erste Ort, den wir besuchen. Im Reiseführer wird er wegen seiner vielen Klöster und Kirchen, den alten Holzhäusern und dem Kreml – das ist hier ein sechs Meter hoher Erdwall – hervorgehoben. Dort bekommen wir von der Polizei einen sehr zentralen und kostenlosen Parkplatz direkt am Kreml zugewiesen.

Die russischen Gotteshäuser mit ihren Zwiebelkuppeln und vergoldeten Altarräumen sind wirklich sehr schön, aber irgendwann haben wir genug von all der Pracht. Außerdem haben wir noch einen sehr wichtigen Punkt zu erledigen – unsere Registrierung. Daher begeben wir uns zur Post. Die Dame am Schalter wirkt sehr kompetent, doch dann stellt sich heraus, dass sich hier nur russische Bürger registrieren lassen können. Immerhin nennt sie uns Namen und Adresse von einem

Amt, dem UFTC. Dort sind wir wohl das Tageshighlight der Beamtinnen, denn unser Anliegen wird mit Kichern und Späßen kommentiert, das gewünschte Ergebnis bleibt jedoch aus. Ich spreche sogar mit der Vorgesetzten, die sich herrlich amüsiert und uns freundlich klarmacht, dass sie nichts für uns tun kann: »Für das Reisen und Wohnen im Wohnmobil habe ich kein passendes Formular.« Daher suchen wir als Nächstes Hilfe bei der Polizei. Über eine Gegensprechanlage vor einer Panzerglasscheibe muss ich mit der russischen Version von Bruce Willis sprechen. Väterlich besorgt kommt er sofort aus seiner Stube hervor und schmunzelt über meinen theatralischen Hilferuf. Er teilt mir aber ebenfalls mit, dass er mit der Registrierung nichts zu tun hat. Schade. Immerhin gibt er uns einen Hinweis: »Einfach in ein Hotel gehen, zahlen, Stempel drauf und fertig!« Aha, man muss also gar nicht einchecken, denn dies war unsere eigentliche Sorge. Und tatsächlich, im nächstbesten Hotel kostet die Registrierung 2.150 Rubel, also circa 29 Euro, pro Person und dauert eine Stunde. Dafür bekommen wir endlich einen Stempel auf den Einreisebeleg.

Jaroslawl hat gut 600.000 Einwohner. Die Altstadt dort mit Kreml und Bürgerhäusern wird im Reiseführer als UNESCO-Weltkulturerbe angepriesen. Wir sind allerdings etwas enttäuscht von dieser Stadt und wollen daher direkt zum Abendprogramm übergehen. Die Fußgängerzone besteht nur aus einer einzigen Straße, der Kirova Ulitsa. Dort spielt ein Punk Gitarre, und sein Kumpel sammelt Geld für ihn. Wir spenden ein paar Rubel und werden mit Handschlag verabschiedet. In der Livemusik-Bar Papin Garage singt eine selbstverliebte Jazzsängerin in den schrillsten Tönen, und im Hard 40 in der Pobedy Ulitsa zuckt eine Latinband zu den eigenen Klängen heftigst mit den Hüften. Nichts für uns! Heppo folgt seinem Spürsinn und rüttelt einige Häuser weiter an einer unscheinbaren Tür, hinter der ein gedämpfter Bass zu hören ist. Diese öffnet sich wie von Zauberhand und gibt den Blick frei auf einen schmalen Raum mit einem lang gezogenen Tresen, jungen trendigen Menschen, zwei lustigen Barkeepern beiderlei

Geschlechts und einem DJ, der hörbaren House auflegt. Sofort werden wir von einem der Gäste auf Englisch angesprochen und bekommen eine Einführung:»Cocktails sind hier weit billiger als Bier, das umgerechnet vier Euro für 0,33 Liter kostet. Die meisten trinken aber den alkoholfreien Iwan Tschai, der heute im Angebot ist.« Dieses leckere Getränk besteht aus schwarzem Tee mit geriebenen Orangenschalen und Honig.

Susdal erinnert mich sehr an Rothenburg ob der Tauber, nur viel weniger touristisch. Tatsächlich ist das deutsche Mittelaltermekka seine Partnerstadt. Wir finden einen königlichen Stellplatz direkt am Kreml, mit Blick über Stadt und Flüsschen. So sind wir mittendrin und doch umgeben von blühenden Wiesen. Der Ort macht einen sehr entspannten Eindruck. Junge Familien spazieren am naturbelassenen Flussufer entlang. Die Männer reißen sich ihre T-Shirts herunter, springen heldenhaft ins braune Wasser und kraulen prustend durch die Seerosen, während die Frauen – mit schönen Kleidchen angetan – die Kinder im Auge behalten. Über all dem glitzern die goldenen Kirchenkuppeln um die Wette. Hier zeigt sich Russland von seiner schönsten Seite.

Wir fahren weiter Richtung Kasan und fühlen uns langsam, aber sicher von der Landschaft deprimiert, die eindeutig menschenfeindlich ist. Seltsame Gedanken gehen mir durch den Kopf:»Kein Wunder, dass sich schon mehrfach größenwahnsinnige Feldherren an Russland die Zähne ausgebissen haben. Hitze, Mücken und Sumpf rauben einem einfach den Verstand.« Vor Nischni Nowgorod sehen wir riesige Flächen abgestorbenen Waldes und fragen uns, ob das vielleicht daran liegt, dass die Stadt ein wichtiger Industrie- und Rüstungsstandort ist und die eine oder andere Altlast einfach im Sumpf versenkt wurde. Eine Recherche im Internet fördert eine Liste mit den schmutzigsten Städten Russlands zutage. Auf dieser ist nicht nur Nischni Nowgorod, sondern auch die Stadt Dschersinsk zu finden, die genau auf unserer Route an der M7 liegt. Laut einer 2007 veröffentlichten Studie des

Pure Earth Blacksmith Institute ist Dschersinks einer der verseuchtesten Orte der Welt. Bis in die 1960er-Jahre hinein wurden hier die Chemiewaffen der UdSSR produziert und über 300.000 Tonnen hochgiftiger Abfälle direkt in der Natur entsorgt. Im Trinkwasser findet man über 100 hochgefährliche Substanzen wie Phenol, Arsentrioxid, Senfgas, Dioxine und andere Kampfstoffe. Die Lebenserwartung von Männern liegt in Dschersinsk bei nur 42 Jahren, die von Frauen bei 47.

Je weiter wir nach Osten fahren, desto wärmer wird es. Das ist dann wohl das berühmt-berüchtigte Kontinentalklima mit seinen sehr heißen Sommern und kalten Wintern. Wir schwitzen nicht nur während der Fahretappen ordentlich, auch nachts fallen die Temperaturen kaum. Sidi kühlen wir sogar mit nassen Tüchern. Und wieder einmal haben wir furchtbaren Stress mit Frau Scherer, denn ihre Kupplung macht schlapp. Vor lauter Sorge esse ich sogar eines der energetisierten Snickers von der litauischen Pyramide. Das hilft zumindest vorübergehend. Nachdem wir die Kupplung unterwegs bereits nachstellen mussten, stellt sich jetzt beim zweiten Mal heraus, dass die Belagdicke nicht mehr ausreicht. Die Ersatzteile – eine neue Kupplungsscheibe, eine Druckplatte und ein Ausrücklager – von Deutschland nach Russland schicken zu lassen, ist so gut wie unmöglich. Zu allem Übel läuft unser Visum in wenigen Tagen aus, und wie wir leider erst jetzt herausfinden, ist ein Touristenvisum nicht verlängerbar.

Zum Glück basteln uns die Mechaniker der Lastwagenwerkstatt Deltruck ein Provisorium nach der »Ruski Method«. Die funktioniert folgendermaßen: Alte Scheibe ausbauen. Belag runter. Neue Scheibe mit gleichem Durchmesser und gleicher Belagbreite von russischem Lkw besorgen. Belag runter und diesen auf unsere Scheibe nieten. Nieten von Hand auf die gewünschte Länge anpassen und wieder einbauen. Für alle Fälle lassen wir uns vom ADAC noch das Ersatzteilkomplettpaket nach Astana in Kasachstan schicken, denn die Zollabfertigung soll dort um einiges leichter vonstattengehen als in Russland.

Zwei Tage nächtigen wir bei 40 Grad Hitze, Abgasen und Staub in der Werkstatt. Aber wie immer in solchen Situationen gibt es auch viel Gutes zu berichten: Mit den Mechanikern Dima und Ilias grillen wir und unterhalten uns über Politik, Musik und Autos. Auch sonst werden wir – nach anfänglicher Skepsis – überall sehr nett aufgenommen. Die Jugend besucht uns mit ihren getunten Karren. Der Hausmeister vom Supermarkt nebenan stellt uns ungefragt seinen fahrbaren Untersatz zur Verfügung, damit wir Musik aus seiner Anlage hören können, und die Damen an der Kasse schäkern begeistert mit Heppo und Matthias. Nachbarin Galina lernen wir kennen, als wir uns gegenüber der Werkstatt hinter dem Supermarkt ungefragt auf ein vermeintlich brachliegendes Grundstück stellen. Wie eine Furie schießt sie aus ihrem Haus heraus, erlaubt uns aber nach einigen gestotterten Erklärungsversuchen unsererseits, auf ihrem Gelände zu parken. Einem plötzlichen Sinneswandel folgend, werden wir von ihr von nun an liebevoll bemuttert und mit Wasser und Einladungen zum Tee versorgt.

Heppo hatte sich in Susdal noch beschwert, dass er einen Kulturschock vermisse. Alles sei so westlich und fast genauso wie zu Hause. Spätestens in diesem Vorort von Kasan haben wir aber einiges entdeckt, was uns zum Nachdenken anregt: Das Leitungswasser wird rationiert. Tagsüber gibt es keines. Abends, wenn es stundenweise wieder verfügbar ist, stehen in allen Haushalten bereits Fünfliterkanister in den Badewannen zum Befüllen bereit. Die Mechaniker kaufen darüber hinaus sogenanntes technisches Wasser. Dabei handelt es sich um aufbereitetes Wasser ohne Trinkwasserqualität. Trinkwasser kann man an harmlos aussehenden, kleinen Buden literweise kaufen. Das schockiert uns fast schon am meisten. Der Liter kostet sechs Rubel, also ungefähr acht Cent. Zum Vergleich: In Deutschland kostet der Liter 0,2 Cent, und das Wasser kommt direkt aus der Leitung. Auf den Kiosken prangt übrigens groß der Spruch »Klutsch K Starovie«, was »Der Schlüssel zur Gesundheit« bedeutet.

Auch die Arbeitszeiten der Mechaniker lassen nicht nur deutschen Gewerkschaftlern die Haare zu Berge stehen. Unsere fleißigen Rabotniks beginnen zwar erst um neun oder zehn Uhr, doch ein Werktag dauert durchaus bis früh morgens um zwei. Ein Wochenende gibt es nicht. Nach der Arbeit legen sich die Männer dann zum Schlafen auf Holzbänke in der Brotzeitkammer, ohne sich die Hände gewaschen oder geduscht zu haben. Bei all dem verdienen sie lediglich ein paar Hundert Euro im Monat.

Lebensmittel sind genauso teuer wie bei uns. Der Supermarkt hat rund um die Uhr mit der immer gleichen Belegschaft geöffnet. Im Hinterhof des Ladens verbrennt der Hausmeister dreimal täglich den Müll. Hunde vegetieren an kurzen Ketten ohne Wasser und Futter in der Gluthitze. Die Birken sind wegen der verseuchten Böden abgebrochen und verdorrt. Rundum brennen die Fackeln der Erdöl- und Gasindustrie von Gasprom. Es stinkt. Endzeitszenario. Die Bewohner sind aber trotz allem guter Dinge und finden, dass sie es gut getroffen haben.

Nur wenige Kilometer weiter in der Innenstadt von Kasan ist hingegen alles wunderbar. Der trockene Rasen wird mit Wassersprengern grün gehalten, und sogar Blumen gibt es. Die eindrucksvollen Kirchen und Moscheen sowie die Regierungsgebäude der autonomen Republik Tartastan glitzern in der Sonne um die Wette. Schöne Frauen mit luftigen Sommerkleidern balancieren auf Stöckelschuhen über die Flanierpromenade an der Wolga. Junge Leute tanzen auf Straßen und öffentlichen Plätzen Volkstänze oder Breakdance. Skater üben Sprünge auf feinstem Teer. Schnell vergisst man in diesem Glanz, was vor den Toren der Stadt geschieht. Und wenn man in Kasan mit dem Flugzeug landet, zum Beispiel, um ein Spiel der Bayern gegen Rubin Kasan im hochmodernen Fußballstadion zu erleben, bekommt man von der Tristesse der Vororte sicherlich überhaupt nichts mit. Doch einem genaueren Blick hält der Prunk der Stadt dann doch nicht statt. Die klassisch wirkenden Gebäude sind wahrscheinlich nur wenige

Jahre oder Jahrzehnte alt, der Marmor der Moscheen ist nur aufgeklebt, und die neu angelegte Promenade beginnt schon wieder zu verfallen. Die Reichen und Schönen verschanzen sich in videoüberwachten Wohnvierteln hinter hohen Mauern.

Trotzdem, Kasan ist faszinierend – vertraut und exotisch zugleich. Neben den runden Kuppeln der orthodoxen Kirchen ragen die spitzen Türme der Minarette in die Höhe. Die Bewohner der Stadt sind tatsächlich so aufgeschlossen und nett, wie es der Reiseführer verspricht. Wir haben sogar einen Luxusstellplatz gefunden, direkt vor dem Kreml und dem Landwirtschaftsministerium, unweit der Flanierpromenade – für gerade mal 100 Rubel pro Tag.

Abends spazieren Heppo und ich noch einmal durch den Kreml, dann durch die Karl-Marx-Straße bis zum Tor der Liebenden, wo man sich durch eine besondere Akustik mehrere Meter voneinander getrennt flüsternd unterhalten kann. Weiter geht es durch das videoüberwachte Regierungsviertel und zurück über die Flaniermeile an der Wolga. Heimlich fotografiere ich die langbeinigen Mädchen, die adretten Familien, die lässigen Skater, die anmutigen Tänzer und die selbstverliebten Bodybuilder, die hier ihr tägliches Schaulaufen veranstalten.

Über 30 Grad und kein Lüftchen. Vor Frau Scherer wuseln gut 40 Arbeiter, die die Parkanlage nebenan in Schuss halten. Es ist eine bunt zusammengewürfelte Truppe aus Rentnern und jungen Leuten; das könnten entweder Freiwillige sein oder Menschen, die Sozialstunden abzuleisten haben. Die Bänke werden neu gestrichen, der trockene Rasen wird gemäht und gedüngt. Großzügiger Herbizideinsatz bedeutet das Ende für Rotklee, Kamille und Schafgarbe. Mit den Chefgärtnern haben wir uns angefreundet. Und da sie sowieso gerade dabei sind, die Blumen zu gießen, fragen wir nach, ob wir unsere Brauchwasservorräte auffüllen können. Wir dürfen uns gut 120 Liter abzweigen. Wasser gibt es hier plötzlich im Überfluss.

Ein kleiner, dicker Mann mit Bundfaltenhose und Hemd, der aus einem Lieferwagen mit dem Logo einer Milchfirma steigt, verwickelt mich in ein Gespräch und stellt mir allerhand komische Fragen – über uns, unseren Hund und unsere Reise. Umgekehrt antwortet er nur sehr ausweichend. Ich entwickle eine leichte Paranoia. KGB oder FSB? Vielleicht sollte ich weniger kritisch über Russland bloggen und keine Industrieanlagen fotografieren. Andererseits wollte ich schon immer von einem Geheimdienst angeworben werden. Den Gehaltsscheck in Dollar oder – wahrscheinlicher – in Rubel könnte ich gut gebrauchen!

Der Mann empfiehlt uns noch, unsere »Marschrut« zu ändern. Wenn wir in den Iran wollen, sollten wir keinesfalls über Tadschikistan fahren, das sei zu unsicher. Stattdessen führe die sichere Route über Tschetschenien, Dagestan und Aserbaidschan. Dort sei alles paletti und überhaupt kein Problem. Herrje, die Welt ist verrückt. Das ist dann wohl das, was man in Russland über Tschetschenien und Tadschikistan hört. Solche Aussagen beweisen doch, dass wir alle einer gewissen Propaganda unterliegen. In Russland gibt es also kein Problem mit Tschetschenien …? Schließlich gibt er mir noch Kleidungstipps für den Iran. Mit einem abschätzigen Blick auf meine Hippieklamotten meint er, dass ich dort so gekleidet im Gefängnis landen werde. Der Typ nervt. Der meint wohl, ich sei »auf der Brennsuppe daher geschwommen« – wie man in Bayern so schön sagt.

Wir kehren der tatarischen Metropole den Rücken und fahren weiter Richtung Ufa und Ural. Regen bringt endlich die gewünschte Abkühlung. Unseren abendlichen Stellplatz wählen wir auf einer hügeligen Wiese etwas abseits von der Hauptstraße M7, gut 70 Kilometer östlich von Kasan. Durch den Regen hat sich der lehmige Boden allerdings in eine Rutschbahn verwandelt, sodass Frau Scherer seitlich bergab zu rutschen beginnt. Nach einem halben Meter kommt sie in einer gefährlichen Schieflage zum Stehen. Hier hat auch der Allradantrieb keine Chance mehr. Weiterfahren ist so auf jeden Fall unmöglich, ohne unser Wohnmobil im Bach weiter unten zu versenken. Es folgt eine Lkw-Rettung wie aus dem Bilderbuch. Zwei Stunden lang schottern wir die Erde, legen Zweige aus und graben die obersten Zentimeter des schlammigen Bodens ab. Erst dann können wir unser Auto wieder bewegen und gefahrlos parken. Das war knapp!

Wir legen einen Lagertag ein und folgen der Einladung von Halidin und seiner Tochter Ajsylu, die wie alle Dorfbewohner von Jamaschewo ihr Trinkwasser aus der Quelle holen, neben der wir zufälligerweise geparkt haben. Dort spricht uns der Vater in perfektem Deutsch an. Das hat er während seines Militärdienstes in den 1980er-Jahren in der GDR (Germanskaja Demokratitscheskaja Respublika) gelernt, uns besser bekannt als DDR. Langsam beginnt nicht nur unsere Umgebung für uns exotisch zu werden, sondern auch wir werden für Land und Leute offenbar zunehmend interessant. Wahrscheinlich ist es eher selten, dass sich ein blaues Haus auf Rädern in derart abgelegene Ortschaften verirrt. Also sitzen wir nun im Wohnzimmer der Familie. Halidin wundert sich ein bisschen über das Bayerisch von Heppo und Matthias und verbessert die beiden gelegentlich. Er ist Lehrer und unterrichtet in der kleinen Schule des Tausendseelendorfes Deutsch und Englisch. Trotz unseres Dialekts freut er sich sehr über die Gelegenheit, seine in Dresden erworbenen Sprachkenntnisse anzuwenden. Laut ihm sind wir die ersten Deutschen in Jamaschewo, Pioniere also. Seine eher schweigsame Tochter, Lehrerin in Kasan, richtet in der Küche mit der Mutter ein üppiges Mittagessen für uns her. Es gibt Pelmeni in klarer Suppenbrühe, Blintschiki (Pfannküchlein), Gurken- und Tomatensalat mit Schmand und allerhand Süßes. Wir versuchen, nicht allzu ausgehungert zu wirken, aber alle Gerichte schmecken wirklich vorzüglich, weshalb wir dann doch hemmungslos zuschlagen. Stolz erwähnt unser Gastgeber, während er auf das verrauschte Fernsehbild in der Küchenecke zeigt, dass er außerdem Lieder für tatarische Popsänger schreibt. Dabei lässt er uns bedeutungsvoll schweigend im Unklaren, ob der stämmige Schnulzensänger auf dem Bildschirm gerade ein Lied von ihm singt. Daneben ist er auch noch Mitglied im Verband russischer Schriftsteller. Wir sind also bei einer bedeutenden Persönlichkeit zu Gast und fühlen uns geehrt.

Mittlerweile sind wir in der Autonomen Republik Baschkortostan, und auf einen Schlag haben wir eine Zeitverschiebung von plus zwei Stunden. Wir sind also nun in der Zeitzone UTC plus sechs und Deutschland inklusive Sommerzeit damit um vier Stunden voraus. Die Landschaft verändert sich und wird hügeliger. Statt der sumpfigen Birkenwälder gibt es nun Wiesen, die in allen Farben blühen, und zunehmend auch Weideflächen. Der Himmel sieht aus wie mit Aquarellfarben getuscht.

Heute habe ich Geburtstag. Den Jungs habe ich eigentlich verboten, mir etwas zu schenken: »Reisekasse schonen ... kann sowieso nichts brauchen usw.«, aber neben einem fürstlichen Frühstück präsentieren sie mir eine Tüte mit eigenwilligen Kleidungsstücken. Nun bin ich also glückliche Besitzerin einer weißen Schirmkappe mit Häkeleinsatz, mit der ich aussehe wie ein zurückgebliebener Bäckerlehrling. Auch ein farbenfrohes Tuch mit Giraffenmotiv, orange-braune Espadrilles und halbhohe, mit Rosen verzierte Gummistiefel gehören ab jetzt zu meiner Garderobe. Nun ja …

Angeblich sind es bis zum Naturreservat Schulgan-Tasch und der Höhle Kapowa Peschera nur noch 40 Kilometer. Aber die Straße ist schlecht geschottert, und die Steigungen sind extrem. Außerdem ist wieder einmal nichts beschildert. Wir müssen regelmäßig Leute fragen, die unseren Weg kreuzen. Dabei fahren wir durch wirklich schöne und einsame Landschaften und sehen Dörfer, die komplett abgeschieden sind. Wie leben diese Menschen wohl im Winter, wenn die Temperaturen auf minus 40 Grad fallen und der Schnee meterhoch liegt? Das können wir uns kaum vorstellen. Auf jeden Fall werden es an die

70 Kilometer, für die wir gute fünf Stunden brauchen. Kein Wunder, dass wir daher leicht entsetzt sind, als wir nach dieser Fahrt durch das vermeintliche Outback in einer russischen Feriensiedlung landen, inklusive Campingplatz, Bungalows, Souvenirshops und Jurten, die als Cafés dienen.

Für die Besichtigung der Höhle ist es heute schon zu spät, daher checken wir am Campingplatz ein. Das löst einen kleinen Menschenauflauf aus. Frech handle ich einen besseren Preis aus, denn für unseren Wagen plus drei Personen möchte der einäugige junge Mann am Kassenhäuschen 500 Rubel kassieren. Ich lasse meinen Charme spielen, erkläre, dass wir von sehr weit herkämen mit dieser »Raritet« von »Grusowik« (Russisch für Oldtimer und Lastwagen), und schon sinkt der Preis auf 300 Rubel. Anscheinend kommen wir langsam in die Feilschzone, denn ich habe deutlich das Gefühl, an Achtung gewonnen zu haben.

Die Höhlentour kostet 240 Rubel pro Person und kann nur in einer geführten Gruppe stattfinden. Schweren Herzens belasten wir die Reisekasse, aber schließlich sind wir ja extra deshalb hergekommen. Zuerst folgt aber eine langatmige und für uns schwer verständliche Erklärung über die baschkirische Wildbiene und die traditionelle Arbeit des Waldimkers. Darauf scheinen sie hier besonders stolz zu sein. Im Nachhinein lese ich, dass der Honig der Bursjan-Biene aus Schulgan-Tasch einer der teuersten der Welt ist. In den Geschäften des Naturreservats kostet das Kilo derzeit rund 50 Euro. In Moskau bezahlt man dafür bereits zwischen 120 und 200 Euro. In der Höhle bekommen wir dann extra eine englischsprachige Reiseleiterin zur Seite gestellt. Leider kann man mittlerweile nur noch ein Zehntel der über drei Kilometer langen Höhle besichtigen, und die Felsenmalereien sind Kopien. Bis zum Jahr 2000 war die Höhle noch komplett frei zugänglich, aber der achtlose Umgang mit den Schätzen der Vergangenheit und der Natur hat den Bison- und Mammutzeichnungen sowie dem empfindlichen Mikroklima der Höhle wohl großen Schaden zugefügt.

Zurück auf dem Campingplatz erhalten wir Besuch von unseren Zeltnachbarn, die alle neugierig auf uns sind. Wir amüsieren uns vor allem über den russischen Outdoor-Style: Die Männer sind ausnahmslos in Tarnanzüge gehüllt, während die Frauen gern mit Lockenwicklern im Haar über das Gelände spazieren. Abends wird es dann sehr laut, denn neben uns drehen feierwütige junge Leute ihr Autoradio bis zum Anschlag auf und beglücken uns mit russischen Popsongs. Vielleicht hätten wir doch schon weiterfahren sollen. So erhalten wir aber immerhin einen interessanten Einblick in das Freizeitverhalten der Familien aus Magnitogorsk, Sterlitamak, Nabereschnyje Tschelny und Ufa.

Nur wenige Kilometer von Belorezk entfernt finden wir an einem Berg einen schönen Platz mit Stadt- und Uralblick. Auf der Wiese blühen Frauenmantel, Margeriten, Hahnenfuß, rosa Schafgarben, Glockenblumen, Ackerwitwenblumen, Sauerampfer, verschiedene Kleearten sowie die ersten Büschel fedrigen Steppengrases. Dazwischen gibt es haufenweise Walderdbeeren. Ach, hier könnte es so schön sein. Aber irgendwie haben wir angesichts der ganzen Industrie ringsum nie ein wirklich gutes Gefühl. Nur wenige 100 Kilometer weiter östlich liegt Tscheljabinsk, wo bereits in den 1950er-Jahren ein Reaktorunfall in der Größenordnung von Tschernobyl passiert ist. Dieser wurde allerdings von der Regierung vertuscht. Noch heute gibt es in dieser Gegend eine erhöhte Anzahl an Krebserkrankungen. Und nur ein paar Kilometer weiter südlich von hier befindet sich dann Magnitogorsk, ein weiterer Industriemoloch. Trotzdem, für den Moment genießen wir die kleine Idylle und den sagenhaften Stadtblick. Und Sidi gefällt es, Mäuse auszubuddeln. Am nächsten Tag brechen wir dann mehr als nur einen Rekord: Wir knacken nicht nur die 10.000-Kilometer-Marke, sondern erreichen auch offiziell Zentralasien.

ZERREISSPROBE KASACHSTAN

22.6.–27.7.2014

Kasachstan, was haben wir nicht alles für Horrorgeschichten über dieses Land erzählt bekommen. Bereits in Deutschland wurden wir mehrfach vor der angeblichen Dschingis-Khan-Mentalität der Menschen dort gewarnt. In Lettland erzählte uns ein verrückter Sänger sogar Geschichten über die Mafia, Marihuana, Mord, Totschlag und Vergewaltigungen. Auch die Russen schlugen die Hände über dem Kopf zusammen: »Oh, Kasachstan! Dort ist es sehr gefährlich!« Wir sind also gespannt auf die nächsten Wochen.

Bei der Fahrt durch das Dorf Fedorovka erregen wir großes Aufsehen. Heftig tätowierte Jungs bitten uns, mit ihnen für ein Foto zu posieren. Mit der dazugehörigen Babuschka können wir sogar Deutsch sprechen. Sie ist in Kasachstan geboren, aber Wolgadeutsche. Es ist nicht ganz einfach, die 87-Jährige zu verstehen, denn ihr Deutsch ist mit Russisch vermischt, und sie spricht einen eigentümlichen Dialekt. Fischer, die am See angeln, möchten uns ebenfalls unbedingt kennenlernen und statten uns einen Besuch ab. Von ihnen bekommen wir eine Flasche Wodka geschenkt. Unser erster Kontakt mit den »schrecklichen« Kasachen ist also schon mal positiv.

Bereits am Morgen sticht die Sonne erbarmungslos auf uns herab. Bei knapp 40 Grad fahren wir mitten durch die endlose Steppe. Unsere Wasservorräte sind erschöpft und nur noch wenige Liter Trinkwasser aus Russland übrig. In der Ferne entdecken wir einen verheißungsvoll glitzernden See, an dem wir unser Brauchwasser auffüllen wollen. Und auch eine Dusche haben wir dringend nötig. Als wir uns dann aber nähern, stellen wir fest, dass der See von einem riesigen Schilfgürtel umgeben ist. Keine Möglichkeit, an das ersehnte Nass heranzukommen. Beim Wenden sinken wir auch noch mit beiden Rädern fast bis zur Achse ein. Verdammt, der klassische Anfängerfehler! Sieht aus wie Wiese, ist aber Sumpf. In der Rekordzeit von nur einer Stunde graben wir die Hinterreifen aus und befreien uns mithilfe der Sandbleche. Jetzt sind wir nicht nur verschwitzt und durstig, sondern auch komplett verdreckt. Und immer noch kein Wasser in Sicht! Ein paar Stunden später starten wir einen zweiten Versuch, diesmal an einem Bach. Dort können wir parken, ohne zu versinken. Sogar die Wasserqualität scheint gut zu sein. Es gibt Muscheln und Wasserschnecken. Ach, wie schön kann ein 20 Zentimeter tiefes Flussbett sein.

Auch der nächste Tag quält uns mit schrecklich hohen Temperaturen, und die Straßenverhältnisse sind grausam. Riesige Schlaglöcher drohen, Frau Scherer zu verschlingen. Die Einheimischen empfehlen uns, die mehr als 100 Kilometer Umweg über Kökschetau in Richtung Astana in Kauf zu nehmen, da die Straße dort wesentlich besser sei. Am Straßenrand finden wir dann endlich eine Quelle, an der wir unsere Wasservorräte auffüllen. Diese ist weitläufig abgesperrt, und bald wird uns auch klar, warum. Selbst die Absperrung hält die Menschen nicht davon ab, das rare Gut zum Autowaschen zu verwenden!

Unser erstes Ziel in der Hauptstadt Astana ist der Flughafen. Dort wollen wir uns die Ersatzteile für die Kupplung abholen. Klar, dass das nicht so einfach ist. Die Damen am Informationsschalter können kaum Englisch. Sie geben vor, Hilfe zu holen, lassen uns aber einfach warten, während sie auf ihren Handys herumtippen und ihre langen künstlichen Fingernägel betrachten. Der Zoll im ersten Stock weiß von nichts und schickt uns weiter zum Cargoschalter. Dieser ist so versteckt, dass wir erst umständlich danach suchen müssen. Dort angekommen, benötigen wir die Zollpapiere. Die aber gibt es nur beim Zoll im anderen Gebäude, circa einen Kilometer entfernt. Dort wiederum geht nichts ohne einen Stempel vom Cargo. Dann brauchen wir wieder einen vom Zoll. Und noch mal zurück zum Cargo. Endlich bekommen wir unser Paket. Das Ganze dauert rund drei Stunden, in denen wir bei über 30 Grad mindestens fünf Kilometer hin und her laufen. Dafür freuen wir uns, dass die Zollgebühr nur 230 Tenge beträgt, also nicht mal einen Euro.

Abends sind wir in Astana. Die Stadt sieht aus wie eine Zukunftsvision, wie man sie in den 1950er-Jahren hatte, sehr futuristisch. Eigentlich fehlen nur noch ein paar ufo-förmige Lufttaxis, um das unglaubliche Bild abzurunden. Astana wurde mitten im Zentrum der Steppe aus dem Boden gestampft und löste Almaty erst 1997 als Hauptstadt ab. Hier soll sich bis spätestens 2050 die Vision des Präsidenten von einem modernen und luxuriösen Kasachstan verwirklichen. Überall im Land sieht man Plakate, die das neue Zeitalter heraufbeschwören. Wir parken direkt vor dem höchsten Zelt der Welt, dem Shoppingcenter Khan Shatyr. Dieses wurde 2010 nach Plänen von Sir Norman Forster fertiggestellt. Auf sechs Etagen kann man angenehm klimatisiert einkaufen, schwimmen gehen und seine Kinder währenddessen in einem Freizeitpark abgeben. Auch wir halten uns im Moment gern dort auf, denn es ist eine ziemlich bescheuerte Idee, mitten im Hochsommer eine Wüstenstadt zu besuchen. Wir leiden bei höllischen Temperaturen. Das Laserthermometer zeigt tatsächlich 50 Grad vor der Tür an. Bei uns im Wagen auf der Eckbank sind es immerhin noch 40 Grad.

Bei einem angenehm kühlen, nächtlichen Spaziergang bewundern wir die architektonischen Sehenswürdigkeiten der Stadt. Die Hauptattraktionen liegen alle auf einer Sichtachse. Wie praktisch. Seltsam ist aber, dass es in der Metropole kaum kulturelles Leben in Form von Bars oder Kneipen gibt. Das höchste der Gefühle ist eine Fernsehlounge, in der man in gemieteten Nischen aus zahlreichen Satellitenprogrammen auswählen kann. Auch sonst sind die Straßen seltsam unbelebt. Diese Stadt ist wie ein Teenager. Schön anzusehen, aber man vermisst einfach die Erfahrung, das echte Leben. Doch wir wollen nachsichtig sein: Astana ist tatsächlich auch erst süße 16!

Bald beherrscht uns nur noch ein Gedanke: weg von hier! Natürlich gibt es keine Wegweiser, und so irren wir leicht planlos durch die Straßen und Boulevards. Auf unserem Zickzackkurs kommen wir an einem weiteren Gebäude des Stararchitekten Norman Forster vorbei, einer Pyramide. Diesen Palast des Friedens und der Eintracht wollen wir uns näher ansehen. Über einen gelblich verdorrten Rasen, der von ein paar armseligen Wassersprengern mühevoll am Leben erhalten wird, nähern wir uns dem monumentalen Bauwerk. Es wurde eigens für den Congress of Leaders of World and Traditional Religions errichtet, bei dem sich die Oberhäupter der führenden Religionsgemeinschaften zu friedensstiftenden Gesprächen begegneten. Leider ist die Pyramide gerade wegen Wartungsarbeiten geschlossen, da das erst 2006 eingeweihte Gebäude bereits wieder renovierungsbedürftig ist. Mir scheint das ein Omen für den desolaten Zustand unserer Welt zu sein. Doch der Ausflug hat sich trotzdem gelohnt: Von hier aus hat man einen atemberaubenden Ausblick über die Stadt. Das Szenario ist trotz des bewölkten Himmels in gleißendes Licht getaucht, und wir erinnern uns wieder daran, dass wir mitten in der Wüste sind.

Hinter Astana dann unendlich weites Grasland in gelbblassem Grün. Ein leises Grauen befällt uns, dabei sieht alles so harmlos aus. Die interessante Steppenlandschaft links und rechts der Straße war jedoch bis in die 1980er-Jahre hinein Sperrgebiet. Auf diesem etwa 18.000 Quadratkilometer großen Areal im Großraum Semipalatinsk wurden zwischen 1949 und 1989 Atombomben getestet. In dieser Zeit gab es im Schnitt eine Explosion pro Monat, insgesamt 496 Explosionen. Die Bewohner wappneten sich mit reichlich Wodka gegen die Radioaktivität. Heute bleiben die Strahlenwerte der Stadt Semipalatinsk aber angeblich wieder unterhalb der europäischen Grenzwerte. So richtig wohl fühlen wir uns hier trotzdem nicht. Wir steigen nur kurz aus. Fast erwarte ich, Hasen mit drei Köpfen vorbeihüpfen zu sehen. Doch nichts Ungewöhnliches geschieht. Man könnte die stille Landschaft schön nennen, doch das Grauen will nicht verschwinden.

Der Altai ist dafür bekannt, dass hier ein für Kasachstan völlig untypisches Klima herrscht. Es regnet viel, und es ist auch im Sommer relativ kühl. In Öskemen versuchen wir, Informationen über mögliche Altaitouren und Guides zu erhalten. Nach einer Schnitzeljagd durch die Stadt bekommen wir bei Altai Expeditions die Telefonnummer eines Victors aus Ridder, der uns angeblich weiterhelfen kann. Die Kommunikation auf Russisch klappt immerhin so weit, dass er kurz darauf in unserem mobilen Zuhause sitzt. Victor ist ein etwa 50 Jahre alter Mann, der leicht gestresst wirkt und permanent sein Mobiltelefon bemüht. Nebenbei erwähnt er, dass er in geologischen Fachkreisen eine Berühmtheit sei. Er hat nämlich herausgefunden, dass die Gegend rund um Ridder von Meteoriten zerfurcht ist. Im Inneren der Krater befindet sich ein Gestein kosmischen Ursprungs, mit einer mineralogischen Zusammensetzung, die es sonst nirgends auf der Erde gibt. Esoteriker gehen davon aus, dass in dieser Region besonders starke Energien wirken. Die tibetischen Buddhisten vermuten auf der Belucha, dem mit 4.506 Metern höchsten Berg des Altais, gar das Shambhala, ein verschollenes mystisches Königreich. Von den sibirischen Schamanen wird er als heilig und als Sitz der Urmutter Erde verehrt. Leider wurde nach dem Ende der Sowjetunion das geologische Forschungsprogramm eingestellt, wodurch Victor arbeitslos wurde. Nun hilft er Touristen dabei, sich in der westlichen Altairegion zu orientieren. Er verspricht, uns zu einem guten Ausgangspunkt für unsere Wanderung zu bringen.

Wir haben keine Ahnung, was uns erwartet und sind angenehm überrascht, als wir bei einem Grundstück in Traumlage ankommen. Dort stehen kleine Holzhütten mitten in einer bunten Blumenwiese, umgeben von einem malerischen Bergpanorama. Wir sind bei Natalia und Sergej in Seri Lug, die hier ein familiäres Feriencamp betreiben. Sie ist eine kleine, grauhaarige, ziemlich dominante Frau, während ihr Freund mit seinem faltigen Gesicht und der dicken Brille wie Opa Maulwurf aussieht. Sergej wird uns bei der Zusammenstellung einer Wanderroute helfen. Resolut weist uns Natalia einen Platz auf der Wiese zu, klärt uns über die Kosten auf und fragt in forderndem Ton, wann wir denn gern eine Banja nehmen würden. »Äh, Moment, erst mal ankommen ... Banja erst nach dem Wandern.« Uns schweben zwei oder drei Tage mit dem Zelt in den Bergen vor.

Natalias und Sergejs Häuschen steht dem eines Bauwagenbewohners in nichts nach. Auf 15 Quadratmetern finden ein kleiner Arbeitsbereich, Schlafzimmer, Ess- und Küchenecke Platz. Es ist sehr gemütlich. Sergej zeigt uns seine nicht besonders aufschlussreichen topografischen Karten aus Sowjetzeiten und beschreibt uns eine Tour, die einfach und nicht zu verfehlen sei. Dann nützt er die Gelegenheit, uns selbst gedrehte Videos von seinen Bergtouren vorzuführen. Er hat Talent. Die Filme zeigen wunderbare Tier- und Pflanzenaufnahmen, unterlegt mit psychedelischer Rockmusik. Einmal sieht man Seri Lug im Winter im Eissturm bei minus 35 Grad und umgeben von zwei Meter hohen Schneemauern. Im Sommer wirkt es hier so idyllisch, aber im Winter bekommt man bestimmt einen Lagerkoller – oder beschäftigt sich eben mit Videobearbeitung ...

Früh morgens machen wir uns bei herrlichem Wanderwetter an den beschwerlichen Aufstieg. Sergej begleitet uns noch den ersten Kilometer. Da der Weg überflutet ist, zeigt er uns eine abenteuerliche Umleitung über improvisierte Baumstammbrücken. Mit großen Schritten eilt er uns in kniehohen Gummistiefeln voraus. Wir können ihm kaum folgen. Steil geht es einen Feldweg bergauf. Gut 1.000 Höhenmeter muss man überwinden. Die Wiesen werden immer bunter und saftiger. Was hier alles blüht, das wirkt fast schon kitschig. Besonders angetan sind wir von der endemischen Altaiakelei, großblütig und blau mit weißem Kelch und den orangefarbenen Trollblumen. Als wir die Baumgrenze erreichen, überrascht uns ein Gewitter. Unter einer knorrigen Kiefer warten wir das Ende des Regenschauers ab. Dann steigen wir noch ein Stück weiter auf, über Schneefelder und Bäche. Schließlich schlagen wir unser Zeltlager auf. Orkanartige Windböen fegen über uns hinweg, sodass wir uns als Windschutz eine Steinmauer bauen. Kaum liegen wir in unserem billigen chinesischen Zelt, beginnt es schon wieder zu regnen und hört die ganze Nacht auch nicht mehr damit auf.

Wir erwachen mit nassen Schlafsäcken und großen Pfützen im Zelt. Sidi liegt zwischen uns und findet es ganz gemütlich. Matthias in seinem Hightechzelt hat es hingegen besser getroffen, denn bei diesem sind nur die Nähte etwas feucht geworden. Der Gipfel ist wolkenverhangen, und ein weiterer Aufstieg scheint nicht sonderlich ratsam zu sein. Schon beim Zeltabbau haben wir alle von der Kälte rot angelaufene Finger. Es ist wahrscheinlich nur knapp über null Grad, und der scharfe Wind trägt dazu bei, dass es sich noch viel kälter anfühlt. Enttäuscht steigen wir bei Dauerregen wieder hinab ins Tal. Ein kleiner Trost ist die Banja, die wir uns abends gönnen.

Auch am nächsten Tag hängen die Wolken regennass in den Bergen, und an Wandern ist wieder nicht zu denken. Wir knüpfen Kontakte zu einer jungen Familie aus Öskemen, die uns ein paar Tipps für Kasachstan gibt: Die Sibinsker Seen, nur 60 Kilometer südlich von Öskemen, sollen sehr schön sein und außerdem ein Treffpunkt der kasachischen Hippie- und Nudistenszene. Das lässt uns aufhorchen, und wir beschließen, angesichts der Wetterlage, dorthin aufzubrechen.

In Öskemen parken wir mitten in der Innenstadt vor der neuen Moschee am Fluss. Matthias und Heppo wollen in die Stadt, Fußball gucken, schließlich geht es um die Weltmeisterschaft. Als sie gegen halb zwei Uhr morgens nach Hause kommen, ist ihnen ein betrunkener junger Mann aus der Kneipe gefolgt, der nun zu stänkern beginnt. Heppo versucht, ihn freundlich abzuwimmeln. Als der Kerl aber auf unser Dach klettert, wird Matthias ziemlich wütend. Auch ich stehe schon mit gezücktem Pfefferspray bereit. Nur gut, dass der Typ insgesamt nicht sonderlich bedrohlich wirkt und wahrscheinlich auch viel zu betrunken ist, um ernsthaft eine Schlägerei anzuzetteln. Mit gutem Zureden schaffen wir es, ihn fortzuschicken. Gefahr gebannt. In der Nacht schlafe ich aber nicht ganz so gut wie sonst. Unruhig wälze ich mich hin und her und frage mich, was wäre, wenn man uns wirklich ernsthaft bedrohen würde. Keiner von uns ist straßenkampferprobt, und noch nicht mal kampfsporterfahren sind wir. Auch auf einen Durchstieg vom Koffer zur Fahrerkabine, wie ihn viele Reisende für unverzichtbar halten, haben wir aus pragmatischen Gründen verzichtet. Das bedeutet, bei einem nächtlichen Überfall könnten wir nicht einmal fliehen, ohne das Fahrzeug verlassen zu müssen. Unsere einzige wirkliche Selbstverteidigung an Bord ist ein Karton Pfefferspray, von dem wir hoffentlich niemals Gebrauch machen müssen.

Der Tag beginnt sonnig und heiß, doch dann schlägt das Wetter um, und plötzlich fängt es zu hageln an. Dafür ist die Lichtstimmung sehr schön, als wir weiter zu den Sibinsker Seen fahren. Die Seen werden von schroffen Bergen aus sogenanntem Matratzengranit eingerahmt. Dieser Stein heißt so, da er wie übereinandergestapelte Matratzen aussieht. Die fünf Seen sind jedoch leider zum Teil hässlich mit Ferienwohnungen aus OSB-Platten verbaut. Von Hippies und Nudisten keine Spur. Am See Nummer vier finden wir aber zumindest einen Platz zwischen einheimischen Campern. Hier lernen wir, dass zu einem kasachischen Kurzurlaub eine lebhafte Familie, laute Musik aus dem Autoradio, jede Menge Grillfleisch, Wodka und auch Feuerwerkskörper gehören. Das ist nicht gerade das, was wir uns unter Ruhe und Erholung vorstellen. Zudem ärgern wir uns, dass die schönsten Orte immer vermüllt sind. Anscheinend stört es die Kasachen nicht, im Unrat der anderen zu zelten und zu picknicken. Im Gegenteil, der eigene Müll, bestehend aus Knochen, Wodkaflaschen und Kinderwindeln, wird einfach dazu geworfen, direkt neben den See.

Gegen Mittag rollen dann fünf Lada heran, aus denen mindestens 30 Personen aussteigen, die wir auf Mitte 20 schätzen. Innerhalb kürzester Zeit läuft Techno in voller Lautstärke, eine Wagenburg wird gebaut, ein Lagerfeuer geschürt, der Samowar und der Grill angeworfen. Reichlich Schnaps ist im Umlauf. Wir finden unsere neuen Nachbarn nicht so toll und kontern mit Motörhead in voller Lautstärke. Damit kann man diese Leute aber offensichtlich nicht schockieren. Im Gegenteil, als wir eine Pause einlegen, kommen sie sogar vorbei und fragen, warum wir jetzt keine Musik mehr hätten. Dabei stellen wir fest, dass sie alle bereits weit über 40 sind. Etwas später laden uns ein paar Frauen der Gruppe zu Tee und Schnaps ein. Wir vertrösten sie auf später. Eigentlich haben wir keine Lust auf eine nähere Bekanntschaft, doch sie bleiben hartnäckig, bringen uns Plätzchen und Eintopf. Stark angeheitert und kichernd stehen sie vor Frau Scherer. Dabei erzählen sie, dass sie ein Lehrerkollegium aus Öskemen sind. Die Physiklehrerin versucht unbeholfen, mit Matthias zu flirten, der aber kalt bleibt. Währenddessen gibt es hinter der Wagenburg eine kleinere Rangelei unter den Männern. Nachdem wir wiederholt zum Tee eingeladen worden sind, gehen Heppo und ich rüber und unterhalten uns sehr nett mit der goldbezahnten Rektorin, als die Situation eskaliert. Das geht alles ziemlich schnell: Ein Auto rast heran. Der Fahrer springt mit einer Glasflasche bewaffnet heraus, bereit, diese einem anderen über den Schädel zu ziehen. In letzter Sekunde geht ein dritter Mann dazwischen und schlägt ihm die Flasche aus der Hand. Der Angegriffene stößt nun ein wildes Kriegsgeheul aus, stürzt ins Küchenzelt und greift sich ein Messer. Die Frauen laufen kreischend hinterher. Wir beobachten, wie einer mit dem Messer am Arm verletzt wird und sich schmerzverzerrt und blutend auf der Wiese wälzt. Der Rest traktiert sich unterdessen mit Fäusten. Nur die Frauen scheinen die Situation halbwegs unter Kontrolle zu haben. Wir bewegen uns unterdessen unauffällig im Rückwärtsgang zu unserem Auto zurück. Dort sitzt Matthias am Fenster und murmelt entsetzt vor sich hin: »Die ganze Welt ist verrückt!« Tatsächlich, wenn dies das Lehrerkollegium aus Öskemen ist, dann möchten wir nicht auf den dort ansässigen Rockerclub treffen! Die Party ist auf jeden Fall zu Ende. Nachdem alle Wunden versorgt und Zelt, Grill und Samowar im Kofferraum verstaut sind, fahren sie zusammen davon. Ich traue mich zu wetten, dass morgen bestimmt wieder alles in bester Ordnung sein wird. Zu so einem Picknick gehört wahrscheinlich einfach eine ordentliche Schlägerei unter Männern.

In Ajagös werden wir von einem jungen Geschwisterpaar angesprochen, das hervorragend Englisch spricht und für den Kauf einer Telefonkarte seine Hilfe anbietet. Wir sind wirklich froh, nach unserem gestrigen Erlebnis auf so liebe Menschen zu treffen. Als ich dem Mädchen von der Schlägerei erzähle, meint sie betroffen: »I'm not surprised!« Ihr größter Traum ist es, zu reisen oder im Ausland zu studieren. Ich hoffe sehr, sie wird ihn verwirklichen können. Es scheint, als ob Kasachstan nicht gerade das richtige Land für intelligente und sensible junge Frauen wäre. Wir verabschieden uns herzlich von den beiden und wünschen ihnen alles Gute für die Zukunft. Sie winken uns noch lange hinterher und rufen uns nach: »Eine sichere Reise!«

Unser heutiges Tagesziel ist der Alakölsee, der wegen seiner hervorragenden Wasserqualität gelobt wird. Von Neurodermitis geplagte Menschen berichten von wundersamen Heilungen. Das salzige, basische Wasser ist im Sommer stets 25 Grad warm, und der See ist so groß, dass man selbst bei klarem Wetter nicht bis ans andere Ufer blicken kann. Nur eine Insel soll man sehen. Der Wind, der von China kommt – ja, wir sind nur noch knapp 100 Kilometer von der chinesischen Grenze entfernt – und über die Alakölsenke weht, lässt kleine Wellen entstehen. Und der Strand besteht aus schwarzem Sand. Wir finden, das hört sich super an. Doch wie immer ist es alles andere als einfach, an den See zu gelangen, denn die Schilfgürtel sind hier kilometerbreit. Wir versuchen, einen Zugang über die Südseite zu finden. In einem idyllischen Dorf, in dem alle Bewohner auf ihren Pferden unterwegs sind, fragen wir nach dem Weg. Durch eine Furt, entlang von Bahngleisen, führt eine Schotterstraße auf einen Damm. Dort kommt uns ein Jeep entgegen. Nach einem kurzen Gespräch wendet der Fahrer schnell entschlossen seinen Wagen und fährt uns voraus. Die Fahrbahn wird immer enger und führt uns mitten durch den Sumpf. Die Gräser am Wegesrand sind so hoch wie Frau Scherer. Mittlerweile ist es fast dunkel, und wir fahren auf diesem holprigen Feldweg bereits seit über einer Stunde ins absolute Nichts. Doch endlich hält der freundliche Mann vor einer Weggabelung und verabschiedet sich mit den Worten: »Jetzt noch hier links abbiegen, und dann ist da der Strand.«

Ein Widerschein der allerletzten Sonnenstrahlen lässt den Horizont über dem Wasser rot und golden nachglühen. Eigentlich ist es ganz romantisch. Doch wieder liegt hier alles voller Müll. Unter anderem entdecken wir ein komplettes Hammelskelett und eine Großpackung benutzter Windeln – von den unzähligen Scherben und leeren Wodka-flaschen ganz zu schweigen. Hier können wir Sidi unmöglich frei laufen lassen. Heppo möchte noch ein paar Meter weiterfahren. Leise merke ich an, dass ich dem Untergrund nicht so recht traue. Doch da sind wir schon mit dem linken Hinterreifen eingesunken. Da das nicht so schlimm aussieht, starten wir nach etwas Graben und dem Unterlegen von Sandblechen einen Versuch, rückwärts zu fahren. Doch sofort sinken wir noch weiter ein. Ein dritter Versuch lässt auch unseren linken Vorderreifen fast komplett im Morast verschwinden. Frau Scherer befindet sich nun in einer bedenklichen Schieflage. Die ganze Nacht schaufeln wir weiter. Der Boden ist wirklich die Hölle. Er besteht aus einem Lehm, der an der Luft sofort betonhart wird und große Salzflocken ausscheidet. Quasi Salzteig! Irgendwann müssen wir uns eingestehen, dass wir uns aus eigener Kraft nicht mehr befreien können. Es ist fast drei Uhr, als wir unser Zelt aufbauen und uns etwas Schlaf gönnen. Morgen früh müssen wir wohl oder übel Hilfe holen.

Zum Sonnenaufgang um 4:30 Uhr sind wir alle wieder wach und betrachten das Fiasko. Die Situation ist wirklich schlimm. Der linke Hinterreifen ist bis über die Achse eingesunken, und auch vorne links und hinten rechts müssen wir graben. Frau Scherer hängt schief im Sumpf, und im Umkreis von 30 Kilometern gibt es niemanden, der uns helfen könnte. Gott sei Dank haben wir ein Fahrrad dabei, und so radelt Matthias bei brütender Hitze heldenhaft die lange Strecke zurück ins Dorf. Heppo, Sidi und ich kauern uns derweil wartend in den Schatten unseres Wohnmobils. Ich fühle mich ein bisschen wie ein Schiffbrüchiger auf einer einsamen Insel, mitten im salzigen Meer. Stunden später taucht Matthias mit Irmek, dem Jeepfahrer von gestern, wieder auf. Er amüsiert sich über uns, hat aber Anstand genug, ein ernstes Gesicht zu machen. Angesichts unserer Anspannung lässt er sich zu einem hübschen Spruch hinreißen, während er auf die in der Ferne weidenden Schafe und unseren schlafenden Hund deutet: »Sheep relax, dog relax, so also relax!« Hilfe sei unterwegs, und zwar in Form eines 30 Jahre alten Kettenfahrzeugs. Das kommt auch tatsächlich eine gute Stunde später mitten durch den Sumpf gewalzt.

Die Bergungsaktion dauert Stunden, in denen unser Wagen wiederholt einsinkt. Jedes Mal ist es fast noch schlimmer als zuvor. Das bedeutet: Weiter graben und nicht die Nerven verlieren. Wir haben Frau Scherer eigentlich schon abgeschrieben, doch steht sie noch vor Einbruch der Dunkelheit wieder auf festem Boden, und bis auf ein paar Dellen und Kratzer scheint nichts weiter kaputt zu sein. Nicht einmal 24 Stunden hat es gedauert, vom Einsinken bis zur Befreiung. Nicht schlecht. Großzügig entlohnen wir unseren Retter. Erst viel später erwacht in uns das Misstrauen. Hat Irmek da eventuell ein gewieftes Geschäftsmodell gefunden? Fremde an den Salzsee zu führen und am nächsten Tag aus misslicher Lage zu befreien?

Wir wollen weiter, haben genug vom Alaköl, der uns so auf Trab gehalten hat. Das Thermometer zeigt 43 Grad, und der Fahrtwind fühlt sich an wie ein Heißluftgebläse. Am Abend parken wir ein paar Meter abseits der Landstraße. Vor uns brennt die Steppe. Es sieht schön, aber gleichzeitig auch wirklich bedrohlich aus. Die Flammen sind geschätzte zehn Kilometer entfernt, und der Wind bläst zum Glück weg von uns. Wir halten uns trotzdem fluchtbereit. Kasachstan, was machst du mit unserem Adrenalinspiegel?

Mitten in der Nacht klopft ein aufgeregter Matthias an unsere Tür: »Das Feuer kommt näher. Es ist nicht mehr weit von uns entfernt. Lasst uns schnell weiterfahren!« Tatsächlich, die Flammen, die schon fast erloschen schienen, lodern nun wieder hell und halten nun auf uns zu. Der Wind hat gedreht und weht jetzt in unsere Richtung. Noch zieht der Rauch an uns vorbei, aber man kann ihn schon riechen. Die Feuerlinie schiebt sich beharrlich in Richtung der Straße, die die einzige Barriere zu uns darstellt. Eilig packen wir zusammen, starten den Motor und fahren an dem Höllenspektakel vorbei. Vor uns liegen viele Kilometer schwarzer Steppenlandschaft. Vereinzelt qualmt oder brennt es noch am Straßenrand. Wir fühlen uns wie im falschen Film. Im Rückspiegel sehen wir den Sonnenaufgang und genießen die angenehm kühle Temperatur von »nur« 26 Grad. Eigentlich keine schlechte Uhrzeit, um etwas Strecke zu machen. Die kurze Nacht steckt uns jedoch in den Knochen und ist vielleicht schuld daran, dass wir falsch in einen Kreisel einbiegen. Sofort werden wir von der Polizei angehalten – wie schon so oft. Heppos Dreistufentaktik hat in solchen Situationen bisher immer gut funktioniert: Erstens dumm stellen, zweitens betteln und drittens Land und Leute loben. Diesmal sind wir allerdings an besonders harte Polizisten geraten, die jede

Menge Geld wittern. 150 Euro sollen wir zahlen. Doch Heppo verdient einen Orden für besondere schauspielerische Leistungen. Über eine halbe Stunde hält er seine Strategie durch und gewinnt. Genervt geben sie auf. Wieder einmal dürfen wir ohne Bußgeld weiterfahren.

Kurz vor Taldyqorghan wartet dann die nächste Prüfung auf uns, und unsere Erlebnisse in Kasachstan kommen mir langsam wie Dante Alighieris Beschreibungen der Höllen vor: Wind und Kälte im Altai, messerstechende Lehrer, Sumpf und Einsinken am Alaköl, Feuer in der Steppe und Flucht, dazwischen immer mal wieder kleine Hindernisse in Form von Polizeischikanen. Was kommt wohl noch? Wie wäre es mit einem defekten Motor? Genau, den nehmen wir. Wo kämen wir denn hin, wenn uns etwa langweilig würde!

Plötzlich gibt unser Motor laute, schlagende Geräusche von sich. Aus dem Auspuff quillt weißer Rauch. Erschrocken halten wir am Straßenrand. Erstaunlicherweise bleiben diesmal alle ruhig. Denn so langsam wissen wir gar nicht mehr, woher wir die Kraft zum Aufregen nehmen sollen. Es kommt vieles zusammen, der Schlafmangel, die Hitze – heute 46 Grad – und natürlich die Erlebnisse der letzten Tage. Konzentriert überlegen wir, wie vorzugehen ist, und rechnen mit dem Schlimmsten: Motorschaden – das Fahrzeug zurücklassen – Ende der Reise. Diese Finalität gibt uns eine gewisse Gelassenheit, sodass wir das Ganze rational und vernünftig angehen.

Als Erstes recherchieren wir im Internet. Weißer Rauch deutet meistens auf eine kaputte Kopfdichtung hin. Schlagende Geräusche können aber auch bei einem Kolbenfresser auftreten. Der Motor ist allerdings nicht sonderlich überhitzt, und im Öl befindet sich kein Wasser. Es kann also auch etwas ganz anderes sein. Wir müssen von der Straße weg. Daher versuchen wir, ein passendes Fahrzeug anhalten, das uns abschleppen kann. Nach Taldyqorghan sind es noch knapp 25 Kilometer.

Zuerst bremsen zwei Sattelschlepper, die uns zwar nicht ziehen können, aber deren Fahrer überaus hilfsbereit sind. Iwan legt sich besonders ins Zeug, gibt uns die Nummer eines fähigen Mechanikers und zeichnet einen Plan zu einem bewachten Autoparkplatz mit passender Infrastruktur. Leider muss er weiter. Als Nächstes stoppt ein altersschwacher Kamaz für uns, der selbst nicht mehr der Fitteste ist. Er verliert Unmengen an Diesel. Boris ist mit seiner Frau Raisa und dem kleinen Enkel auf dem Nachhauseweg. Ehrensache, dass er uns hilft. Plötzlich steht da auch noch Sergej. Er ist ein Freund von Iwan und von ihm beauftragt, uns aus der Klemme zu helfen. Gemeinsam mit Boris tüftelt er einen Plan aus. Eine Abschleppstange wird organisiert, und schon zieht uns Boris mit halsbrecherischer Geschwindigkeit in die Stadt. Heppo schwitzt Blut und Wasser.

Am Parkplatz wartet bereits Boris' Tochter Aisha auf uns. Wir haben kaum Zeit, Frau Scherer zu parken und die Türen abzuschließen, so treibt man uns zur Eile an. Mit sportlichem Fahrstil und lauter Popmusik werden wir weiter zum Elternhaus chauffiert. Dort haben die Mutter und Tochter Bota, deren Name »kleines Kamel« bedeutet, schon ein üppiges Abendessen für uns vorbereitet, bestehend aus einer kräftigen Rindersuppe mit Nudeln, verschiedenen Salaten, Fettgebäck und Kuchen. Als Getränke werden Tee, Cola, Schnaps und Bier serviert, alles gleichzeitig. Ich werde sogar genötigt, einen Trinkspruch auszubringen. Also bedanke ich mich für die Einladung, lobe Boris für seine Hilfe, die Hausfrau für ihre Geduld und hebe die Kochkünste der jüngsten Tochter hervor. Dann beschwöre ich noch die deutsch-kasachische Freundschaft. Das gefällt unseren Gastgebern. Boris, der vor 30 Jahren seine Militärzeit in Dresden verbracht hat, fallen mit zunehmendem Alkoholpegel viele deutsche Begriffe und sogar ganze Sätze ein. Stolz erzählt er uns, dass er dort wegen übermäßigen Schnapskonsums während der Dienstzeit sogar einmal zwei Wochen im Gefängnis verbringen musste. Matthias möchte er am liebsten gleich mit einer seiner Töchter verheiraten. Einen Elektriker könnte er gut gebrauchen, denn seine Satellitenschüssel funktioniert gerade nicht.

Von den Strapazen der letzten Tage sind wir alle sehr erschöpft und wollen eigentlich nur noch ins Bett. Gegen halb eins fährt uns Aisha dann endlich nach Hause. Nach Hause, das bedeutet in unserem Fall zu einem kaputten Auto, das gerade im staubigen Innenhof eines ehemaligen Fabrikgeländes steht und einer ungewissen Zukunft entgegenblickt. Wir schlafen nicht besonders gut. Wieso haben wir eigentlich so ein Pech auf unserer Reise? Das ist nicht fair. Doch für den großen Katzenjammer bleibt keine Zeit, denn früh morgens wartet der Mechaniker Kolja bereits vor unserer Tür. Er ist ein schöner, asiatisch aussehender Mann mit hohen Wangenknochen. Mit seinen langsamen Bewegungen und seiner Wortkargheit strahlt er die Ruhe und Gelassenheit eines Zen-Meisters aus. Dazu raucht er lange, dünne Damenzigaretten. Bedächtig zieht er den Ölmessstab heraus und riecht daran. Mittlerweile ist auch Boris zu uns gestoßen und hilft fleißig mit. Bemerkenswert daran ist, dass er im blütenweißen Hemd am Motor hantiert und trotzdem nicht schmutzig wird. Die Erstdiagnose der beiden deutet auf defekte Einspritzdüsen hin. Außerdem scheint die neue Förderpumpe unserer Einspritzpumpe kaputt zu sein, denn der zu lange Stößel war natürlich doch ein Problem. Daher ist nun ein Zahnrad beschädigt, und ein wichtiges Lager wurde komplett zermalmt. Woher sollen wir nun passende Ersatzteile bekommen? Kolja scheint jedoch nicht beunruhigt zu sein, denn auf dem Autobasar werde man schon etwas Passendes finden, meint er.

Auf diesem wird aus verschiedenen Blechgaragen heraus alles Mögliche an Ersatzteilen verkauft. Das Lager bekommen wir sofort, aber der Simmerring macht größere Probleme. Erst beim dritten Markt erhalten wir einen passenden. Unsere Einspritzpumpe, die auf Russisch schlicht »Apparat« heißt, wird unterdessen von einem Spezialisten eingestellt, der – wie es der Zufall will – direkt neben unserem Parkplatz seine Werkstatt hat. In großen Lettern ist über der schmuddeligen Garage das Wort »Apparaturschik« gepinselt, was wohl ein Wortspiel mit dem Begriff »Apparatschik«, also Funktionär oder Mann des Systems, ist. Alexander macht einen sehr erfahrenen Eindruck. Er ist kurz angebunden und etwas bärbeißig. Aus dem Wenigen, was ich verstehe – »Bosch ist auch nur made in China«, »Deutschland ist wohl auch nicht so toll«, »Alt oder neu, was heißt das schon, die Hände machen es aus« – höre ich heraus, dass er den alten Grantler nur spielt, denn seine Augen lachen immerfort. Er ist uns nicht unsympathisch, und wenn er unsere Pumpe wieder hinbekommt, darf er uns gern für naive Wohlstandskinder halten. Recht hat er damit ja wahrscheinlich. Überhaupt ist das Beste an dieser ungemütlichen Situation die Begegnung mit den vielen netten Menschen, die sich alle rührend um uns sorgen und aufrichtiges Interesse zeigen.

Mit einem Lastwagenfahrer führe ich ein längeres Gespräch. Er kann nicht verstehen, warum wir reisen, wo wir doch in Europa alles hätten. Hier in Kasachstan gebe es viele Banditen, warum um alles in der Welt würden wir uns solchen Gefahren aussetzen? Ich erzähle ihm, dass wir die Menschen unterwegs sehr zu schätzen wüssten und hier erleben würden, was Solidarität und gegenseitige Hilfe heißt. Würden in Deutschland sofort alle anhalten, um gestrandeten Kasachen zu helfen? Würde man bei uns alle Hebel in Bewegung setzen und die Fremden zum Essen zu sich nach Hause einladen? Eher nicht. Hier erleben wir, dass sich die Menschen verantwortlich fühlen. Hat man schon mal angehalten, dann ist man auch zuständig für das Problem des anderen.

Die Einspritzpumpe ist bereits mittags überholt. Ohne große Umschweife wird sie eingebaut, und wir können eine Probefahrt unternehmen. Unser Zen-Mechaniker sitzt zwischen Heppo und mir. Seine Hände berühren sich, Daumen und Zeigefinger formen ein Dreieck. Konzentriert lauscht er dem Motorgeräusch. »Charascho?«, frage ich vorsichtig. Er nickt und lächelt: »Charascho!« Es scheint, als hätten Kolja und Alexander ein kleines Wunder vollbracht. Auch Boris steht bereit und wartet geduldig, bis wir die letzten Handgriffe erledigt haben. Einen letzten Besuch, das könnten wir ihm jetzt doch nicht abschlagen. Dann, »Dawai, dawai«, mitsamt Frau Scherer zu ihm nach Hause nach Baktibai. Die Nachbarn machen große Augen, und Boris scheint mächtig stolz auf den Besuch aus Deutschland zu sein.

Nun habe ich ein neues Lieblingsgericht mit dem lustigen Namen Lachman. Das sind hausgemachte Spaghetti aus einem Nudelteig mit Eiern, Mehl, Salz und Wasser, der zuerst zu fingerdicken, 30 Zentimeter langen Würsten gerollt wird. Im nächsten Durchgang werden die Nudeln noch dünner geformt. Dann werden die Schnüre auf beide Hände aufgewickelt und weiter in die Länge gezogen. Das ist viel schwieriger, als es aussieht, sie dürfen nämlich nicht abreißen. Profis schleudern die Teigstränge zuletzt, damit sie noch mal feiner werden. In guten Restaurants kann man so meterlange Nudeln schlürfen. Doch auch Raisas Endprodukt muss sich nicht verstecken. Es schmeckt wunderbar. Wir tun es unseren Gastgebern gleich und essen geräuschvoll, um unser Wohlbefinden zu bekunden. Wieder einmal drücken wir ein Auge zu und verspeisen auch die Rindfleischsoße mit großem Appetit. Schließlich wollen wir unsere Gastgeber nicht vor den Kopf stoßen. Es folgt die obligatorische Fotosession. Boris hat Tränen in den Augen, als wir uns zum Abschied umarmen.

Frau Scherer hört sich gut an und fährt normal. Wir sind nun auf der Seidenstraße, die weniger eine Straße als ein Wegenetz ist. Einst diente es dazu, kostbare Güter über weite Strecken zu transportieren. Wie muss das damals gewesen sein? Auf dem Rücken eines Kamels durch die Wüste reitend, bedroht von Hitze, Wassermangel und Räubern? Apropos Kamel, hier sehen wir die ersten Vertreter ihrer Art auf dieser Reise. Oder sind es Dromedare? Ich verwechsle die immer …

Als wir über den 1.711 Meter hohen Altyn-Emel-Pass fahren, wähne ich mich im Fieberdelirium. Aber Heppo und Matthias haben die gleiche Halluzination. Die Bergkämme vor uns schweben basislos in der Luft und sind an den Rändern ausgefranst. So etwas habe ich noch nie gesehen. Die flirrende Hitze nimmt den Bergen Stand und Substanz. Abends kommen wir dann am Sharyn-Nationalpark an. Dort hat der Fluss Sharyn in einer absolut trockenen Steinwüsten-ebene nicht nur tiefe, canyonartige Krater, sondern auch einen Relikt-wald entstehen lassen, der seit der letzten Eiszeit in dieser Form erhalten ist. Als wir morgens vor dem Zaun zu den Riesenbäumen stehen, ist alles verriegelt und abgeschlossen. »Stahlzäune, Schlös-ser, Ketten und Wachhunde? Das ist wie ein Hochsicherheitstrakt!«, denke ich mir. Die Parkwächterin kommt träge und mürrisch aus dem Haus, und ich bemerke noch, wie sich ihre Augen weiten, als sie Sidi erblickt. Da kommt dann auch schon ein großer, weißer Rüde heran-geschossen und schlüpft unter dem Stahlzaun hindurch. Wie eine Furie geht er auf unseren angeleinten Hund los und beginnt ihn zu attackieren.

Heppo versucht, das Biest mit Fußtritten zu verjagen, Matthias und ich werfen mit Steinen. Die dämliche Besitzerin steht währenddes-sen bewegungslos auf der anderen Seite des Zaunes. Nach einer gefühlten Ewigkeit hat das Monster genug von Steinen und Fußtritten und zieht sich zurück. Wie durch ein Wunder ist Sidi unverletzt, und auch Heppo hat nichts abbekommen. Mir langt es dafür nun end-gültig: »Scheiß auf den Reliktwald und die dämliche Parkwächterin, die nicht mal den Anstand hat, nachzufragen, ob bei uns alles in Ord-nung ist.« Entrüstet stapfen wir zum Wagen zurück. Um das Maß der Dinge vollzumachen, kommt abends der Mann der Parkwächte-rin sturzbetrunken bei uns vorbei, aber nicht etwa, um sich zu ent-schuldigen, sondern um uns weiter einzuschüchtern. Er baut sich vor uns auf, verlangt, unsere Eintrittskarten zu sehen und gibt mir einen gewaltsamen, ekelhaft nach Schnaps riechenden Wangenkuss. In einem Land, in dem Männer fremden Frauen nicht einmal die Hand geben, weil man die Frau eines anderen nicht anfasst, ist das eine absolute Frechheit! Ich habe dermaßen die Schnauze voll von Kasachstan!

KIRGISTAN – PFERDE, JURTEN UND BAUWAGEN

28.7.-4.9.2014

Eigentlich sind es nur 100 Kilometer bis Kirgistan, da die Straßen aber so schlecht sind, brauchen wir mehrere Stunden bis zur Grenze. Landschaftlich ist es dafür umso schöner. Wir schrauben uns langsam, aber kontinuierlich auf eine Höhe von 2.000 Metern hoch. Die Zöllner sind entspannt und interessieren sich nur für Fußball: »Deutschland, Weltmeister! Wirklich toll gespielt. Sieben zu eins gegen Brasilien!« Wir grinsen und machen das Victory-Zeichen. Dabei haben wir das Jahrhundertspiel nicht einmal gesehen. Bei der Gesichtskontrolle spiele ich dann den Clown vor der Videokamera: »Posieren. Mit oder ohne Hut?« Das finden alle lustig, und schon sind wir in Kirgistan. Dort ist es regnerisch und vergleichsweise kühl, um die 20 Grad. Für uns fühlt sich das nach den hohen Temperaturen der letzten Wochen schon richtig kalt an.

Schon seit Russland und Kasachstan ist uns aufgefallen, dass es auch hier Menschen gibt, die in einem Bauwagen wohnen. Meistens sind es Imker, die von Wiese zu Wiese fahren und einen Anhänger voller Bienenstöcke dabeihaben. Und jetzt in Kirgistan scheinen fast alle so zu wohnen. Die Jurte, die hier übrigens Bosü heißt, hat offensichtlich ausgedient. Wir sind neugierig, wie so ein kirgisischer Wagen wohl eingerichtet ist. Frech laden wir uns kurzerhand selbst ein. Klar, dass man hier nicht nein sagt. Die Eltern und eine große Schar Kleinkinder sind zwar gerade auf dem Weg ins Dorf, aber die drei jungen Burschen Anfang 20 freuen sich über die willkommene Abwechslung. Die Einrichtung ist pragmatisch. Gleich am Eingang in der Mitte befindet sich die Küche, wo über einer Schnur Fleischstücke zum Trocknen aufgehängt sind. Daher riecht es für uns etwas ungewohnt. Der linke Teil besteht dann aus einem Sitzpodest, einem niedrigen Tisch und Polsterauflagen, die am Boden liegen. Das Dach ist undicht, und so tropft es auf die Sitzpolster. Rechts befindet sich das Schlafzimmer, wo auch der Kumys in einem Holzfass hergestellt wird. Wir bekommen eine Einführung: Auf den vergorenen Rest im Fass wird frische Stutenmilch gegossen. Durch ein Loch im Deckel wird dann mit einem Holzstampfer etwa 20 Minuten lang Luft in die Milch untergerührt. Spätestens am nächsten Tag gibt es dann neuen Kumys. Wir dürfen das Getränk probieren. Es schmeckt etwas gewöhnungsbedürftig, wild und säuerlich.

Die aus Deutschland mitgebrachten Gummibärchen kommen gut an. Wir bekommen im Gegenzug einen Teller Beshbarmak gereicht, was so viel wie »fünf Finger« heißt, also Fingerfood. Netterweise gibt es für uns einen Löffel dazu, denn die Suppe aus zerlassenem Hammelfett, weichen Nudeln und großen, flachsigen Fleischstücken wäre für uns sonst nur schwer zu essen. Schon wieder machen wir eine Ausnahme und essen Fleisch. Das angebotene Essen abzulehnen wäre unhöflich. Aber richtig lecker finden wir es nicht. Am nächsten Morgen revanchieren wir uns bei den Brüdern mit einem deftigen Frühstück: Bohnenkaffee, gekochte Eier, Kekse und Schokocreme. Matthias spielt ein Standerl auf dem Akkordeon und findet andächtige Zuhörer. Danach dürfen wir ein paar Meter auf einer gutmütigen Stute reiten. Heppo ist aber der Einzige, der gleich den Dreh raus hat und das Pferd dazu bringt, seinen Kommandos zu folgen. Eine Naturbegabung quasi. Aber schließlich ist mein Liebster auch Pferd als chinesisches Sternzeichen. Logisch, dass er da zu dem Tier einen besonderen Zugang hat …

In Karakol, im Büro des Community Based Tourism, erhalten wir wertvolle Informationen über Trekkingtouren und Wanderritte in der Gegend. Wir sind positiv überrascht, denn hier gibt es tatsächlich eine richtige touristische Infrastruktur mit Englisch sprechenden, kompetenten Mitarbeitern, Souvenirshops, Postkarten und Pizza! Dafür geht es hier aber auch eine Nummer heftiger zu als in Kasachstan. Der Müll wird in großen Fässern auf offener Straße angezündet, die Köpfe der geschlachteten Kühe stapeln sich vor der Markthalle, und der Weg durch den Basar führt durch knöcheltiefen Dreck.

Die Berge rufen uns. Nahe der chinesischen Grenze, auf über 4.000 Metern, betreibt die kanadische Firma Kumtor eine gut gehende Goldmine. Diese wirft offensichtlich so viel ab, dass unter anderem eine perfekt ausgebaute Schotterstraße unterhalten werden kann. Auf dieser karren dicke amerikanische Mack-Lastwagen unermüdlich Chemikalien und anderes Material nach oben, schrecklicherweise nicht ohne Folgen für den Issyk Kul. So kippte beispielsweise 1998 ein mit Cyanid beladener Lkw in diesen See. 300 Menschen starben. Übrigens haben auch die Russen mit ihm so allerhand Schindluder betrieben, zum Beispiel Atomwaffentests, und wir wollen gar nicht wissen, was sonst noch. Es ist ein Elend. Anscheinend gibt es kein Fleckchen auf der Erde mehr, das nicht den Prinzipien der Gewinnmaximierung unterworfen ist. Trotz aller Kapitalismuskritik profitieren aber auch wir im Moment von der Infrastruktur. So ist die Straße zum Barskoon-Pass wirklich ein Traum – überbreit zweispurig. Und noch besser, kein Schlagloch und keine Wellblechpiste trüben das Fahrvergnügen. Trotzdem sind wir im Schneckentempo unterwegs. Der Grund dafür ist die enorme Steigung. Auf circa 30 Kilometern müssen 2.000 Meter Höhenunterschied bewältigt werden. Die letzten Kilometer winden sich in gewagten Serpentinen bergauf. Für unsere alte Dame ist das eine gewaltige Anstrengung. Daher müssen wir ihr öfter einmal eine kleine Verschnaufpause gönnen.

Schroffe Gesteinsformationen begrüßen uns. Am Barskoon-Pass erwarten uns dann auf 3.819 Meter Höhe ein Hochplateau und eine Moorlandschaft. Links und rechts reichen die Gletscher der Vier- bis Fünftausender fast bis zu uns herab. Parken ist leider wieder mal unmöglich, ohne unser Gefährt im Sumpf zu versenken. Auch direkt neben der Straße stehen zu bleiben, erscheint uns nicht besonders ratsam, da der stete Versorgungsstrom der Lastwagen riesige Staubwolken nach sich zieht. Also fahren wir noch ein Stück weiter hinauf zum Sojuk-Pass, wo wir auf 4.021 Metern übernachten. So hoch oben war bisher noch keiner von uns. Ich finde den Stellplatz ein wenig gruselig, denn links und rechts von uns gibt es nur Geröllhänge. Es besteht zwar keine direkte Gefahr, aber so viel Gesteinsmasse über unseren Köpfen beunruhigt mich dann doch leicht. Nachts ist es bitterkalt, und die Wasserpfützen frieren ein. Das ist ein Vorgeschmack auf den Pamir Highway, den wir – Inshallah! – im September befahren werden.

Die große Höhe bereitet uns keine Probleme. Nur das Atmen fällt ein wenig schwerer als gewohnt. Frau Scherer jedoch mag nicht. Ihre Batterie röchelt, da es wohl zu kalt ist. Auch die dünne Luft und der schlechte Diesel machen sich bemerkbar. Ein bisschen hilflos versprühen wir unter den amüsierten Blicken von zwei jungen russischen Touristinnen nebst Reiseleiter eine komplette Dose Startpilot. Buchstäblich auf den letzten Drücker hustet der Motor gewaltig und spuckt eine gigantische schwarze Rauchwolke aus. Wir können weiterfahren. Tatsächlich würden wir gern noch etwas länger hierbleiben. Aber wir müssen zähneknirschend zugeben, dass wir dafür ungenügend ausgerüstet sind. Also fahren wir gut 1.000 Meter abwärts und kommen vor dem überdimensionierten Kopf von Juri Gagarin zum Halten. Der Kosmonaut hat die kleine Ansammlung von Jurten gegenüber fest im Blick. Kirgisische Familien grillen, hören Musik, singen tanzen und trinken Tee aus dem Samowar oder Wodka aus bunten Flaschen. Kinder lassen neben dem Monument Drachen steigen. Ein Fußweg führt von hier zu einem Wasserfall, wo man fast allein ist. Denn die Wenigsten nehmen die Wanderung auf sich, sondern bleiben lieber beim allgemeinen Trubel. Wer noch Lust hat, weiter aufzusteigen, kann noch einen zweiten, größeren Wasserfall besichtigen. Und da wir nun schon seit Südkasachstan auf Hochgebirgsniveau unterwegs sind, fällt uns der steile Anstieg erstaunlich leicht.

Dem Schnee in den Bergen ziehen wir dann aber doch die hochsommerlichen Temperaturen am Issyk Kul vor. Dort finden wir einen wunderschönen Stellplatz zwischen Aprikosenbäumchen am Wasser. Es sieht fast wie am Mittelmeer aus. Nur ein paar Kilometer entfernt gibt es ein Hinweisschild zum sogenannten Fairytale Canyon. Dort sind wir zwar nicht die einzigen Besucher, aber in dem weitläufigen Labyrinth aus natürlichen Steinskulpturen kann man trotzdem gut seiner eigenen Wege gehen. Grüne, gelbe und rote Sandschichten verleihen den bizarren Objekten einen zusätzlichen Reiz. Außerdem scheint die Pflanzenwelt eine besondere zu sein, sicherlich bedingt durch das spezielle Klima. Im Canyon herrschen schätzungsweise 50 Grad. Da wachsen dann seltsame schwarze Zungen aus dem Boden. Vielleicht ein Schmarotzer ohne Chlorophyll?

Am westlichen Ende des Issyk Kuls ragt eine hakenförmige Landzunge in den See, die für heute unser Ziel ist. Doch die Enttäuschung ist groß. Der Ort erinnert uns verdächtig an den Alakölsee in Kasachstan: schwarzer Sand, Salzkrusten und Schilfbewuchs. Sogar der leicht fischig alkalische Geruch ist gleich und weckt böse Erinnerungen an unser Sumpferlebnis. Nur diesmal sind wir schlauer und legen den Rückwärtsgang ein. Mittlerweile geht die Sonne aber gleich unter, und wir wissen noch immer nicht, wo wir heute übernachten sollen. Also versuchen wir es ein paar Hundert Meter weiter östlich. Da deutet der Baumbewuchs auf festeren Untergrund hin, und eine Familie renoviert dort gerade ein Haus unweit des Strandes. Diese fragen wir, ob wir nebenan parken dürfen. Daraufhin textet mich eine der Frauen auf

Russisch zu: »Na, gefällt dir der Strand? Gefällt dir der Strand denn nicht? Hast du schon den Strand gesehen? Gefällt er dir nun …?« Dabei hatte ich doch noch nicht mal Gelegenheit, mich näher umzusehen. Ihre Mutter, eine fiese, alte Hexe mit zahlreichen Goldzähnen im Mund, ist noch schlimmer. Sie möchte Geld von uns. Das ist ja auch in Ordnung, aber ein Preis, für den man ein Hotelzimmer mieten könnte, ist dann doch etwas übertrieben. Von den Männern vorgeschickt, kommt mir die undankbare Aufgabe zu, mit den Frauen zu verhandeln. Besonders die Oma ist ein harter Brocken. Sie gibt vor, angesichts meines ruchlosen Geizes zu weinen. Als die Show nicht zieht, verflucht sie mich und belegt mich mit dem bösen Blick. Verärgert wende ich mich ab. Der etwa 20-jährige Enkel, der bisher etwas peinlich berührt das Spektakel verfolgt hat, mischt sich nun ein. Er schafft es, die Wogen zu glätten, und wir werden uns handelseinig. Meine Laune ist trotzdem dahin. Vielleicht kann man das an dieser Stelle für das Protokoll festhalten: Die Männer verhandeln in Zukunft mit den Frauen und ich mit den Männern! Ausnahmen bestätigen die Regel.

Die Landschaft hat mittlerweile eindeutig einen herbstlichen Anklang. Wir kommen durch eine rotbraune Steinwüste, wo die orangen Früchte im graublauen Ephedra-Kraut leuchten. Die Beeren werden hier übrigens auch gegessen, schmecken allerdings etwas muffig. Höchstwahrscheinlich wirken sie anregend, da sie den Wirkstoff Ephedrin enthalten, der unter anderem als Dopingmittel verwendet wird. Dazwischen blüht es großflächig lavendelfarben, während ein anderes Gewächs wollige, weiße Samenkugeln produziert. Mit gelben Fäden überwuchert die Seide (Cuscuta) rücksichtslos andere Wegesrandbewohner. Und über all dem prangt am Horizont eine ausgeblichene Fototapete – die schneebedeckten Gipfel der Vier- und Fünftausender. Kitsch pur! In den Dörfern hängen die Bäume voller herrlicher Aprikosen, die süß und säuerlich zugleich schmecken. Ein Anflug von Wehmut erfasst mich: »Kann es sein, dass wir tatsächlich schon seit einem halben Jahr unterwegs sind?«

Der Abend hält noch eine Überraschung für uns bereit. Als ich vor Frau Scherer sitze und den Sonnenuntergang genieße, höre ich plötzlich ein Schreien aus dem Gebüsch. »Möwen?«, denke ich mir. Aber weit und breit ist kein Vogel zu sehen. Auch Sidi wird ganz unruhig und spitzt die Ohren. Als ich etwas Kleines, Braunes zwischen den Büschen herumwuseln sehe, ist mein nächster Gedanke: »Hamster?« Das Tier entpuppt sich als Hundewelpe, der da um Hilfe schreit. Er ist winzig klein, und seine Augen sind noch geschlossen. Zu dritt machen wir uns auf die Suche nach weiteren Hundebabys. Tatsächlich finden wir kurz darauf noch ein zweites in einer Wodkaschachtel am Straßenrand. Dieses ist ungefähr doppelt so dick wie Nummer eins und hat die Augen schon geöffnet. Ach, herrje, das hat uns gerade noch gefehlt, zwei hilfsbedürftige Wesen! Aber liegen lassen können wir die beiden auch nicht. Also packen wir sie in unseren Wagen und beginnen mit der Fütterung: verdünnte Kuhmilch, Haferbrei, aufgeweichtes Trockenfutter, hart gekochte Eier und Kamillentee. Die beiden sind kleine Fressmaschinen und schmatzen richtig laut. An Schlaf ist kaum zu denken, da sie alle zwei Stunden aktiv werden. Unser Essen schmeckt ihnen, und sie kuscheln sich vertrauensvoll in unsere Arme, die bis zu den Achseln mit Haferbrei verschmiert sind. Sidi dagegen ist genervt, verzieht sich angewidert ins hinterste Eck und verdreht die Augen: »Hilfe, Babyalarm!« Wir sind kurz davor, uns zu verlieben. Aber drei Hunde sind unmöglich. Daher müssen wir die Kerle so schnell wie möglich wieder loswerden. Nur wie? Das Glück ist uns jedoch hold – und auch den Hundekindern. Die Ersten, die wir am nächsten Morgen ansprechen, sind ein junges Ärzteehepaar aus Bischkek, die zusammen mit ihrem Sohn Mansour Urlaub am Issyk Kul machen. Die russischsprachige Kirgisin Karina erklärt sich sofort bereit, die zwei Kleinen weiterzuvermitteln. Ihr Mann Tahkir schaut zwar etwas weniger erbaut, wagt aber keinen Widerspruch. Ich falle der jungen Frau spontan um den Hals und drücke ihr einen Kuss auf die Wange. Am Nachmittag kommen die beiden dann tatsächlich auch noch einmal vorbei und bringen Bier und Chips sowie die gute Nachricht mit, dass eine Frau aus dem Dorf die beiden Hunde zu sich nimmt.

Am späten Nachmittag gesellt sich Michael mit Tochter Laura zu uns, der in einem österreichischen Militärfahrzeug, einem Steyr-Puch Pinzgauer, unterwegs ist. Der Ökoarchitekt aus Graz und die Studentin sind uns auf Anhieb sehr sympathisch, und wir freuen uns sehr, endlich einmal andere Reisende zu treffen. Da zeigt sich jeder von seiner besten Seite. Wir überlegen, mit den beiden ein Stück gemeinsam zu fahren, da sie die gleiche Route und einen ähnlichen Zeitplan wie wir haben. Das wäre fein. Doch vorerst planen Michael und Laura noch einen Abstecher nach Karakol, sodass wir lose ein Treffen in ein paar Tagen vereinbaren. Wir wollen uns per Telefon verabreden.

Uns verschlägt es als Nächstes nach Kochkor. Dort tobt das Leben. Taxifahrer werben laut rufend um Kunden, Autos rasen durch die Stadt, buntes Gemüse geht über den Ladentisch, und Rucksacktouristen erholen sich in den Cafés bei einer Flasche Bier und blättern im *Lonely Planet Central Asia*. Auch wir lassen uns in den Bann des Stadtlebens ziehen. Wir entdecken eine Frauenkooperative, die wunderschöne Filzteppiche, sogenannte Shyrdaks, fertigt. Ein kirgisischer Shyrdak ist wirklich etwas Besonderes, weshalb diese Teppiche 2012 in die Liste des dringend erhaltenswürdigen immateriellen Kulturerbes der UNESCO aufgenommen wurden. Für die Herstellung werden zwei verschieden gefärbte Filzmatten übereinandergelegt, durch die hindurch dann ein symmetrisches Muster ausgeschnitten wird. Anschließend werden die verschiedenen Stücke versetzt zusammengenäht. So gibt es immer zwei Teppiche, die zusammengehören, ein Positiv und das dazugehörige Negativ. Die Muster symbolisieren Berge, Jurten und stilisierte Pflanzen und Tiere. Das soll Glück, Geborgenheit und Fruchtbarkeit in die Behausungen bringen. Wir finden die Shyrdaks nicht nur wahnsinnig schön, sondern auch sehr praktisch. Sie sind die perfekten Teppiche für einen nomadischen Lebensstil und damit für einen Bauwagenbewohner, denn sie haben tolle isolierende Eigenschaften und sehen sehr robust aus. Wir kaufen uns deshalb einen Läufer in Rot und Schwarz. Matthias entscheidet sich für einen grünen.

Wir haben schon viel vom Hochgebirgssee Son Kul auf über 3.000 Metern gehört. Manche sagen, dass er das absolute Highlight einer Kirgistanreise sei, andere finden ihn unspektakulär und überlaufen. Auf dem Weg zum See treffen wir ein junges Paar aus Ungarn, das auf einer 125er Suzuki mit chinesischer Zulassung unterwegs ist. Sie haben nur dünne Stoffjacken an und frieren erbärmlich. Die beiden raten uns dringend vom See ab – zu kalt und enttäuschend. Daraufhin sind wir fast schon kurz davor, umzudrehen, aber schließlich wollen wir uns doch lieber unsere eigene Meinung bilden. Der Weg führt über einen Pass durch eine beeindruckende Berglandschaft. Diese erinnert an ein altes, abgewetztes, grünliches Samtsofa. An einigen Stellen scheint der Bezug schon gelblich durch, und an manchen hat es Brandflecken – kleine, kreisrunde Erdrutsche. Zum ersten Mal sehen wir Yaks, eine Rinderart mit langem, zotteligem Fell, die wegen ihrer eigenartigen Laute auch Tibetischer Grunzochse genannt wird.

Am Son Kul gibt es zwar ein Touristencamp, aber der See ist so weitläufig und groß, dass wir diesem spielend aus dem Weg gehen können. Ansonsten verbringen dort kirgisische Familien mit ihren Pferde-, Kuh-, Yak-, Schaf- und Ziegenherden drei Monate in Jurten auf der sogenannten Jailoo, der Sommerweide. Wir finden es hier sehr idyllisch und stellen wieder einmal fest, dass man nie einem Tipp, der Meinung oder der Information eines anderen ungesehen glauben sollte. Dazu sind die Reisebedingungen meist zu unterschiedlich und die Geschmäcker bekanntlich auch.

Wir entscheiden uns spontan dafür, die Nordseite des Sees entlangzufahren und sehen schon bald darauf in der Ferne einen Pinzgauer mit zwei Personen und einem kleinen Hund. »Das gibt's doch nicht, die Österreicher!« Die Begrüßung fällt herzlich aus, als wir neben ihnen zum Halten kommen. Was für ein Timing, Michael, Laura und Hundedame Russkaja sind auch erst seit fünf Minuten hier. Was für ein Zufall! Als ob wir uns zu dieser Zeit an diesem Ort verabredet hätten. Später kommt dann Nachbar Asik von der Jurte im Norden vorbei und lädt uns alle zum Essen ein. Er hat sowieso schon ein volles Haus, da kommt es wohl auf uns fünf auch nicht mehr an. Seine Frau Gulnara ist gerade Gastgeberin eines Klassentreffens. Daher sitzen bereits 15 stark angeheiterte Frauen in der Jurte. Zur Feier des Tages wurde ein Schaf geschlachtet, das uns nun in allen Varianten und mehreren Gängen zum Essen gereicht wird. Oh je, schon wieder Fleisch! Hammelbrühe pur, Hammelbrühe mit Kumys, Nudeln à la Hammelfett-Beshbarmak, Hammelfleisch am Knochen und schließlich der Fettschwanz des Hammels als besonderer Leckerbissen. Wir essen brav die ungewohnten Speisen, die besser schmecken, als wir vermutet haben. Von der Konsistenz her hätten wir auf Rindfleisch getippt. Es folgen etliche Stamperln Wodka zur Unterstützung der Verdauung. Wir sind so vollgegessen, dass wir heute sicher nichts mehr kochen müssen.

Am späten Abend erhalten wir noch Besuch von den Nachbarn im Westen und im Osten. Sie sind ein bisschen traurig, dass wir heute nicht bei ihnen waren. Sie haben schon einiges an Alkohol intus, sind aber sehr nett und höflich. Den Kaffee, den wir ihnen servieren, trinken sie mit Genuss. Wodka wäre ihnen zwar lieber gewesen, aber wir halten unsere Vorräte unter Verschluss. Das Pferd des einen, nur notdürftig an unserem Reserverad angebunden, reißt sich irgendwann los und galoppiert durch die Nacht nach Hause. »Macht nichts«, meint der Nachbar aus dem Osten lakonisch, »dann gehe ich eben zu Fuß!«, und verabschiedet sich leicht schwankend.

Die Piste in Richtung Osh, eine gut ausgebaute Schotterstraße, führt mitten durch ein Bilderbuch – vorbei an Jurten und Herden, durch

Berglandschaften aus buntem Lößgestein, das an Marmorkuchen und changierende Seidenstoffe erinnert. Das Regenwetter bringt alle Farben zum Leuchten. Seltsame Gedanken ziehen durch meinen Kopf: »Sieht aus wie mit dem Computer gerendert. So schön kann die Wirklichkeit doch gar nicht sein!« Da unser Visum abläuft, fehlt uns leider die Zeit, ausgedehnte Ausflüge zu unternehmen. Die nächsten Tage werden wir nur fahren. Es ist ein Jammer, denn hier ist Kirgistan bisher am schönsten. Der Pinzgauer ist ungefähr doppelt so schnell wie unser Mercedes, und so müssen Laura und Michael immer wieder auf uns warten. Sie ertragen unseren Schleichgang jedoch mit Engelsgeduld und finden einen tollen Übernachtungsplatz am Fuße einer Höhle, den wir bei Lagerfeuer und Stockbrot genießen.

Mitten in den Bergen treffen wir Tom, einen Radler aus Belgien, der bereits seit zwei Jahren unterwegs ist und weiter nach Australien möchte. Er lebt fast ohne Geld, was angeblich zu funktionieren scheint. Er besticht durch strahlend blaue Augen und ein sonniges Gemüt. Die Geschichten aus seinem jungen Leben als Tramp und seine eher zweifelhafte Begabung zum Straßenmusiker machen ihn zu einem sympathischen Zeitgenossen. Gemeinsam mit ihm und den Österreichern finden wir einen hübschen Stellplatz, wo wir an einem Flussbett Wasser zum Waschen und genug Holz für ein kleines Lagerfeuer haben. Wer hätte das gedacht? Ein europäisches Treffen in Kirgistan? Wenn man unsere Hunde – eine Mongolin und einen Marokkaner – noch dazurechnet, ist es sogar ein internationales.

Laura und Michael fahren heute weiter Richtung Tadschikistan. Wir hingegen nehmen Tom ein Stück in unserem Wohnmobil mit. In zehn Tagen muss er in China sein, was mittlerweile knapp für ihn wird. Zwar hadert er nun den ganzen Tag mit seiner Radlerehre, aber das muss er mit sich selbst ausmachen. Das ist nicht unser Problem. Oben am Pass auf 3.000 Metern angekommen, lässt er sich wieder absetzen und düst davon! Echt wahr, wir sind langsamer als die Radfahrer, sowohl bergauf als auch bergab.

Doch schon am Abend treffen wir ihn wieder. Er hat einen platten Reifen und sitzt leicht genervt am Fluss. Außer ihm steht da noch ein russischer Sil-Lastwagen, das mobile Büro des kirgisischen Geophysikers Dimai. Gegenüber hat Jürgen aus Hamburg – ebenfalls ein Radfahrer – sein Zelt aufgebaut. Es ist also richtig was los, hier mitten im Off.

Eigentlich wollen wir allesamt nur kurz den Innenausbau des Geophysikerwagens bewundern, doch dann ist es plötzlich gut zehn Wodka später ... Puh! Wir haben ziemlich Schlagseite, als wir zurück zu Frau Scherer wanken, sind aber auch um eine Erkenntnis reicher: Kirgistan wächst im Schnitt um einen Zentimeter pro Jahr. Was für ein Job, Geophysiker! Mitten im Nichts zu sitzen, Wodka in rauen Mengen aus Kanistern zu trinken und das Wachstum der heimischen Bergwelt zu messen ... Sachen gibt es!

Tom sagen wir kurz vor Osh Lebewohl. Die Stadt an der usbekischen Grenze ist für uns ein kleiner Schock nach den ruhigen Wochen in den Bergen. Hier wird angeblich das aus Afghanistan kommende Heroin und Opium Richtung Europa und Asien weiterverteilt. Davon bekommt man zwar als Tourist nichts mit, allerdings ist es schon etwas komisch, dass sich hier acht Meter lange Limousinen durch den dichten Verkehr schieben. Es gibt Bars, Betrunkene, Obdachlose, einen gigantischen Basar, ein Autoschrauberviertel, Hupkonzerte und vieles mehr. Wir sind komplett überfordert von den vielen Menschen und der ungewohnten Urbanität. Nach längerer Stellplatzsuche werden wir schließlich fündig und dürfen uns gegen eine geringe Gebühr auf den bewachten Parkplatz des Hotels De Luxe stellen und dort im Auto übernachten, Toilettenbenutzung inklusive.

In einem Restaurant treffen wir auf eine nette Gruppe aus Russland. Wir sind den acht Reisenden aus Moskau, Sankt Petersburg und Wladimir bereits tags zuvor in den Bergen begegnet. Sie sind eine lustige Truppe, zwischen 20 und 50 Jahren alt, und so unterschiedlich, wie man nur sein kann: Olga ist eine redefreudige Kostümbildnerin, ihr Freund ein Computernerd, der für die Atomindustrie – angeblich unter anderem auch für den Iran und China – programmiert. Von Andrej, dem Ältesten, einem zotteligen Bären, erfahren wir nichts Näheres. Er sitzt nur da, zupft an seiner Balalaika, grinst selig und dreht dicke Joints. Sie alle verbindet die Liebe zur Folkmusik und zum Reisen. Mit ihrem 30 Jahre alten UAZ-Bus namens Mariansche fahren sie gemeinsam auf Festivals, und nun reisen sie schon zum zweiten Mal durch die Länder der ehemaligen Sowjetunion. Ihr Auto klappert, raucht und droht, jeden Moment auseinanderzufallen. Wir freuen uns über das Wiedersehen und folgen ihnen in das gemietete Apartment. Dort gibt es Wassermelonen und – schon wieder – Wodka.

Die Russentruppe holt mich am Morgen zu einem Spaziergang über den Markt ab. Der Zufall will es, dass ihr Bus gleich hinter dem Hotel De Luxe in einer Werkstatt repariert wird. Heppo und Matthias lasse ich zurück. Sie haben mir freigegeben, während sie bei Temperaturen über 40 Grad Frau Scherers Kühler ausbauen, der schon seit einiger Zeit leckt. Sehr großzügig von ihnen. Der Basar ist riesig, und ich verliere sofort die Orientierung. Er erstreckt sich über mehrere Kilometer am Fluss entlang. Wir sehen die Textil-, die Möbel-, die Teppichabteilung, den Bereich, in dem Nüsse verkauft werden, die Obst- und Gemüsehalle und vieles mehr. Meinen neuen Bekannten mit Großstadterfahrung bleibe ich dicht auf den Fersen. Ich frage mich, wie sie es schaffen, in dem Gassengewirr den Überblick zu behalten.

Als ich zurückkomme, wuchten die Männer gerade unseren Kühler in einen Kofferraum. Er hat einen Riss am unteren Stutzen, wahrscheinlich vom vielen Fahren auf Rüttelpisten. Daher muss er nun gelötet werden. Zusammen mit Heppo steige ich in das Taxi, das uns zu einem Autoschrauberviertel von schwindelerregenden Ausmaßen bringt. Wir haben Glück! Obwohl Freitag und damit muslimischer Feiertag ist, hat der »Radiator«-Spezialist noch geöffnet. Er verspricht uns, den Kühler innerhalb von zwei Stunden zu reparieren. Wir haben also etwas Zeit, uns umzusehen. Hier wird aus Containern alles Erdenkliche an Autozubehör und Ersatzteilen verkauft. Dazwischen gibt es Essensstände, an denen die allgegenwärtigen Kartoffeltaschen angeboten werden. Die heißen hier übrigens Samsa oder Manti. Die Lautsprecher der nahen Moschee übertragen die Predigt des Imams in voller Lautstärke, und unablässig strömen die Gläubigen herbei, um wenigstens noch kurz ihren religiösen Pflichten nachzukommen. Langsam wird es wirklich exotisch. Punkt 14 Uhr ist der Kühler tatsächlich fertig, und wir organisieren ein Taxi für die Rückfahrt.

Noch am späten Nachmittag verlassen wir die Stadt und fahren bis kurz vor Gülchan. Der Ort wirkt langweilig. Vor Tadschikistan ist er aber die letzte Versorgungsmöglichkeit mit Bank, Tankstelle und einigen Geschäften. In der Nähe gibt es einen Fluss, an dem wir einen ruhigen Stellplatz finden. Wir haben allerdings nicht mit den Kindern gerechnet, die uns dort belagern. Heppo stürzt brüllend aus dem Wagen, als die Lausbuben die Leiter aufs Dach hochklettern wollen. Eine ganze Stunde haben wir unsere Ruhe. Doch dann steht die ganze Bande wieder da. Die Mädchen betteln um Schokolade und Armbänder; die Jungs sind etwas zurückhaltender, verfolgen uns aber ebenfalls auf Schritt und Tritt: »Hello, what's your name?« Genervt entscheiden wir uns zur Weiterfahrt.

Über den Community Based Tourism haben wir ein Pferdetrekking gebucht. Fünf Tage wollen wir im Alai-Gebiet an der tadschikischen Grenze entlangreiten. Das ist dann übrigens schon im Pamir. Zwei Übernachtungen im eigenen Zelt sind dabei und zwei in Jurten, inklusive Verpflegung. Ich bin schon sehr aufgeregt. Mein Pferd ist ein kleiner, schwarzer Hengst mit weißen Fesseln namens Chara. Die anderen beiden sind fuchsfarben. Nach einer kurzen Einführung reiten wir los. Links an den Zügeln ziehen bedeutet »Links abbiegen!«, rechts ziehen »Nach rechts!«. Ein Ruck an beiden Seiten bedeutet »Stehen bleiben!«. Die Fersen in die Seiten des Pferdes gedrückt und dazu »Cho« gerufen, ist der Befehl für »Beweg dich!«. So weit die Theorie. Unsere Guides sind der 18-jährige Dima, im Tarnanzug, und der 34-jährige Ubai mit einem netten Goldzahnlächeln.

Wie schön ist es, bei strahlendem Sonnenschein auf dem Rücken eines Pferdes durch diese wunderbare Landschaft zu reiten. Heppo und ich ergehen uns in Fantasien, dass wir uns nun einfach zwei Pferde kaufen und so nach Hause reiten werden. Da würden die Leute daheim Augen machen, wenn wir mit zwei PS statt 100 zurückkämen ...

Heppo und Matthias sind übrigens die geborenen Cowboys. Sie traben sofort los und fühlen sich sichtlich wohl so hoch zu Ross. Ich bin – wie immer – etwas vorsichtiger. Die Strecke ist anfangs sehr einfach zu bewältigen und führt durch ebenes Gelände von Sary Mogul nach Norden in Richtung eines Kohletagebaus. Die Arbeiter wohnen dort mit ihren Familien in Jurten und Bauwagen rund um die Mine, die bereits in den Medien negative Schlagzeilen gemacht hat. Kinder armer Familie suchen in den Abraumhalden nach Kohleresten, die etwas Wärme im langen Winter spenden sollen oder die sie weiterverkaufen können. Der zweite Teil der Reitstrecke führt dann gefährlich nah an einer steilen Abbruchkante mit Geröll entlang. Ich vertraue auf das Pferd, aber ganz entspannt bin ich dabei nicht.

Für einen Anfänger ist die nächste Tagesetappe eine ziemliche Herausforderung. Steil geht es bergauf und bergab, über Geröllfelder und durch Bäche und Flüsse hindurch. Das Mittagessen nehmen wir am Besh Kol ein, einem türkisblauen See auf knapp 4.000 Metern, am Fuße weißer Gletscher. Vielleicht sollte an dieser Stelle mal Sidi zu

Wort kommen, der – neben unserem Guide Dima – wohl am meisten Spaß hat. So haben wir ihn noch selten gesehen. Freudig wedelnd und aufgeregt winselnd erzählt er uns am Ende des Tages Folgendes: »Habt ihr gesehen, was ich heute alles Tolles gemacht habe? Ich bin mit den Pferden über weite Wiesen galoppiert, habe die Yaks in Schach gehalten. Sie dachten tatsächlich, ich bin ein Wolf! Ich habe Murmeltiere gejagt, den Adler beobachtet und bin durch Wildbäche geschwommen. Wau, war das schön! So was sollten wir immer machen!«

Schmerzen. Von den Fußgelenken bis zur Taille ist alles eine einzige Pein mit Konzentration auf die Knie. Bisher war mir nicht klar, dass Reiten so anstrengend sein kann. Und ausgerechnet heute haben wir mit 31 Kilometern die längste Etappe vor uns. Zurück in Sary Mogul bekomme ich ein anderes Pferd, denn Chara hat offensichtlich auch Schmerzen im linken Vorderhuf. Immer wieder stolpert er. Ich hoffe, das ist nicht meine Schuld. Mein neuer Hengst heißt Tora, ist ebenfalls erst drei Jahre alt und genauso brav wie sein Vorgänger.

Weiter geht es nach Süden, in Richtung Pik Lenin, dem zweithöchsten Berg Kirgistans. Mit stolzen 7.134 Metern liegt dieser im Grenzgebirge zu Tadschikistan, dem Pamir. Die Etappe erweist sich als relativ einfach, denn wir reiten über eine Hochebene auf die schneebedeckten Gipfel zu. So stellen wir uns die Rocky Mountains vor. Erst kurz vor Sonnenuntergang kommen wir am Jurtencamp an, das in einer magischen Hügellandschaft am See Tulpar Kol liegt. Dieser schillert in allen Farben, und die umgebenden Berge sind tatsächlich rot und grün und blau. Vor den Jurten ist bereits eine illustre Schar Reisender versammelt: Franzosen, Italiener, Engländer und Schweizer. Das karge Abendmahl besteht aus einem kleinen Teller Pelmeni, die klein gehäckseltes Gedärm umhüllen. Wir essen allesamt mit mäßiger Begeisterung.

Ich bin frustriert, denn mein Pferd will heute nicht so wie ich. Außerdem werden meine Schmerzen immer schlimmer. Zum Glück ist die heutige Etappe nur ein Katzensprung. Wir reiten knapp zwei Stunden bergauf, vorbei am Basiscamp des Pik Lenins und entlang einer sandigen Abbruchkante. Unter uns haben sich ein grauer sowie ein roter Fluss tief in die Landschaft eingeschnitten. Das Mittagessen nehmen wir am Fuße der Gletscher des Siebentausenders ein. Über uns kreist ein Adler, und die Murmeltiere pfeifen und spielen Verstecken mit unserem Hund. Es ist wirklich schön hier. Seit fünf Tagen scheint jedoch auch eine erbarmungslose Höhensonne auf uns herab. Deshalb haben wir allesamt trotz Sonnencreme, Hüten und Gesichtstüchern einen argen Sonnenbrand. Matthias nähert sich optisch, auch wegen seines munter sprießenden Vollbartes, immer mehr an Reinhold Messner an. Und so langsam sehnen wir auch alle das Ende des Treffkings herbei, denn jeder von uns hat diverse Leiden. Drei verbrannte Gesichter, sechs schmerzende Knie, eine weggebrochene Linseneinfassung meiner Kamera und der Verlust einer Hundedecke sind als Schäden zu beklagen. Schon verrückt, dass man für solche Torturen auch noch freiwillig Geld bezahlt. Aber unterm Strich sind wir alle sehr glücklich und zufrieden. Eine tolle Erfahrung war das, auch wenn für uns Reitanfänger wahrscheinlich drei Tage völlig genügt hätten.

Langsam bereiten wir uns auf den bevorstehenden Grenzübertritt nach Tadschikistan vor, doch Kirgistan will uns nicht so einfach ziehen lassen. Als ich am Morgen durch unsere Reisepässe blättere, stelle ich nämlich mit Entsetzen fest, dass in meinem der Stempel für die Autonome Provinz Berg-Badachschan fehlt. Diesen benötigt man aber unbedingt, da der Pamir Highway durch diese Region führt. Wir hatten die Genehmigung zusammen mit dem Tadschikistan-Visum bereits von Deutschland aus beantragt, aber bei mir wurde sie wohl vergessen. Da hilft kein Zähneknirschen und Wehklagen. Zum Glück wissen wir, dass man das Permit auch in Osh beantragen kann. Heppo und ich versuchen, die 183 Kilometer von Sarytasch zurück nach Osh zu trampen und landen im Auto einer jungen Familie. Ich sitze hinten neben einer Frau, auf deren Schoß ein ungefähr zwei Jahres altes Kind

herumhüpft. Der Vater pflegt währenddessen einen recht unortho-
doxen Fahrstil: Vollgas in die Kuhherde und über weite Teile der Strecke auf der falschen Straßenseite fahrend. Ich kann vor Anspannung
kaum noch atmen und ärgere mich außerdem über die phlegmati-
sche Mutter, die ihren Sohn auf der Mittelkonsole herumturnen lässt.
Wenn sie ihn dann doch mal festhält, schlägt das Kind um sich. Das
lässt sie sich gefallen, bis es ihr doch irgendwann zu bunt wird und sie
ihm daraufhin heftig in die Rippen boxt. Nette Familie!

Aber immerhin sind wir so nur drei Stunden später in Osh. Mit Frau
Scherer hätten wir mindestens dreimal so lange gebraucht. Im Osh
Guest House sagt man uns, dass das Permit normalerweise innerhalb von 24 Stunden ausgestellt werde. Wir haben also etwas Zeit
und erhalten einen kleinen Einblick in das Leben eines Backpackers.
Die Lonely-Planet-Fraktion erzählt cool und leicht blasiert von ihren
Reisen um die Welt: »Oh, the Annapurna Trek in Nepal, we did that
last year, that was really wonderful!« »Oh, Mexico, all that food and
stuff …« »Oh, we are just coming from Australia by bike and are
going to Ireland.« »Oh, I should be back home in Israel, my studies
and girlfriend are waiting for me, but maybe I can stay one more
week …« Wie auch immer, wir stellen auf jeden Fall fest, dass wir der
Rucksack- und Guesthouse-Generation entwachsen sind. Daher sind
wir froh, als wir am nächsten Morgen tatsächlich das Permit in Händen halten und es mit dem Sammeltaxi zurück nach Sarytasch gehen
kann. Tadschikistan, wir kommen!

DURCH TADSCHIKISTAN AUF DEM PAMIR HIGHWAY

5.9.–5.10.2014

»**D**as soll die Straße zur tadschikischen Grenze sein?« Wir sind ja nun schon einiges gewohnt, aber das hier ist kaum zu glauben. Mehrere Male fotografieren wir entsetzt die kaputte Piste, die die einzige Verbindung zwischen Kirgistan und Tadschikistan darstellt. Kein Wunder, dass wir für die 40 Kilometer am Ende vier Stunden Fahrzeit benötigen.

An der kirgisischen Grenze gibt es dann erst mal Stress, denn wir haben übersehen, dass die Zolleinfuhrerklärung für Frau Scherer seit vier Tagen abgelaufen ist. Das wird teuer: 50 Euro will der Herr vom Zoll. Dieser Preis ist nicht verhandelbar, sodass wir widerstrebend bezahlen. Sein Kollege, der in einer fensterlosen Kammer unsere Reisepässe stempelt, macht den Ärger mit Komplimenten wieder wett: »Sind alle Frauen in Deutschland so schön wie Sie?«, schmeichelt er. Ich lache und antworte: »Sogar noch viel schöner!« Da bekommt er ganz glasige Augen und träumt sich aus seiner trüben Amtsstube fort. Auch ich werde etwas wehmütig. Im Stillen bedanke ich mich bei Kirgistan: »Danke, du schönes Land! Wir werden dich weiterempfehlen, deine freundlichen Menschen, die gutmütigen Pferde, den blauen Issyk Kul, die erhabenen Berge! Wir würden gern einmal wiederkommen.«

Nach 25 Kilometern im Niemandsland stehen wir dann endlich an der tadschikischen Grenze. Die Wachhabenden sind in Tarnanzüge im Eichenlaubdesign gehüllt und haben große Gewehre umgehängt. Unsere Alkoholvorräte werden wieder einmal ins Visier genommen, aber letztendlich müssen wir nur eine Flasche Bier abgeben. Ein bisschen Verhandlungsgeschick wird allerdings nötig, als es um die Einfuhrerklärung unseres Wagens geht. Ein großer Lastwagen kostet 200 und ein Auto nur 100 Dollar. Es macht sich bezahlt, dass ich mittlerweile ganz passabel Russisch spreche. Ich rede wie ein Wasserfall und erzähle, dass unser Auto schon 50 Jahre alt sei, Frau Scherer heiße und ganz wie eine Babuschka wäre: »Langsam wie Oma, müde wie Oma, hustet morgens wie Oma und braucht viele Reparaturen wie Oma.« So habe ich die Zöllner schnell auf meiner Seite. Ob sie denn nun nicht noch einmal ganz genau hinsehen könnten, ob sie jetzt vielleicht ein kleines Auto sehen würden? »Na gut«, seufzen sie und zwinkern mir zu. Das Auto sei ja wirklich eher klein und wir gute Leute, also nur 100 Dollar plus zehn Somoni Bearbeitungsgebühr. Später erfahre ich von anderen Reisenden, dass sie diese Gebühr nicht entrichten mussten. Dafür wurde ihr Auto aber kostenpflichtig desinfiziert. Die Regel ist wohl wieder einmal, dass es keine Regel gibt.

Die erste Nacht verbringen wir in kompletter Einsamkeit am Salzsee Karakul, auf knapp 4.000 Metern, in einer der schönsten Landschaften der Welt, einer Steinwüste, die in allen Farben leuchtet. Über den 4.655 Meter hohen Ak-Baital-Pass fahren wir zum See Shorkul, direkt an der chinesischen Grenze. Wegen Spiegeleiern bekommen wir uns dort allesamt in die Haare, was zur Folge hat, dass ich eine kleine, feine Party mit mir selbst feiere. Bei Fastvollmond stöpsele ich mir Techno ins Ohr und tanze auf einer Felskanzel vor dem See. Das gibt lustige Schatten.

Unser nächstes Ziel ist eine heiße Quelle, etwa 45 Kilometer von Murgab entfernt. Der Pamir gilt als eine der niederschlagärmsten

Heppo in der heißen Phase der Reisevorbereitung: Wie immer ist er fleißig am Basteln.

Berit in Kroatien: Fotografieren und Schreiben waren unterwegs meine Leidenschaften.

Matthias in Kasan: Hier mal ausnahmsweise ohne Kamera in der Hand.

Berit und Heppo vor einem historischen Holzhaus in Kostroma, Russland.

Der Schönste von uns allen: unser Hund Sidi bei Sonnenaufgang im Oman.

Frau Scherer und ihr Team. Das Bild entstand kurz vor unserer Abreise in Regensburg.

10 In Russland wird
Frau Scherer
50 Jahre alt.
Matthias zaubert
einen Blumen-
schmuck.

11 Russland, wie es
am schönsten ist:
goldene Kuppeln
und schöne Frauen
in Blumenkleidern in
Susdal.

10

11

Mit Heppo auf dem verlassenen Campingplatz bei Šibenik in Kroatien. Wir verbringen einen perfekten Nachmittag mit Sonnenschein und Musik am Meer.

Schock in Montenegro: Unser Hauptbremszylinder gibt den Geist auf. Hier sieht man uns kurz vor der Weiterreise mit dem Mechanikerteam.

Fehlt nur noch die schwebende Elfendelegation. Bei Merkiné in Litauen entdecken wir einen magischen Ort.

12

13

12 In Kasan finden wir einen tollen Stellplatz, direkt an der Wolga, neben dem Kreml und dem Land-wirtschaftsministerium.

13 Wir verlieben uns ein bisschen in die russischen Autos. Dieser UAZ-Bus ist doch wirklich schnu-ckelig, oder?

14 Auch ohne dieses Schild hätten wir bald fest-gestellt, dass wir in Asien sind. Ab dem Ural wird es langsam exotisch.

14

15 Der schlimmste Moment unserer Reise: Frau Scherer ist im Salzsee Alaköl in Kasachstan versunken. Wir buddeln 24 Stunden am Stück.

16 Manifestierter Größenwahn: Astana, die neue Hauptstadt Kasachstans, wurde mitten in der Steppe aus dem Boden gestampft.

15

16

17 Wandern am »Ende der Welt«, bei Ridder im Altai in Kasach-stan.

18 Unser Wüstenhund passt farblich gut in die kasachische Steppe.

19 Matthias, der Bergfex in unserer Gruppe, ist in seinem Element.

20 Kasachstan zehrt ziemlich an meinen Nerven. Wir müssen mitten in der Nacht vor einem Steppenbrand fliehen.

21 Leider macht Frau Scherer unterwegs immer wieder Probleme. Zum Glück gibt es in Kasachstan fast überall praktische DIY-Reparatur-Rampen am Straßenrand.

22 In Taldyqorghan bekommen wir kompetente Hilfe vom Mechaniker Kolja. Der vermeintliche Motorschaden ist dank seiner Hilfe bald behoben.

23 In Kirgistan buchen wir eine mehrtägige Pferdewanderung und übernachten dabei in Jurten auf einer Sommerweide.

24 Heppo ist der geborene Cowboy. Stolz posiert er auf über 4.000 Metern Höhe vor dem Pik Lenin, dessen Gipfel in Tadschikistan auf 7.134 Metern liegt.

Regionen der Welt, mit der Folge, dass die gesamte Landschaft einer Wüste gleicht. Doch die Flüsse Murgab und Eli Su verwandeln die Täler, durch die wir nun fahren, zu einer wahren Oase. Der Name Eli Su bedeutet eigentlich »weißer Fluss«, aber hier schlängelt er sich türkisblau durch saftige Wiesen. Das Gras zeigt sich in allen Schattierungen, von Lindgrün bis zum herbstlichen Safarigelb, und eine salzliebende Pflanze bildet dunkelrote Flächen. Über dem Ganzen wölbt sich der strahlend blaue Himmel, und dann sind da noch die Berge. Diese weisen sämtliche Schattierungen von Braun auf, gekrönt von weißen Schneespitzen. Wir kommen aus dem Staunen gar nicht mehr heraus. Bauern mähen das Gras für den kommenden Winter, und ein Wiedehopf fliegt mit seiner ganzen Familie stetig neben unserem Auto her. Yakherden grasen friedlich am Flussufer, und hinter jeder Kurve drängt sich ein neues Fotomotiv auf. Dann endet der Weg jedoch abrupt, denn ein Felsrutsch macht das Weiterfahren unmöglich. Da es laut Matthias' GPS aber nur noch knapp zwei Kilometer bis zur heißen Quelle sind, parken wir Frau Scherer, packen unsere Tagesrucksäcke und wandern los.

Die Quelle, die laut Reiseführer bewirtschaftet sein soll, ist leider verlassen. Die Gewächshäuser, von der deutschen Botschaft finanziert, wurden einst über ein Rohrsystem mit dem heißen Quellwasser beheizt. Mittlerweile sind sie aber komplett zerstört. Auch sonst macht die ganze Anlage einen ziemlich lädierten Eindruck. Das Steinhaus mit den beiden Becken ist jedoch noch intakt. Und auch das Wasserleitungssystem scheint noch zu funktionieren. Also lassen wir uns ein Bassin volllaufen und erkunden unterdessen den Ort. An vier oder fünf Stellen blubbert es sehr heiß – geschätzte 60 Grad – aus dem Boden. Heppo zeigt sich über die Maßen begeistert und ist im Kopf bereits dabei, den Hof zu kaufen und zu renovieren. Ich sehe das nüchterner, muss man doch jeden Sack Zement durch den Fluss bis hierher tragen. Und dann sind es noch über 40 Kilometer Schotterpiste bis nach Murgab. Der Winter ist hier außerdem garantiert lang und hart. Ich kenne kaum einen Ort, der einsamer ist. So gehen unsere Überlegungen hin und her. Zwei Stunden später können wir heiß baden. Ein echter Luxus, denn mittlerweile sind wir Experten darin, uns in circa acht Grad kaltem Flusswasser zu waschen. Wir haben die Quelle ganz für uns allein. Nackt im Pamir ... So etwas erlebt man auch nicht alle Tage.

In Murgab, der Ort sieht ungefähr so aus, wie sein Name klingt, warten wir geduldig vor der Milchjurte, die noch wegen Mittagspause geschlossen ist. Seit ein paar Tagen beginnen wir unseren Morgen immer mit detaillierten Beschreibungen von imaginärem Essen: Brezen, Käse, gutes Brot, denn so langsam hängen uns Fladen, Kumys, Kurut und Co. so richtig zum Hals raus. Da löst die Erwähnung einer Milchjurte einen regelrechten Gedankenstrom bei uns aus. Wir ergehen uns in Fantasien von leckeren Dingen wie Butter, Quark, Joghurt und Käse. Als wir dann noch im Reiseführer lesen, dass in Tadschikistan Ziegen- und Schafsmilch verkäst werden statt Pferdemilch wie in Kirgistan, sind wir kurz davor, wahnsinnig zu werden. Leider stellen sich die heiß ersehnten Produkte dann als herbe Enttäuschung heraus. Käse gibt es keinen, dafür wieder Kurut in rauen Mengen. Die Butter schmeckt wie unter einem schimmligen Sofa zubereitet, sodass sogar Sidi davon kotzen muss. Und der Joghurt hat eine Note von ungesüßtem Johannisbeerkompott. Einzig der Quark ist geschmacklich okay und halbwegs essbar – meine Verdauung denkt allerdings anders darüber.

In unserer englischen Pamirlandkarte ist in einem weiteren Tal nordwestlich von Murgab ein abgestürztes Flugzeug eingezeichnet. Heppo hat sich in den Kopf gesetzt, dieses zu finden. Seit zwei Tagen fragt er jeden, der ihm begegnet, nach »Samaliot«, begleitet von einer Handbewegung, bei der er seine rechte Faust in die linke Hand krachen lässt, dazu macht er ein Geräusch, das sich ungefähr wie Brrruuummm-Krach anhört. Die Reaktionen der Leute sind sehr lustig, da so gut wie niemand etwas über ein abgestürztes Flugzeug zu wissen scheint. Die meisten schütteln nur amüsiert den Kopf und verweisen ihn auf den Flughafen in Chorugh beziehungsweise Duschanbe.

Das Pshart-Tal hat eher einen herben Charme und ist steinig und trocken. Der Fluss ist nur noch ein Rinnsal. Trotz strahlendem Sonnenschein ist es sehr kalt, was am Wind liegt. Der Weg ist kaum erkennbar, besteht nur aus undeutlichen Fahrspuren und verliert sich immer wieder im Nichts, oder er endet vor einem verlassen wirkenden Steinhaus. Der Schäfer Abiboulli, der dort wohnt, weiß auch nichts von einem Flugzeug. Zwei junge Männer, die wir unterwegs treffen, kennen dann aber doch den Absturzort und verraten uns den Weg dorthin. Allerdings scheint das Unglück schon so lange her zu sein, dass man vermutlich keine Trümmer mehr sehen wird. Ich finde das Ganze sowieso makaber. Aber bitte, wenn Heppo unbedingt dorthin möchte …

Schließlich stehen wir jedoch wieder vor einem Pistenabschnitt, der nicht befahrbar ist. An einem Steilhang sind Teile herausgebrochen. Ein schmaleres, kleineres Auto könnte hier wahrscheinlich durchkommen. Für uns ist hier aber Schluss, wenn wir nicht unser Fahrzeug versenken wollen. Die Flugzeugabsturzstelle ist leider noch mehr als 30 Kilometer entfernt. Das ist zu weit für eine Tageswanderung. Ein neues Highlight ist aber bald ausfindig gemacht. Ungefähr 15 Kilometer von hier ist in unserer Karte eine Minenstadt eingezeichnet. Dort wollen Heppo und Matthias morgen hingehen. Ich habe Bastelideen und möchte lieber an meinem Blog weiterschreiben. Daher ziehe ich einen ruhigen Tag vor und lasse die Männer früh morgens allein aufbrechen. Ich benötige einfach mal dringend Zeit für mich.

Überhaupt ist das Reisen zu dritt auf Dauer doch zu anstrengend. Daher wird Matthias spätestens in vier Wochen von Duschanbe aus nach Istanbul fliegen. Immerhin haben wir es sieben Monate miteinander ausgehalten. Mir fallen nicht viele Personen ein, mit denen ich überhaupt in Erwägung ziehen würde, in dieser Konstellation wegzufahren. So liegt es weniger an ihm als an den beengten Umständen, dass wir ab Oktober getrennte Wege gehen werden. Aber auch Matthias hat noch ein paar schöne Reisemonate vor sich, unter anderem will er weiter nach Nepal auf den Annapurna Trek. Mal sehen, wo es ihn danach noch hin verschlägt.

Total fertig kommen Heppo und Matthias nach Sonnenuntergang zurück. Sie sind fast 37 Kilometer zu Fuß gegangen, was bei über 4.000 Meter Höhe keine schlechte Leistung ist! Die Minenstadt aus dem elften Jahrhundert war allerdings nur noch rudimentär vorhanden. Dennoch hatten sie einen schönen Tag.

Pamir ... so stelle ich mir einen Spaziergang auf dem Mond vor. Eine steinige Landschaft fast ohne Bewuchs, außer dem Wind ist kein Geräusch zu hören. Die Luft ist dünn. Was wissen wir über diese Gegend? Das Klima im Ostpamir ist kontinental und so trocken wie in der Sahara. Die jährliche Niederschlagsmenge beträgt durchschnittlich nur 80 bis 120 Millimeter, und im Winter können die Temperaturen schon mal bis auf minus 63 Grad sinken. Immerhin findet sich hier Bulunkul, der kälteste Ort Zentralasiens. Jetzt im September beginnen nachts bereits die Bäche und Seen einzufrieren. Tagsüber wäre es noch warm, wenn nicht so ein eisiger Wind wehen würde. Man merkt bereits den nahenden Winter. Und der Zwergstrauch Teresken, das einzige brennbare Material weit und breit, ist schon fast ausgerottet. Das Dramatische daran ist, dass er besonders langsam wächst. Eine Pflanze von nur 30 Zentimeter Höhe kann locker 50 bis 80 Jahre alt sein. So erodiert der Boden und verwüstet zusehends. Die Landschaft ist wirklich extrem. Da wir daher nicht einheizen können, gehen wir einfach etwas früher als sonst ins Bett. Armer Matthias, dort oben in seinem Dachzelt!

Der Weg zum Geysir bei Alichur führt über 20 Kilometer Piste, durch sumpfige Passagen sowie über extrem steile Auffahrten. Für Frau Scherer ist das aber kein Problem. Heppos Adlerauge spürt den Geysir auf, von dem uns keine Koordinaten vorliegen. Links in einem Tal sehen wir eine kleine Fontäne. Das ist er! Zuverlässig spuckt er ungefähr alle zwei Minuten eine etwa einen Meter hohe Wassersäule aus. Die nächsten Stunden verbringen Matthias und ich in Lauerstellung mit dem Fotoapparat im Anschlag. Bei einem Spaziergang entdecke ich 300 Meter weiter ein Schild zu einem zweiten Geysir. Schnell stellt sich jedoch heraus, dass es sich bei diesem nur um eine stark kohlensäurehaltige Mineralwasserquelle handelt, die keinerlei Aktivitäten aufweist. Das erklärt nun auch die vielen enttäuschten Berichte im Internet. Der Geysir ist einfach falsch beschildert, und die meisten Reisenden fahren wohl glatt an der Attraktion vorbei. Wir füllen uns ein paar Flaschen von dem wohlschmeckenden Mineralwasser ab und freuen uns, dass wir zu den Glücklichen zählen, die den eigentlichen Geysir gefunden haben.

Am Jaschikul soll es eine heiße Quelle geben, die in unserer Karte auf der Nordostseite des Sees verzeichnet ist. Nach längerem Suchen finden wir das dazugehörige Waschhaus. Die Quelle selbst ist leider ausgetrocknet. Dafür entdecken wir eine ehemalige Karawanserei, einen Friedhof, Lehmkuppelbauten und verlassene Bauernhöfe. Der See leuchtet in allen Blauschattierungen, und wir machen einen schönen Spaziergang zum Sonnenkalender. Das sind drei Steinkreise, die mitten in der herrlichsten Landschaft liegen. Etwas abseits finden wir Petroglyphen, und zwar in den Stein geritzte Hände. Leider hat irgendein Idiot die uralten Zeichen mit »Ibrahim 2002« unterschrieben. Am Ende des Tages sind wir 25 Kilometer gegangen. Das härteste Stück der Tour war übrigens eine Furt, die es zu durchwaten galt. Das Wasser ging mir bis zu den Oberschenkeln und war so kalt, dass die Beine taub wurden.

Heppo und Matthias haben ihre Essensfantasien mittlerweile zu fast schon unanständigen Süßigkeitsorgien ausgedehnt. Sie wollen einen Schokoschlingclub gründen. Bei dieser Vision spielen ausgesuchte Mitschlinger und sämtliche Markenschokoladen eine tragende Rolle. Ich begeistere mich eher für die gediegene Variante eines Käseclubs: mit Freunden ein reichhaltiges Käsebuffet verzehren und dazu erlesene Rotweine trinken … Doch von solchen Genüssen sind wir weit entfernt.

Eine Hirtenfamilie hat uns in ihr kleines, gemütliches Lehmhaus gebeten. In der Mitte steht ein großer Holzofen, auf dem gruslig aussehende Eingeweideteile brutzeln. An den Wänden befinden sich rundherum erhöhte Podeste, die die gesamte Einrichtung darstellen. Die Familie besteht aus Vater, Mutter, Tochter und Tante. Ich kann mir nur die Namen der Tochter und Mutter merken, Nilofar und Maia. Die anderen Namen sind für uns unaussprechlich und haben mindestens eine Silbe zu viel. Das ist uns bereits öfter bei den tadschikischen Namen aufgefallen, da heißt dann jemand tatsächlich Chodochorchoro oder so ähnlich.

Die Familie hat Erbarmen mit uns und verschont uns mit den Innereien. Stattdessen bekommen wir abgekochte Kuhmilch und dazu frisches Brot mit Butter. Uns wird auch eine Pamirspezialität gereicht – Tschirchoi. Das ist schwarzer Tee mit Milch und Salz und einem Flöckchen Butter. Das ist gar nicht schlecht und schmeckt wie eine nahrhafte Suppe. Die fünf Jahre alte, ziemlich ungezogene Nilofar turnt währenddessen um uns herum und hält uns angezündete Zigarettenstummel unter die Nase, sehr zur Belustigung der Verwandten. Wir finden das nicht ganz so witzig. Die Männer unterhalten sich mithilfe des russischen Bildlexikons über die örtliche Fauna. So erfahren wir, dass es hier Wölfe, Bären, Füchse, Schneeleoparden, Marco-Polo-Schafe, Fledermäuse und Adler gibt. Zum Abschied versprechen wir der netten Familie, ihnen Abzüge vom Gruppenfoto zu schicken.

Allerdings besteht die notierte Adresse nur aus dem Dorf und dem Familiennamen. Ich bin mir nicht sicher, ob der Versand so funktionieren wird.

Heute haben wir einen direkten Blick auf den Hindukusch. Die karge Wüstenlandschaft weicht der blühenden Oase des Wachankorridors. Hier sind wir nun auch deutlich niedriger, auf ungefähr 2.500 Metern. Endlich sieht man wieder Bäume, und in den Gärten wächst alles üppig, drei Meter hoher Topinambur, Rosen, Cosmeen, Gemüse. Es fällt auf, wie sorgsam und liebevoll die Dörfer gepflegt werden. Die Ortschaften könnten glatt bei »Unser Dorf soll schöner werden« einen Preis gewinnen. Kleine Steinmäuerchen umgeben Bäche und heilige Haine, die mit den verdrehten Geweihen der Marco-Polo-Schafe verziert sind. Bonbons und andere Süßigkeiten liegen an den Weihestätten als Opfergaben aus.

Der Grenzfluss Pamir, der zusammen mit dem Wachandarja in den Pandsch übergeht, ist für die plötzliche Fruchtbarkeit und den relativen Wohlstand verantwortlich, trennt aber auch hier von dort. Afghanistan ist nur einen Steinwurf entfernt, und man kann den Afghanen direkt in die Wohnzimmer blicken. Ihre Lehmhäuser sind sauber herausgeputzt, die Erntearbeiten voll im Gange. Dabei werden die Korngarben in Reih und Glied auf den Feldern aufgestellt, während sich das Heu für das Vieh auf den Dächern pyramidenförmig stapelt. Alles sieht sehr aufgeräumt aus; von Taliban und Drogenschmuggel ist hier nichts zu entdecken. So haben wir uns das Land des immerwährenden Krieges nicht vorgestellt. Aber bei mehreren Hundert Kilometern nahezu ungesichertem Grenzverlauf zwischen Tadschikistan und Afghanistan ist nun auch klar, wie Opium und Heroin ihren Weg nach Asien und Europa finden.

Auf der tadschikischen Seite ist es ähnlich schön; eine romantische Szenerie zum Thema Landleben tut sich vor uns auf. Die Menschen sind fleißig dabei, Weizen mit der Sichel zu schneiden, Korngarben zu binden und aufzustellen und die Spreu vom Weizen zu trennen. Von Hand wird das Korn gewendet, schließlich gesiebt und in Säcke gefüllt. Esel, Kuh, Schaf und Ziege laufen herum, während sich die Kinder langweilen oder mithelfen. Die Frauen wiederum bringen eine Stärkung und frischen Tee in großen Thermoskannen. Die Hunde sitzen brav daneben und sind stille Beobachter der ländlichen Idylle.

Ohne es zu forcieren, landen wir abends bei Familie Donabekov im Ort Langar. Dort sitzen wir dann in einem schönen Pamirhaus, schlürfen Tschirchoi und Suppe und werden von Ikbol zu mehreren Gläsern Wodka genötigt. So ein Pamirhaus ist ein hoch symbolisches Lehmhaus, das von außen ziemlich schlicht gehalten und relativ fensterlos ist. Die Helligkeit dringt vor allem durch ein Oberlicht in den zentralen, quadratischen Raum. Fünf blau-weiße Säulen tragen die Konstruktion und stehen stellvertretend für Mohammed, Ali, Fatima, Hassan und den Imam Hussein. Die dunkle Holzdecke im Innenbereich verzieren kunstvoll geschnitzte, geometrischen Formen. Vier um eine Vierteldrehung zueinander versetzte Quadrate symbolisieren die Elemente Erde, Wasser, Feuer und Luft. Eine Einrichtung ist quasi nicht vorhanden. Vielmehr dienen leicht erhöhte Podeste an den Außenwänden, die mit bunten Tüchern bedeckt sind, gleichzeitig als Sitz-, Ess- und Staufläche.

Obwohl Gulgunza, Ikbols Frau, und die beiden Töchter im Teenageralter sichtlich neugierig sind, sitzen sie etwas abseits und wagen nur scheue Blicke. Als ich ihnen Armbänder schenke, bekomme ich im Gegenzug ein rotes Kopftuch im Russenstil überreicht, das ich mir gleich umbinden muss. Das kenne ich schon aus Marokko, wo ich binnen weniger Minuten umgestylt wurde: Kopftuch, dick aufgetragener schwarzer Kajal um die Augen, Parfümduftwolke und Hennazeichnungen auf die Hände. So gesehen komme ich diesmal noch recht gut davon. Unser Gastgeber wird zusehends betrunkener und will uns überreden, in seinem Haus zu übernachten und dort am besten auch gleich einen Rustam, eine Zoro oder Mariam zu zeugen. »Der Pamir, das gibt saubere Kinder!«, betont er mehrmals. Wir lehnen dankend ab. Zum Glück gibt es Frau Scherer, die geduldig im Innenhof auf uns wartet.

Nach einem ausgiebigen Frühstück mit der Familie verabschieden wir uns am nächsten Morgen herzlich von den lieben Leuten. Hoch und heilig müssen wir ihnen jedoch versprechen, dass wir im kommenden Jahr mit Rustam, Zoro oder Mariam wiederkommen werden. Wir tragen es mit Humor, denn an diesem Punkt wird es in den muslimischen Ländern immer ein bisschen lästig. Selbst bei Small Talk kommt schon nach kürzester Zeit die Frage: »Wie viele Kinder habt ihr?« Kinderlosigkeit wird als großes Unglück betrachtet. Mit der russisch-arabischen Formel »Budet, inshallah!«, also »Wird noch, wenn Gott will!«, lässt sich die unangenehme Situation jedoch entspannen, und man hat dann vorerst seine Ruhe.

Wir kommen durch Dörfer mit lustigen Namen wie Zong oder Vrang. Überall ist es wahnsinnig sauber und aufgeräumt, und die Menschen sind eifrig dabei, ihr Hab und Gut zu bestellen. In Vrang besuchen wir eines der wenigen erhaltenen buddhistischen Denkmäler Tadschikistans. Auf einem kleinen Stupa am Ortsrand soll ein Fußabdruck Buddhas zu sehen sein. Und tatsächlich kann man dort eine Vertiefung in Form einer Sohle im Stein entdecken.

Vor dem Islam waren im Pamir vor allem der Buddhismus und der Zoroastrismus verbreitet. Heutzutage sind die Pamiri vorwiegend Ismailiten, gemäßigte Muslime, die weder Moscheen noch wöchentliche Feiertage kennen. Bei ihnen haben Bildung und Wissenschaft eine wichtige Stellung, und ihr geistlicher Führer, der in der Schweiz geborene Prinz Karim Aga Khan IV., wird hoch geachtet. Er hat in Harvard studiert, ist internationaler Großunternehmer und einer der reichsten Männer der Welt. Ganz offensichtlich bewirkt er auch viel Gutes für seine Anhänger, denn überall ist die Aga-Khan-Stiftung präsent. Diese fördert den Bau von Universitäten, Schulen, Krankenhäusern, Straßen und ist verantwortlich für vier Brücken, die nach Afghanistan führen. Damit sollen die beiden Brudervölker wiedervereint werden. Die Pamiri sprechen nur in den höchsten Tönen von ihm. Als sich in den 1990er-Jahren die Orientierungslosigkeit nach dem Zusammenbruch der Sowjetunion in Machtgerangel und Bürgerkrieg manifestierte, war der Aga Khan auch maßgeblich daran beteiligt, den Konflikt zu beenden. Wie immer wissen wir viel zu wenig über das besuchte Land, aber der Pamir und damit 45 Prozent der tadschikischen Landfläche – allerdings mit einem Bevölkerungsanteil von nur drei Prozent – machen bislang einen sehr guten Eindruck auf uns.

Die Strecke an der afghanischen Grenze ist bei Motorrad- und Radfahrern sehr beliebt. Wir verstehen nun auch warum, denn die Route ist landschaftlich sehr attraktiv und die Versorgungslage gut. Ein Bilderbuchdorf reiht sich an das nächste, und so ist es kein Problem, in einem der zahlreichen Gästehäuser und Homestays unterzukommen. Für uns ist es hier allerdings etwas schwieriger, einen geeigneten Stellplatz für die Nacht zu finden. Denn es gibt keine Seitentäler und durch die beengte Ausgangssituation – Afghanistan und der Grenzfluss auf der einen Seite, Steilhang auf der anderen Seite – haben wir nicht einmal die Möglichkeit, direkt an der Straße zu parken.

Mitten in der Nacht klopft dann auch das Militär bei uns an und drängt uns, ins nächste Dorf zu fahren. Es sei gefährlich, so nah am Grenzfluss zu übernachten. Die Taliban würden uns entführen und Geld von unseren Familien erpressen. Wir folgen dem Rat und verbringen im nahen Ort eine ungestörte Nacht. Um weiteren nächtlichen Zwischenfällen vorzubeugen, legen wir es am nächsten Abend gezielt darauf an, uns in einem Dorf einladen zu lassen. Und richtig, kaum stehen wir zwei Minuten unentschlossen mit unserem Wohnmobil in der Nähe eines Hauses, bietet uns schon der junge Vater Kaknasar einen Übernachtungsplatz in seinem Garten an. Fürsorglich versorgt er uns mit Kefir und frischem Fisch. Wir revanchieren uns mit einem Frisbee und T-Shirts für die Kinder.

Der botanische Garten von Chorugh auf 2.320 Meter Höhe galt lange als der am höchsten gelegene der Welt. Mittlerweile hat ihm jedoch der Betty Ford Alpine Garden den Rang abgelaufen, der in den Rocky Mountains in 2.500 Meter Höhe zu finden ist. Der Pamir Botanical Garden liegt etwas außerhalb der Stadt und wird am Fuß des Berges durch eine Schranke abgesperrt. Der Pförtner möchte pro Person fünf Somoni und versichert uns, dass wir im Garten auch parken und übernachten können. Steil winden sich Serpentinen den Berg hinauf. Heppo hat seine liebe Not, unser unhandliches Fahrzeug um die Kurven zu manövrieren und kommt dabei mächtig ins Schwitzen. Oben stehen wir dann vor einem verschlossenen Eisentor. Was tun? Rückwärts zu fahren ist an diesem Berg nicht nur gefährlich, sondern völlig unmöglich. Als Matthias gerade das Schloss inspiziert, nähern sich vom Gelände des botanischen Gartens zwei Jeeps. Deren Insassen, eine Gruppe Wissenschaftler aus Europa und Tadschikistan, stehen dann ebenfalls ratlos vor dem verschlossenen Tor. Der Zuständige kommt eine Stunde später herbeigeschlendert, sperrt für die Wissenschaftler auf und will wieder vor unserer Nase abschließen. »He, Moment, wir haben doch bezahlt!« Davon will er jedoch nichts wissen. Der Mann am Schlagbaum sei schließlich nicht sein Kollege, betont er ausgesprochen unfreundlich. Nach längerem Verhandeln und einem Telefonat mit dem Vorgesetzten bittet er uns herein. Für weitere 35 Somoni dürfen wir inklusive Frau Scherer die Nacht im botanischen Garten verbringen. Über der ganzen Diskussion ist es leider fast dunkel geworden, sodass wir nur noch eine kleine Runde drehen können. Was wir jedoch sehen, erfüllt uns mit Freude: Der gesamte Garten ist ein Apfelparadies. Auf einer riesigen Streuobstwiese stehen Hunderte von Bäumen, die schwer an ihren Früchten tragen. Die wollen wir morgen früh genauer begutachten.

Bereits um sechs Uhr sind wir wach und erkunden die Anlage, die mehr einem verwilderten Park gleicht. Sie wirkt etwas vernachlässigt und ist für Botaniker wahrscheinlich enttäuschend. Man vermisst eine durchgehende Beschilderung und eine Einteilung in verschiedene Vegetationszonen. Vergeblich suche ich zum Beispiel nach einem Bereich mit Pamirflora. Beeindruckend ist der Garten aber wegen seines alten Baumbestands und der gestern schon entdeckten Streuobstwiese. Wie im Schlaraffenland probieren wir sämtliche Apfelsorten. Vor allem eine knallrote mit Geschmack nach Kirschen hat es uns angetan. Aber auch eine kleine rosafarbene ist sehr lecker. »Hast du schon diesen birnenförmigen Apfel probiert? Den gelben? Diesen grünen? Und schau mal, hier gibt es auch noch Birnen und Aprikosen.« Wir sind fest entschlossen, uns für die Schmach von gestern Abend zu revanchieren und stopfen uns die Taschen mit Obst voll. Schnell türmt sich ein kleiner Berg verschiedenster Früchte in unserem Wohnmobil. Ein Teil davon wird von Matthias und mir zu Kompott verarbeitet, der Rest landet in unserem Stauraum, der Dusche. In roten Stapelboxen mit Eingriff lagert dort alles, was in unserer Zwölfvoltkühlbox keinen Platz mehr findet und trotzdem bald gegessen werden muss. Unser Vitaminvorrat für die nächsten Tage und Wochen ist nun auf jeden Fall gesichert. Von Herzen empfehlen wir allen Durchreisenden den botanischen Garten von Chorugh, der ein Paradies für Pomologen ist!

Der Pamir Highway ist die zweithöchste Hochgebirgsstraße der Welt, direkt nach dem Karakorum Highway. Auf 1.252 Kilometer Länge verbindet er die Städte Osh in Kirgistan mit Duschanbe in Tadschikistan. Ak-Baital ist der höchste Pass auf 4.655 Höhenmetern. Von einen Highway in unserem Sinne kann übrigens keine Rede sein, denn die Straßen sind in einem denkbar schlechten Zustand. Tatsächlich ähneln sie Feldwegen mit richtig großen Schlaglöchern, auf denen auch noch riesige Felsbrocken herumliegen. Als ob das nicht schon genug wäre, befindet sich auf der einen Straßenseite ein 50 bis 100 Meter tiefer, ungesicherter Abhang und auf der anderen ein Steilhang mit Geröll. Ganze Abschnitte wurden von Steinschlägen und Felsstürzen verschüttet. An manchen Stellen ist die Straße so beschädigt, dass diese zugunsten von leichter befahrbaren, unbefestigten Wegen unmittelbar neben dem Highway aufgegeben wurde. Die chinesischen Vierzigtonner, die uns entgegenkommen, machen das Fahren auf der einspurigen Strecke noch anspruchsvoller, und eine Umleitung über eine extrem schmale Behelfsbrücke ohne Seitenbegrenzung fordert höchste Konzentration. Plötzlich raubt uns auch noch ein Sandsturm die Sicht. Nur gut, dass Heppo mittlerweile ziemlich abgebrüht ist und stoisch fährt. Ich würde hier am Steuer glatt einen Nervenzusammenbruch bekommen.

Heppo erflirtet sich am Straßenrand von einer Schar kichernder Frauen frisches Brot. Dafür nehmen wir zwei Schwestern, die Bibijani und Bibijini heißen, in den nächsten Ort mit. Dort lädt uns ein älterer Herr zum Tee in sein Haus ein. Nasar ist ehemaliger Deutschlehrer und freut sich sehr, mal wieder die Sprache seines Unterrichtsfaches sprechen zu können. Auch sein Kollege Nussrath, ein pensionierter Französischlehrer, ist überglücklich, dass er seine Kenntnisse anbringen kann. Beim Tee allein bleibt es natürlich nicht, denn die Tadschiken sind von einer geradezu beschämenden Gastfreundlichkeit. Für Gäste wird alles aufgetragen, was zurzeit im Haus verfügbar ist. Im Moment ist das reichlich Obst aus dem eignen Garten: Äpfel, Aprikosen und Weintrauben. Wir befinden uns zwar immerhin noch auf circa 1.500 Meter Höhe, doch die Vegetation hat etwas Mediterranes. Auch Süßigkeiten und Kekse dürfen nie fehlen. Außerdem bekommen wir noch einen großen Teller Plov vorgesetzt. Das ist ein Gericht aus Reis mit Karotten und einem Stück Rindfleisch oben drauf, bei dem der Reis in der Fleischbrühe gekocht wird und dadurch besonders saftig schmeckt. Sogar die Nachbarn bringen noch weitere Köstlichkeiten aus ihren Gärten. »So ist das bei uns in Tadschikistan«, meint unser Gastgeber, »da helfen auch die Nachbarn mit. Das bedarf keiner Worte!« Als wir später weiterfahren, bemerken wir Warnschilder, die auf Minen hinweisen und stilisierte abgetrennte Gliedmaßen zeigen. Sie trüben das Bild vom perfekten Dorfleben leider etwas.

Das müsste einem mal in Deutschland passieren, dass man sich ungefragt auf ein fremdes Grundstück stellt, zum Dank dafür reich mit Maulbeeren und einem Topf frischer Feigen beschenkt wird und dann auch noch eine Einladung zum Tee erhält. Aber so ist das hier. Diesmal sind wir im reinen Männerhaushalt von Nurali zu Gast, wo wir mit Tee, Früchten, Brot und Süßigkeiten aller Art bewirtet werden. Im Garten steht ein tadschikisches Möbelstück, das es uns besonders angetan hat und hier in fast jedem Hof unter Schatten spendenden Obst- und Nussbäumen zu finden ist. Der Taptschan ist ein überdimensioniertes Bettgestell, das als Liegefläche, Sofa und als Esstisch zugleich dient. Nurali erzählt uns, dass es im Tal eine Bärenplage gibt. Nachts klettern die Tiere auf die Bäume und bedienen sich an den reifen Früchten. Aber gefährlich für den Menschen sind sie angeblich nicht ...

Der Weg durch das Dorf wird immer schmaler und schwieriger zu befahren. Dann versperren plötzlich mehrere Autos die Fahrbahn. Eine Hochzeit ist in vollem Gange. Safina, die Schwester der Braut, die als Englischlehrerin in der Dorfschule arbeitet, bedrängt uns: »Pleeeeaaaaase, come and join us!!!« Na gut, es sieht auch wirklich zu verlockend aus. Das Bettgestell im Freien ist diesmal mit einer Vielzahl kleiner Speisen vollgestellt. Auf einer Decke am Boden lagern bereits etliche Besucher. Unsere anfängliche Scheu verschwindet schnell, denn bei der Menge der zu bewirtenden Personen fallen drei weitere Gäste wahrlich nicht ins Gewicht. Und so probieren wir uns begeistert durch die Blätterteigtaschen, die Antipasti, die Suppen und Salate, den Plov, der hier plötzlich Osh heißt, und testen die Kuchen, bis wir nicht mehr »Ploff« sagen können. Wir erfahren, dass die heutige Feier nur eine von mehreren anlässlich der Hochzeit ist und für die Verwandtschaft der Braut und das Dorf veranstaltet wird. Der Bräutigam feiert heute getrennt mit seiner Familie im Nachbarort. Erst in zwei Wochen werden dann alle zusammentreffen. Die Braut ist eine schüchterne Schönheit, der die dick und schwarz angemalten Augenbrauen eine gewisse Strenge verleihen.

Wir sind hin und weg von den Tadschiken, die so gastfreundlich sind, liebevoll hergerichtete Häuser und Gärten haben und darüber hinaus auch wirklich schöne Menschen sind. Aber natürlich gibt es auch Schattenseiten. Das Leben als Selbstversorger ist hart und der Winter lang. Arbeit gibt es außerhalb der eigenen vier Wände nicht, und so gehen fast alle jungen Männer als Gastarbeiter nach Russland, um den Angehörigen daheim einen kleinen Wohlstand zu ermöglichen. Sie kehren erst nach Jahren der Fronarbeit im Ausland zurück und gründen dann eine eigene Familie.

Die 350 Kilometer in die tadschikische Hauptstadt Duschanbe ziehen sich ordentlich. Unterwegs wird uns erst bewusst, wie riesengroß die Sowjetunion einmal gewesen ist. Seit Monaten fahren wir nun schon durch die Länder der ehemaligen UdSSR, durch Russland, Kasachstan, Kirgistan und nun durch Tadschikistan. Und noch immer ist kein Ende in Sicht, denn bald geht es weiter nach Usbekistan und Turkmenistan. Ich habe mir diese Dimensionen vorher nicht einmal ansatzweise vorstellen können.

In Duschanbe herrscht das absolute Verkehrschaos. Mit spontanem Parken mitten auf der Fahrbahn muss man ebenso rechnen wie mit plötzlichen Wendeaktionen oder dem Abbiegen in nicht existierende Seitenstraßen! Das Ankommen in einer Stadt ist wie immer ein kleiner Schock. Doch wir haben gleich Wichtiges zu erledigen. Bei der DHL-Station in der Druzhby Narodov Street müssen wir unseren nächsten

Schwung Visa abholen, die wir für Usbekistan, Turkmenistan und den Iran brauchen. Sollte das nicht funktionieren, haben wir ein echtes Problem. Zuerst gilt es aber, die Straße zu finden. Sie ist nämlich unter ihrem tadschikischen Namen geführt, Dustii Chalkcho, worauf man erst mal kommen muss. Auch die Nummerierung der Häuser ist eigenwillig, und nicht mal die Polizei kennt sich aus. Schließlich stehen wir aber mitten in einer blank polierten DHL-Filiale, in der es wie in der Werbung aussieht. Hübsche Tadschikinnen begrüßen uns am Schalter und geben nach erfolgreicher Passkontrolle die Anweisung durch, unseren Brief bringen zu lassen. Gleich darauf kommt der uniformierte DHL-Bote und drückt uns strahlend den Umschlag in die Hand. Fehlt nur noch die passende musikalische Untermalung. Tata und Tusch, alle unsere Zweitreisepässe mit den Visa sind angekommen!

Ein weiterer wichtiger Punkt auf unserer Liste ist ein Tierarztbesuch mit Sidi. Denn offiziell muss man bei jedem Grenzübertritt ein Gesundheitszeugnis, das nicht älter als zehn Tage sein darf, für den Hund vorlegen. Bisher haben wir uns davor immer gedrückt, da der Aufwand immens gewesen wäre. Denn gerade in muslimischen Ländern jemand zu finden, der Hunde untersucht, ist fast ein Ding der Unmöglichkeit. Doch dieses Mal wollen wir es nicht darauf ankommen lassen, da wir über Usbekistan mittlerweile so viele Schauergeschichten gehört haben, dass wir lieber vorbildlich gerüstet sein wollen.

Was man uns alles über Usbekistan erzählt hat:
· Die Einreise mit dem eigenen Fahrzeug kostet 400 Dollar.
· Man muss sich jeden Tag registrieren lassen
· Es ist Pflicht jeden Tag in einem Hotel zu übernachten.
· Diesel kann man nur auf dem Schwarzmarkt kaufen.
· Es gibt keine Geldautomaten.
· Die Polizei ist schikanös.
· Das Auto muss gewaschen sein, es drohen hohe Strafen.

- Die Einfuhr von Haustieren ist sehr problematisch.
- Das Auto wird an der Grenze geröntgt und streng durchsucht.
- Man muss sämtliche Devisen und elektronischen Geräte genau deklarieren, sonst werden diese konfisziert. Wir haben übrigens knapp 80 elektronische Geräte dabei, was wir selbst kaum glauben können. Hier eine kleine Auswahl, ohne besondere Ordnung: digitales Fieberthermometer, Laserthermometer, Funkgeräte, Miniventilator, Audioaufnahmegerät, Digitalkameras, Rauchmelder, Camcorder, Zwölf-Volt-Batterieladegerät, diverse Festplatten, Spannungsprüfer, Lötkolben, E-Book-Reader, Weltempfänger, Minilautsprecher, elektrischer Rasierapparat, elektrische Zahnbürste, Spannungswandler, Laderegler, Solarpaneele, Autoradio, Kühlbox, Notebooks, Stirnlampen, Kopfhörer, Handys, Multimeter, Akkuschrauber, MP3-Player, Stimmgerät und halbakustische Bassgitarre ...

Sehr schwierig soll auch die Einfuhr von Medikamenten nach Usbekistan sein. Es heißt, diese würden ausnahmslos beschlagnahmt. Einige bei uns völlig legale Schmerzmittel wie beispielsweise Paracetamol fallen in Usbekistan unter das Betäubungsmittelgesetz, sodass man sich bei einer Einfuhr strafbar macht. Wir haben eine ganze Kiste voller Tabletten, Pülverchen und Säfte für alle erdenklichen Notfälle dabei, unter anderem natürlich Paracetamol.

Kein Wunder, dass wir einigermaßen eingeschüchtert sind und so viel wie möglich richtig machen wollen. Warum also nicht bei ordnungsgemäßen Hundedokumenten beginnen? Mithilfe von Einheimischen finden wir schnell einen Veterinär, der uns das ersehnte Dokument für 150 Somoni ausstellt, die eigentliche Untersuchung spart der Arzt sich aber. Er erzählt uns lieber von seinem Sohn, der bald in Deutschland studieren wird.

In Duschanbe haben wir übrigens wieder einmal einen Premiumstellplatz ergattert. Im Nordosten der Stadt, relativ zentrumsnah, befindet sich der Park Pobedy. Dort stehen wir ungestört auf einem Hügel und blicken über die Stadt. Am Fuße des kleinen Berges gibt es sogar eine Mälzerei, ein dazugehöriges Brauhaus sowie eine Disco. Wir nutzen die Gelegenheit und stürzen uns begeistert in das Nachtleben. Matthias soll schließlich auch mit allen Ehren verabschiedet werden.

Im Brauhaus hat man die Auswahl zwischen drei verschiedenen Bieren: filtered, unfiltered und Reisbier. Trinken kann man sie, aber das ist auch schon alles. Der Nachtclub entpuppt sich als eine Art Animierschuppen für einsame Männer, in dem leicht bekleidete Bauchtänzerinnen und halb nackte Go-go-Girls für die richtige Stimmung sorgen. Nur wenige Frauen sind im Publikum zu finden. Blondiert und mit Hotpants gekleidet, sind sie sicherlich nicht das Idealbild einer guten muslimischen Frau. Meine Jungs tun pikiert, ärgern sich über den hohen Bierpreis von fünf Euro pro Flasche und darüber, dass man für einen Sitzplatz noch zusätzlich zur Kasse gebeten wird. Deshalb verlassen wir das Etablissement bald wieder. Noch in der Nacht bringen wir Matthias dann zum Flughafen: »Danke für die gemeinsame Zeit. Wir wünschen dir eine gute Weiterreise!« Und auch Tadschikistan verdient eine Danksagung. »Du bist bisher unser absolutes Lieblingsland. Rachmat, Spassiba. Dankeschön!« Wir verabschieden uns von beiden mit der Hand auf dem Herzen, der landestypischen Geste für Begrüßungen und Verabschiedungen.

USBEKISTAN
UND DIE
SEIDENSTRASSE

6.10.-27.10.2014

Die Verunsicherung, was unsere Einreise nach Usbekistan angeht, hält weiterhin an. Das hat ja schon beim Visumsantrag angefangen, wo man beim »Beruf« nur zwischen »Housewive temporarily not working«, »Chief Diplomate«, »Religious Leader« oder »Sportsman« wählen konnte. Wir haben uns damals für »Sportsman« entschieden, obwohl die Hausfrauenoption eigentlich besser zu uns allen gepasst hätte. Wenn sie uns jetzt also an der Grenze ins Kreuzverhör nehmen und fragen, was für Sportler wir sind, haben wir uns schon mal Antworten zurechtgelegt: Timbersport für Heppo, und ich schwanke noch zwischen Curling und Modern Dance.

Die usbekische Grenze sieht sehr beeindruckend aus: schickes neues Stahltor, Triumphbogen, Desinfektionsbad, Blumenbeete, Röntgenwagen und Abfertigungshalle. Davon können die Kirgisen und Tadschiken nur träumen. Wir fühlen uns ziemlich ausgeliefert, als der Beamte lange und skeptisch unsere Visa betrachtet. Irgendetwas stimmt mit der Farbe nicht. Mehrere Kollegen werden zur Beratung hinzugerufen. Dann passt die Kolorierung aber plötzlich doch. Die erste Kontrolle hätten wir damit erfolgreich hinter uns gebracht. In die Zollerklärung muss man nun sämtliche Devisen und Wertgegenstände eintragen. In Strebermanier legen wir eine vorab ausgedruckte

115

Liste bei, auf der nun tatsächlich sämtliche elektrische oder mechanische Dinge stehen, die wir in unserem Lastwagen mit uns führen.

Außer uns sind nur zwei Berufslastwagenfahrer aus dem Iran und circa zehn Fußgänger da. Trotzdem dauert es eine Weile, bis wir an der Reihe sind. Wirklich jeder wird eingehend kontrolliert. Die Beamtin erschrickt, da ich unter meinem T-Shirt keinen BH trage und ihr, der Aufforderung, das Oberteil anzuheben folgend, meine bloßen Brüste präsentiere. Die Körperkontrolle ist somit beendet, und ich darf zur nächsten Station vorrücken. Dort wird unser Fahrzeugschein akribisch abgetippt, und wir erhalten ohne irgendwelche Verhandlungen sofort den Wremenja Wos, mit dem Frau Scherer bis zu drei Monaten im Land bleiben darf. Die Durchsuchung unseres Wagens erfolgt nur äußerst oberflächlich. Die Zöllner blödeln lieber mit meiner Gitarre herum und geben Pseudo-Punksongs zum Besten: »Do you have heroin?« Wildes Rumgeschrubbel auf dem armen Instrument. »Do you have cocaine?« Padapadapam. »Do you have pornography?« Schrubbeldubbeldub. Wir sind ratlos angesichts dieser neuartigen Verhörmethoden, und ich murmele nur verwirrt: »Kakoi wapros?«, also »Was für eine Frage?« Damit ist die Sache dann erledigt, und wir sind in Usbekistan.

Die Landschaft wirkt ziemlich langweilig: Ackerflächen, Baumwollfelder, viele Ortschaften und Städte. Im Vergleich zu Tadschikistan ist Usbekistan – positiv ausgedrückt – sehr urban. Zum Teil ist es auch ganz hübsch, vor allem dort, wo es wieder bergiger wird. Dichter Nebel zieht auf und vermiest uns die Aussicht. Als sich dieser wieder lichtet, stehen wir vor einem großen Berg Wassermelonen, die man auf Russisch »Arbuz« nennt. Diese sind bereits seit Kirgistan ein echter Verkaufsschlager. In Deutschland kann sich keiner vorstellen, in welchen Unmengen der Durstlöscher hier über den Ladentisch geht. Der Absatz ist reißend. An den Straßenrändern stapeln sich die medizinballgroßen Früchte zu meterhohen Haufen, auf keiner Tafel dürfen sie fehlen, und an den abgelegensten Orten findet man ausgelöffelte Schalen. Und so folgen wir einfach der Spur der Wassermelonen, bis wir in Samarkand ankommen.

Samarkand, der Name klingt schön, so märchenhaft nach Orient. Doch wirkt die Stadt auf den ersten Blick ziemlich modern und sieht so gar nicht nach Tausendundeine Nacht aus. Der Verkehr ist chaotisch, und die Autofahrer sind ziemlich rücksichtlos. Wir stellen Frau Scherer an der Oper auf einem großen Parkplatz ab. Von dort laufen wir eine Viertelstunde bis zum Registan. Zu Fuß unterwegs zu sein, ist fast noch schlimmer als mit dem eigenen Fahrzeug. Bei jeder Straßenüberquerung stehe ich Todesängste aus. Ich bilde mir sogar ein, dass man hier noch extra Gas gibt und auf den wehrlosen Verkehrsteilnehmer draufhält. Ich bin ehrlich erleichtert, als wir heil am Ziel ankommen. Dieser Platz, der an drei Seiten von Medresen, also Koranschulen, eingerahmt ist, gilt als einer der prächtigsten Zentralasiens. Im quadratischen Hof befinden sich eine Moschee, ein Mausoleum, Lehrräume und Zimmer, in denen einst die Studenten gewohnt haben. Das Ensemble wurde vom 15. bis zum 17. Jahrhundert erbaut und war einst ein bedeutendes Zentrum der Wissenschaft. Sieben Dollar knöpft man uns pro Nase für den Eintritt ab. Leider wird man dann aber sofort von den Souvenirverkäufern bedrängt. Das ist schade, denn so rücken die Schönheit der Gebäude und das Gesamtkunstwerk doch sehr in den Hintergrund. Wir sind aber trotzdem sehr beeindruckt, und ich fotografiere Fliesenmuster, bis mir die Augen übergehen.

Abends im Blues Café treffen wir auf Klaus. Er kommt gerade mit seiner Familie im Bruce getauften Wohnmobil aus Australien. Dort haben sie sieben Jahre verbracht und ziehen nun wieder zurück nach Deutschland. Bereits seit acht Monaten sind sie unterwegs. Eine weise Entscheidung, finden wir, ganz langsam in die alte Heimat zu reisen. Als das Blues Café schließt, gehen wir noch mit zu Klaus und lassen den Abend bei ihm gemütlich ausklingen. Er ist heute allein, denn der Rest der Familie befindet sich gerade in Taschkent. Wir bewundern ausgiebig den australischen Innenausbau, dessen Kernstück eine riesige Gefriertruhe ist, und philosophieren über den Sinn der Welt. Kann es sein, dass wir einen neuen Freund gefunden haben?

Das Aufstehen fällt uns am nächsten Morgen etwas schwerer als sonst, und so ziehen wir erst gegen Mittag los, um die Wunder von Samarkand zu besichtigen. Heute soll es die Nekropole Shohizinda sein. Das Ensemble aus 16 farbenprächtigen Gebäuden könnte man als Promifriedhof bezeichnen. Dort sind Timurs Familienmitglieder und Verbündete bestattet. Der bei uns als Tamerlan bekannte Feldherr nahm sich die Mongolen zum Vorbild und herrschte von 1370 bis 1405 über ein Reich, das zeitweise von Tiflis bis Delhi reichte. Kunst und Architektur wurden besonders gefördert und viele der Bauten in Samarkand während seiner Regentschaft errichtet.

Wir verlassen Samarkand Richtung Buchara. Links und rechts der Straße sehen wir nichts anderes als Felder. Usbekistan ist einer der Weltmarktführer der Baumwollproduktion, angeblich die Nummer fünf. Das weiße Gold hat höchste Priorität im Land. Es wurde von einem Wirtschaftsfaktor zur Staatsangelegenheit und damit auch zum privaten Interesse der usbekischen Bürger erklärt. Jeder muss mithelfen. Schüler, Rentner und Hausfrauen werden mit Bussen auf die Felder geschafft, Freiwillige angeworben. Die Ernte findet von Hand statt, da die Samenkapseln zu unterschiedlichen Zeiten reifen und Maschinen nicht so präzise arbeiten können wie Menschen. Damit die Arbeit leichter fällt, werden die Felder vorher mit Entlaubungsmitteln besprüht. Eine höchst ungesunde Angelegenheit! Für die Umwelt kommt aber noch eine weitere Belastung hinzu, die nicht zu unterschätzen ist: Baumwollpflanzen haben einen sehr hohen Wasserverbrauch und laugen die Böden aus. Dieser Umstand hat bekanntlich zum Austrocknen des Aralsees geführt, dessen Wasser für die kasachische und usbekische Landwirtschaft abgezweigt wurde, insbesondere für die Baumwolle. Sofort bekomme ich ein schlechtes Gewissen, da ich doch in Tadschikistan so viele bunte Stoffe erstanden habe.

Unterwegs treffen wir wieder auf die »Australier« Klaus, Eva und ihre beiden Kinder. Der Nachwuchs jammert, dass er nun schon seit acht Monaten keine Schule mehr von innen gesehen habe und dass das Weltreisen so langweilig sei. Kindern kann man es wohl nie recht machen, oder? Tochter Christina möchte ein Stück mit uns fahren. Die Zehnjährige unterhält uns – gar nicht schüchtern – während der Fahrt mit Witzen, sogar mit australischen, bei denen wir ein wenig nachdenken müssen: »Where do beans go for holiday?« Antwort: »Cairns.« So vergeht die Fahrt recht lustig, bis Frau Scherer und Bruce in Buchara am ruhigen, stadtnahen Stellplatz vor der Kunstakademie Sa'nat Kolleji zum Stehen kommen.

Buchara ist wesentlich angenehmer als Samarkand. In der verkehrsberuhigten Altstadt muss man keine Angst haben, von wild gewordenen Autofahrern getötet zu werden. Hier kann man einfach gemütlich schlendern und die Atmosphäre genießen. Um den zentralen Platz gruppiert sich ein Gebäudeensemble, das man Labi Hovuz nennt. Es besteht aus drei Medresen, von denen eine sich besonders schön in einem Wasserbecken spiegelt. Das Bauwerk gegenüber wurde ursprünglich als Karawanserei errichtet. Als aber während der Arbeiten der Khan die gelungene Medrese lobte, wurde sie kurzerhand zur Koranschule erklärt und als solche weitergebaut. Könige irren eben nie!

In Buchara kann man den Handwerkern noch richtig bei der Arbeit zusehen. Sorgfältig werden vor den Läden Tischdecken bestickt, Messergriffe geschnitzt und Kupferteller mit fein ziselierten Verzierungen geschmückt. Besonders faszinieren mich die Miniaturenmaler, die mit haarfeinen Pinseln liebevoll Motive aus der Mythologie auf edles

Seidenpapier bringen. Da unsere lieb gewonnenen deutsch-australischen Nachbarn schon morgen Richtung Turkmenistan weiterreisen werden, wollen wir am Abend gemeinsam mit Eva und Klaus Abschied feiern. Dazu gehen wir in den nahe gelegenen Nachtclub eines Hotels. Dort sitzen adrett gekleidete Frauen und Männer an beleuchteten Tischen, die im Halbkreis um die leere Tanzfläche stehen. Vom unscheinbaren, jugendlich wirkenden Besitzer werden wir sofort als Ausländer identifiziert. Er freut sich sichtlich, dass sich Deutsche in seinen Laden verirrt haben und lässt sogar Musik nach unseren Wünschen auflegen. Als wir uns daraufhin auf die Tanzfläche wagen, werden wir lautstark vom DJ als Deutsche angekündigt. Oh wie peinlich! Aber auch lustig. Wenig später kommt es dann zu einem Gerangel unter den alkoholisierten Männern. Uniformierte Polizisten stürzen hinzu, und das Deckenlicht geht an. Was für ein Stimmungskiller! Wir verabschieden uns nach Hause.

Unsere Registrierung, besser gesagt, unsere nicht vorhandene Registrierung, liegt uns im Magen. Wir wollen uns daher Klarheit verschaffen und lassen uns von einem Taxi direkt zur Immigrationsbehörde bringen. Dort bekommen wir zur Antwort: »Wenn ihr im Wohnmobil reist, müsst ihr euch nicht registrieren lassen.« Genau das wollen wir hören. Prima! Usbekistan zeigt sich bisher viel positiver als erwartet.

»Doswidanje, Buchara!« An einem schwülen, regnerischen Tag fahren wir weiter Richtung Chiwa. Mittlerweile befinden wir uns nur noch auf 180 Metern über dem Meeresspiegel. Und nun geht es durch die Wüste Kizilkum, deren Name »roter Sand« bedeutet. Angeblich schimmert dieser tatsächlich manchmal rötlich. Na ja, wir haben schon schönere Landschaften gesehen. Es ist eine völlig flache, weite Ebene, die von einer schnurgeraden, nagelneuen Hauptstraße zerschnitten wird. Diese ist mehrspurig und hat sogar eine Mittelleitplanke. Um die Menschen vom Rasen abzuhalten, steht alle paar Dutzend Kilometer eine Polizeiautoattrappe aus Sperrholz in Originalgröße am Straßenrand. Wie gern würden wir so eine mitnehmen. Die würde sich sicher gut am Wagenplatz machen. Aber wie versteckt man so ein riesiges Ding an der Grenze?

In Chiwa parken wir direkt neben dem Westtor vor der Stadtmauer. Zum dritten Mal auf dieser Reise bauen wir den Kühler aus, der schon wieder undicht ist. Doch Ausbau, Reparatur und Wiedereinbau gehen uns inzwischen in Formel-1-Geschwindigkeit von der Hand. Dann erst haben wir Muse, die Altstadt zu besichtigen. Besonders schön finden wir dort die Juma-Moschee. Zwar ist sie von außen recht unscheinbar, besitzt im Inneren aber über 200 reich mit individuellen Schnitzereien verzierte Holzsäulen. Und wer auf Kuriositäten steht, sollte auch den Museen einen Besuch abstatten. Im echt langweiligen Musikmuseum – Museumspädagogik und eine anständige Beleuchtung müssen in Chiwa erst noch erfunden werden – sollte man sich zum Beispiel den Fernseher mit der Videosammlung einschalten lassen. Da sind ein paar wirklich merkwürdige Sachen dabei, beispielsweise der sowjetische Musikfilm *Xiva vaqti bilan ettida – Xivacha ajvalish* aus dem Jahr 1981 über die Musikszene von Chiwa. Der ist unfreiwillig komisch und zeigt lustige, tanzende Männer, die mit Tellern trommeln und dazu ganz drollig mit dem Kopf wackeln oder Vogelgesang imitieren. Im Naturkundemuseum hingegen sollte man keinesfalls die Abteilungen »Obst« und »Gemüse« verpassen, wo Plastikfrüchte in Schauschränken ausgestellt werden. Auch das Szenario »Wüstenleben« mit räudigen, ausgestopften Tieren in eigenartigen Arrangements sorgt für Erheiterung. Beim menschlichen Fötus ohne Gehirn im Schauraum »Drogen sind eine große Gefahr« werden wir allerdings wieder ernst. Und auch die lebenden Schildkröten im Zimmer mit den in Formaldehyd eingelegten Reptilien müssten unserer Meinung nach nicht sein.

Über Nacht hält der Winter Einzug und malt Eisblumen an die Fenster unseres Wohnmobils. Gestern war noch das T-Shirt das Kleidungsstück der Wahl, heute fordert ein eisiger Wind eine warme Jacke. Weder Heppo noch ich sind sonderliche Winterfans, aber wir freuen uns jedes Jahr auf die ersten Male, wenn wir in unserem Wagen einheizen können. Das hat schon was irre Gemütliches, wenn der Ofen knistert und sich ein feiner Holzgeruch im Raum ausbreitet. Komisch, dass die meisten Menschen meinen, Wagenbewohner müssten dauernd frieren. Dabei frieren sie überall, nur nicht bei sich zu Hause, denn so ein kleiner Raum erwärmt sich ja erstaunlich schnell. Ehrlich, alte Häuser sind meistens weitaus schlechter isoliert und müssen um ein Vielfaches länger geheizt werden. Die Ökobilanz spricht ganz klar für den Wagenbewohner. TÜV und Kaminkehrer sind allerdings sicherlich wenig angetan von dieser anarchistischen Lösung, die sich jeglicher ordentlichen Kontrolle entzieht. Räusper, also liebe Vertreter offizieller deutscher Sicherheitsbehörden, ihr habt diesen Heizexkurs eben also gar nicht erst gelesen ...

Wir möchten noch ein weniger näher an die Grenze fahren, damit wir morgen möglichst früh nach Turkmenistan einreisen können. Aber das ist gar nicht so einfach. Blind vertrauen wir unserer in Deutschland erworbenen Landkarte, auf der im Norden von Turkmenistan nur der Grenzübergang bei Manghit und Gubadag eingezeichnet ist. Die Straße dorthin wird immer schlechter, und die Brücke bei Qaratav ist eigentlich nicht passierbar, da riesige Löcher ein Weiterfahren unmöglich machen. Da die Verbindung jedoch nicht gesperrt ist, fahren munter alle möglichen Fahrzeuge ohne Vorwarnung auf die marode Eisenkonstruktion. Auch wir machen das, müssen dann aber mitten auf der Brücke im allgemeinen Verkehrschaos umdrehen. Bei Manghit kommt man zwar über den Fluss, aber der Grenzübergang ist dort wohl schon seit Jahren nicht mehr geöffnet. Auf dem Grenzstreifen wachsen Büsche, und Betonelemente versperren die Straße. Trotzdem hat uns noch ein Straßenpolizist kurz vorher einen guten Grenzübertritt gewünscht. Wie seltsam. Auch sonst kann uns in dem gottverlassenen Kaff niemand eine vernünftige Auskunft geben. »Wo ist der nächste Grenzübergang nach Turkmenistan?« Achselzucken, vage Geste in Richtung der nahen Grenze. »Dort ist Turkmenistan.« »Ja, das ist uns schon klar. Aber wie kommt man da rüber?«, möchten wir wissen. Niemand hat auch nur einen blassen Schimmer. Alle Männer im Ort sind schwer betrunken, stinken nach Alkohol und blicken uns aus glasigen Augen an. Sie können oder wollen uns nicht weiterhelfen. Im einzigen Internetcafé vor Ort gibt es nicht mal einen Computer, der dann aber für uns herbeigeschafft wird. Im allwissenden Netz finden wir endlich eine Antwort: Ein Grenzübergang ist in der Nähe von Nukus, ein weiterer bei Shovat. Ein prüfender Blick auf unser Turkmenistanvisum sorgt für weitere Aufklärung. Dort ist der Grenzübergang Daşoguz eingetragen, also müssen wir nach Shovat. Das soll uns wieder mal eine Lehre sein. Statt einfach so ins Blaue zu fahren, wäre es sinnvoll, sich öfter besser vorzubereiten. So jedenfalls stellen wir uns dann erst mitten in der Nacht kurz vor Turkmenistan in ein Baumwollfeld.

Der nächste Morgen weckt uns mit einem strahlend blauen Himmel und klirrender Kälte. Die ganze Landschaft ist vom Frost weiß bereift, und die aus der Ferne so hässliche Baumwolle wirkt aus der Nähe betrachtet plötzlich wie eine echte Schönheit. Schade, dass wegen ihr ganze Landstriche vergiftet werden und der Aralsee so leiden muss. Die Pflanze selbst kann jedoch wenig dafür, wieder einmal ist es der Mensch, der das Ungleichgewicht herstellt und am Raubbau an der Natur schuld ist. Mit diesen gemischten Gefühlen verlassen wir Usbekistan, ein Land, das uns jedoch unterm Strich sehr anständig behandelt hat. Wir können auch von der Ausreise nichts Dramatisches berichten: Keiner will irgendwelche Registrierungen sehen. Und der Drogenhund schnüffelt nur verliebt an Sidis Hundedecke.

TURKMENISTAN
UND
DAS TOR ZUR HÖLLE

28.-31.10.2014

Dafür ärgern uns die Turkmenen. Wir wussten bereits von anderen Reisenden, dass der Transit durch Turkmenistan ein teurer Spaß wird, aber trotzdem sind wir nun sehr genervt. Die Gebühren für zwei Personen, Hund, Fahrzeug, Dieselsteuer, Versicherung und Bearbeitung summieren sich auf stattliche 205 Dollar – für nur fünf Tage! Und dann folgt auch noch die bisher genaueste Untersuchung unseres Fahrzeugs. Heppo – als Fahrer – darf am Auto bleiben. Ich hingegen soll mich Frau Scherer keine 50 Meter nähern. Fünf Personen plus Hund schauen über zwei Stunden lang in jeden Radkasten, jede Kiste, in den Wohnraum und in die Fahrerkabine. Irgendwann sehen sie ein, dass wir sauber sind, und wir dürfen nach Turkmenistan. Ich bin echt sauer, meine Füße sind Eiszapfen. »Blöde Idioten, allesamt.«

Die Straße von Köneürgenç in Richtung Aşgabat erhält einen Ehrenplatz auf der Top-drei-Liste der schlechtesten Straßen dieser Reise. Was wir hier vorfinden, kann man eigentlich nicht mehr eine Verkehrsverbindung nennen: Lochparcours trifft es wohl eher. Kaputte Reifen und tote Dromedare zieren den Randstreifen. Kein Wunder, dass die Kupplungsfedern locker werden und repariert werden müssen. Bei minus sieben Grad flucht und hämmert Heppo daher am Auto herum. Die Kupplungsabdeckung will partout nicht mehr an ihren Platz zurück. Irgendwann ist sie dann doch wieder dort, wo sie sein soll, und wir

124

schaffen es, kurz nach Sonnenuntergang am Tor zur Hölle, am Krater von Derweze, zu sein. 1971 fanden Geologen an dieser Stelle eine mit Erdgas gefüllte unterirdische Höhle. Bei Bohrungen brach der Boden unter der Plattform zusammen, wodurch ein großes Loch mit einem Durchmesser von etwa 70 Metern entstand. Um die Freisetzung des giftigen Methan-Gases zu vermeiden, wurde beschlossen, es zu verbrennen. Entgegen der Erwartungen der Geologen verlosch das Feuer jedoch nicht nach einigen Tagen, sondern brennt seither ohne Unterlass. Vor allem nachts sieht das ziemlich beeindruckend aus. Aber auch tagsüber kann man sich der Anziehungskraft des Höllentores nicht entziehen. Und so bleiben wir noch lange, um von uns Selfies in Heavy-Metal-Pose zu schießen. Der brennende Krater und Frau Scherer bilden einen tollen Hintergrund.

Wir sind fest entschlossen, das Maximale aus unserem kurzen Turkmenistanaufenthalt herauszuholen und steuern eine weitere Kuriosität an, den Untergrundthermalsee Köw Ata, 100 Kilometer westlich der Hauptstadt Aşgabat. Nachdem wir pro Person 40 Manat bezahlt haben, öffnen sich die Tore zur Unterwelt. Über viele unregelmäßige Betonstufen steigt man in einen großen Felsendom hinab, der nur spärlich mit elektrischen Fackeln ausgeleuchtet ist. Am See angekommen darf man direkt ins trübe Wasser steigen, wobei nicht nach Geschlechtern getrennt wird. Das Wasser hat Körpertemperatur und riecht schwefelig, an der Oberfläche treiben Taubenkot und Federn. Leider ist nur der vordere Bereich zugänglich. Wer sich hinter die Absperrung weiter in die Höhle hineinwagt, wird vom Bademeister schnell zurechtgewiesen. Dieser wacht auch über die empfohlene Badezeit von maximal 20 Minuten.

Aşgabat erreichen wir zur Rushhour und schaffen es, uns auf einen winzig kleinen Parkplatz am zentralen Magtymguly-Park zu quetschen. Währenddessen bricht um uns herum das Chaos aus und der Verkehr komplett zusammen. Mindestens 20 Polizisten traktieren ihre

Trillerpfeifen, tatkräftig unterstützt von einem vielstimmigen Hupkonzert der Autofahrer. So klingt also die Hauptstadt von Turkmenistan. Wir verlassen das schräge Konzert und folgen dem Locken des im *Lonely Planet* gerühmten British Pubs. Von außen ist die Kneipe kaum als solche zu erkennen, und die abgeklebten Scheiben sowie das kleine Logo auf der schalldichten Tür wirken wenig einladend. Als wir aber den großen, dunklen Raum betreten, stellen wir fest, dass eine Halloweenparty in vollem Gange ist. Der Laden ist brechend voll, und die Barmänner sehen aus wie die Opfer eines Kettensägenmassakers. Ein Schlagzeug auf der Bühne verrät uns, dass später noch eine Band spielen wird. Da haben wir ja mal wieder den richtigen Riecher gehabt. Allerdings müssen wir uns zum Essen mit einem zugigen Platz in der Nähe der Bar zufriedengeben. Nun haben wir Zeit, uns etwas genauer umzusehen. Das Publikum besteht fast ausschließlich aus Businessleuten, die Männer in Anzügen, die Frauen in kurzen, engen Kleidern und auf High Heels. Das sind dann wohl die internationalen Experten, die in Aşgabat tätig sind, also Manager, Banker und Diplomaten. Das Nachtleben ist scheinbar sehr einschränkt, und so trifft man sich dann eben hier. Bis unsere Pizza kommt, machen wir uns einen Spaß daraus, zu raten, welchen Beschäftigungen die Frauen und Männer wohl nachgehen. Der Langhaarige im Parka an der Bar gibt uns aber ein Rätsel auf. Ich tippe auf Reisender, Heppo auf Geheimdienst. Wenig später stellt er sich bei einem gemeinsamen Bier als Peter und US-Amerikaner vor. Er arbeitet bei der US-Botschaft im Bereich Sicherheit ... vielsagendes Schweigen. »Gar nicht schlecht getippt, Heppo!« Auch sein junger Kollege, Nick aus New York, Typ Computernerd, arbeitet für die US-Botschaft, ebenfalls im Sicherheitssektor. Schließlich lernen wir noch den Manager einer turkmenischen Gasfirma kennen, Cesar aus Peru. Von ihm erfahren wir Interessantes über Turkmenistan, zum Beispiel, dass es ein eigenes Pferdeministerium gibt. Auch dürfen turkmenische Pferde nicht außer Landes verkauft werden. Männer schließen für schnelle, unverbindliche sexuelle Vergnügungen am besten eine Ehe auf Zeit ab. Mit den Worten »Haram, haram, haram«

wird die Heirat nach vollzogenem Akt für ungültig erklärt, und so können beide Parteien ohne Gesichtsverlust und Gesetzesbruch auseinandergehen. Auch erzählt er uns, dass das Nachtleben noch unter dem letzten Präsidenten sehr beeindruckend gewesen ist, jetzt allerdings schon um 23 Uhr endet. Und tatsächlich gehen noch vor dieser Uhrzeit in der ganzen Kneipe die Lichter an. Cesar – sichtlich beflügelt vom Alkohol und unserem angeregten Gespräch – würde uns noch gern mit zu sich nach Hause nehmen, sein Fahrer stehe bereit, er habe erlesene Speisen und Getränke im Haus.»Danke, das klingt zwar sehr verlockend, doch morgen wartet der Iran auf uns. Da können wir uns keine durchzechte Nacht leisten.« Schade, ein tieferer Einblick in das Leben der internationalen Experten und Geheimdienstmitarbeiter hier vor Ort wäre sehr interessant gewesen. Wer weiß, welche Höllenschlunde und Abgründe sich da noch vor uns aufgetan hätten?

Am nächsten Morgen irren wir eine Ewigkeit durch diesen Größenwahn aus Gold und weißem Marmor namens Aşgabat. Der Grund ist wieder einmal die fehlende Beschilderung – und die immense Polizeipräsenz. Alle 500 Meter werden wir angehalten und müssen unsere Pässe und den Fahrzeugschein vorzeigen. Mit unserem hellblauen Lastwagen, unserem orientierungslosen Fahrverhalten mitten durch das Regierungsviertel und meiner Vollverschleierung – ich bin schon für den Iran präpariert – sind wir wahrscheinlich ein rotes Tuch für die turkmenische Rasterfahndung. Eigentlich dürfen wir in keine Richtung weiterfahren, weil alle Straßen für Lkw gesperrt sind. Da wir aber irgendwie aus der Stadt kommen müssen, nicken wir brav zu den Befehlen der Polizisten und ignorieren dann sämtliche Verbote. Tapfer kämpfen wir uns gen Süden in Richtung iranischer Grenze vor. Als wir Aşgabat endlich hinter uns haben, atmen wir hörbar auf.

ANSTRENGENDE GASTFREUNDSCHAFT IM IRAN

1.11.-8.12.2014

Wir können es kaum glauben – nur eine kurze Passkontrolle, mehrere Stempel im Carnet de Passage, das man für die Fahrzeugeinfuhr benötigt, und dann heißt es: »Gute Fahrt!« »Was, niemand will unser Auto inspizieren?« »Aber nein!«, heißt es freundlich. »Willkommen im Iran!«

Maschhad ist eine ziemlich hektische Stadt im Nordosten des Irans und zudem ein religiöses Pilgerzentrum. In den kommenden zwei Tagen werden alle Geschäfte und Restaurants geschlossen sein. Der Grund dafür sind zwei sehr wichtige schiitische Feiertage: Tasua und Aschura, der Todestag des Imams Hussein. Bereits jetzt sind alle Gebäude schwarz beflaggt. Für uns bedeuten diese Feierlichkeiten erst einmal, dass wir uns beeilen müssen, Dollar in Rial zu wechseln. Wegen des seit Jahren von den USA verhängten Boykotts funktionieren Kreditkarten im Iran nicht. Geld kann man lediglich in Wechselstuben tauschen, und die gibt es nur in größeren Städten. Wir wühlen uns daher durch den dichten Verkehr in Richtung Stadtzentrum und werden tatsächlich fündig. Gleich daneben erstreckt sich die größte Grünanlage der Stadt, der Mellat-Park, mitsamt bewachtem Parkplatz. Saubere sanitäre Anlagen, die rund um die Uhr geöffnet sind und betreut werden; auch fließendes Wasser gibt es hier alle paar hundert Meter. Das wäre also schon mal erledigt: Stellplatz gefunden,

Rial bekommen, bleibt noch die Kleiderfrage. Mit meiner dunkelroten Djellaba, dem langen marokkanischen Männermantel mit Kapuze, und dem farbenfrohen Tuch aus Usbekistan falle ich auf wie ein bunter Hund. Die Iranerinnen sind vorwiegend schwarz gekleidet, und ziemlich viele tragen Tschador. Ich brauche unbedingt etwas Passendes zum Anziehen, denn die Kleidervorschriften geben zumindest ein Kopftuch und ein langes Oberteil, das den Po bedeckt, vor. Ich erlebe wahrscheinlich gerade einen Kulturschock, und so bin ich ziemlich genervt von meiner Einkaufstour. Allein schon die Umkleidekabinen: hermetisch abgeschlossene Schränke mit Beleuchtung! Der blanke Horror … Im ersten Damenbekleidungsgeschäft finde ich ein langes schwarzes T-Shirt, das ich mir schon mal merke. Der Verkäufer heißt uns im Iran willkommen und gibt uns seine Telefonnummer. Im nächsten Geschäft schlägt man mir einen goldbestickten Mantel vor. »Nein, wie dämlich sieht das denn aus?« Dann lieber ein altpersischer, roter Mantel? – »Hübsch, aber zu unpraktisch und sehr auffällig.« Dasselbe in Grün? Nein. Ein traditionelles Wickelgewand mit klein gemusterten persischen Kriegern? Irgendwie nett, aber ich finde mich in dem vielen Stoff nicht zurecht. Der feminin wirkende, sehr liebenswürdige Verkäufer schenkt uns Datteln und Kokospralinen, obwohl wir nichts kaufen, und gibt uns seine Telefonnummer. Im Laden gegenüber fällt mein Blick auf ein schwarzes, langes Hemd, bei dem aber schon die Knöpfe abfallen. Und langweilig ist es auch. Dann ein grünes Hemd mit spitzem Kragen und Plisseefalten? Auch nicht, so was war bei uns zuletzt in den 1970er-Jahren in. Nebenan im Herrengeschäft kauft Heppo sich kurz entschlossen und unkompliziert eine neue Hose, während wir leckeren Gewürztee und Süßigkeiten serviert bekommen. Ich bin frustriert! Dann ab ins nächste Damengeschäft: Vielleicht ein schwarzer Tschador? »Oh Himmel, wie sehe ich denn aus?« Der Verkäufer mit langem Talibanbart fragt verständnislos: »Don't you like it?« Äh, schnell weg hier … Im gefühlt 150. Geschäft hält Heppo mir ein langes, enges Schlauchkleid mit Goldärmeln hin. »Brrr, der Goldbesatz kratzt!« Ein lockeres Kleid mit mintgrünem Seidenkragen und

Silberknöpfen? »Nicht so ganz mein Stil.« Dann aber entdecke ich ein schwarzes, langes sportliches Sweatshirt mit durchgehendem Reißverschluss. »Bingo!« Das ist zwar nichts Besonderes, aber damit fühle ich mich auch nicht wie verkleidet, es ist kombinierbar und schnell an- und auszuziehen. Das muss fürs Erste reichen. Jedoch nur ein Oberteil für vier Wochen? Nicht gerade eine abwechslungsreiche Garderobe ...

Vor der Tür empfängt uns ein Wolkenbruch, und dann verirren wir uns auch noch im unüberschaubar großen Mellat-Park. Völlig durchnässt kommen wir bei Frau Scherer an. Da es wegen der Zeitumstellung mittlerweile bereits um 16:30 Uhr dunkel wird, gehen wir schon um neun ins Bett. Ein offizielles Nachtleben existiert im Iran ja nicht. Wir sind niedergeschlagen. Das kann noch heiter werden: Gelangweilt werden wir schon nachmittags im Dunkeln im kalten Lkw sitzen, einsam, ohne Freunde oder Kontakte zu Einheimischen ... Depression!

Kaum öffnen wir am Morgen jedoch die Tür, sehen wir eine Menschentraube, die förmlich nur auf diesen Moment gewartet zu haben scheint. Wir sind die Attraktion schlechthin. Jeder kramt ein paar Brocken Englisch hervor und staunt uns unverhohlen an. Nach einer halben Stunde hat sich die Menge etwas zerstreut. Übrig bleibt Saleh, der ziemlich gut Englisch spricht. Er hat heute sowieso nichts vor und würde gern den Tag mit uns verbringen. Den Imam-Reza-Schrein ausgerechnet an Aschura zu besuchen, hält er zwar für eine gewagte Idee, genau das finden wir jedoch interessant. Also fahren wir mit der Metro von Azadi nach Basji. Ein schwarzer, kilometerlanger Prozessionszug mit dunklen Transparenten schiebt sich bei strahlendem Sonnenschein von der Metrostation in Richtung Heiligtum. Rhythmisches Trommeln gibt den Takt vor, zu dem sich junge Männer mit Metallketten geißeln. Die Hiebe sind zwar in erster Linie symbolischer Natur, da echte Geißelungen seit der Revolution verboten sind, aber ich ertappe mich bei komischen Gedanken: »Hilfe, jetzt sind wir also mittendrin in einer fanatischen Menge und die einzigen Ungläubigen weit und breit.« Heppos Miene sehe ich an, dass ihm ganz Ähnliches durch den Kopf geht. Aber stopp, ein Fronleichnamszug wirkt für Muslime wahrscheinlich ähnlich gruslig. Also noch einmal neutral betrachten. Am besten, ich frage Saleh zu allem, was mir auffällt: »Wer sind die Männer auf den Plakaten da?«»Das sind Soldaten, die im Krieg gegen den Irak vor über 20 Jahren gefallen sind.«»Was hat es mit den großen, reich verzierten Metallstandarten auf sich?« »Imam Hussein liebte Tiere und verbot, diese zu töten. Deshalb sind sie mit Hirschen und Vögeln verziert. Sie werden von jeweils einem jungen Mann getragen und sind sehr schwer.«»Warum die Geißelungen?«»Um an die Leiden des Heiligen zu erinnern.«

Mittlerweile stehen wir kurz vor dem heiligen Bezirk, den ich nur betreten darf, wenn ich einen Tschador trage. Diesen kann man sich dort kostenlos ausleihen. Ich fühle mich damit ein bisschen behindert und bewege mich ungeschickt in dem übergroßen, geblümten Bettlaken. Taschen und Kameras müssen abgegeben werden. Kurioserweise darf man drinnen aber mit dem Handy fotografieren. Der heilige Bezirk selbst besteht aus vielen verschiedenen Gebäuden, unter anderem der Goharschad-Moschee, Seminaren, Gebetshallen, einer Universität, einem Museum und einer Bibliothek. Aus den Lautsprechern tönt eine Dauerpredigt. Die Gläubigen sitzen auf Teppichen in den Innenhöfen, beten und lesen im Koran. Am zentralen Punkt des Heiligtums, dem Mausoleum des Imam Reza, kann man die Anspannung der Menge tatsächlich physisch spüren. Streng nach Geschlechtern getrennt darf man dann das Innere des Grabmales betreten. Der Saal ist mit abertausend kleinen Spiegeln ausgestattet, was ein unglaublich schöner Anblick ist. Die Frauen schieben und drängen« weiter in Richtung des Zentrums, einem von einem goldenen Gitter eingerahmten Sarkophag. Ziel ist es, die Absperrung mit den Händen zu berühren. Ziemlich rabiat kämpfen sich die Gläubigen gewaltsam zum Heiligtum vor. Die religiöse Inbrunst mündet in spitzen Schreien, Weinkrämpfen und körperlichen Zusammenbrüchen. Massenhysterie! Mir wird das alles zu viel, weshalb ich den heiligen Ort verlasse, ohne die Goldstäbe berührt zu haben. Das hätte sich für mich auch nicht richtig angefühlt, denn bis vor Kurzem wusste ich ja noch nicht mal was von Imam Reza. Und hier sind so viele Menschen, für die dieser Moment wirklich bedeutend ist.

Endlich wieder draußen an der frischen Luft. Erleichtert atme ich auf. Doch nun hat die Predigt gerade einen besonders traurigen Moment erreicht. Der Imam schluchzt ins Mikrofon, während die Gläubigen, von Tränen überströmt, auf den Teppichen kauern. In einem Seitenhof schlagen sich Männer rhythmisch mit der rechten Hand aufs Herz, minutenlang, stundenlang. Wieder muss ich an fanatische Muslime denken. Oder befällt mich als Europäerin einfach automatisch ein Befremden bei so viel tief empfundener Frömmigkeit?

Saleh und Heppo sind mittlerweile auch am vereinbarten Treffpunkt angelangt, und wir verlassen gemeinsam den heiligen Bezirk. Auf der Straße findet gerade die Standartenübergabe statt, die ich wie wild fotografiere. Anscheinend fallen wir dabei der Geheimpolizei als verdächtige Subjekte ins Auge, denn wir werden – ehe wir uns recht versehen – mitsamt Saleh auf das nahe Polizeirevier gebracht. Dumm, dass wir keine Ausweise dabeihaben und auch unsere Passnummern nicht auswendig wissen. Nicht einmal in einem Hotel wohnen wir. Was tun? Wir werden eine Stunde lang zur Personalienüberprüfung festgehalten. Im Warteraum des Polizeipräsidiums läuft währenddessen eine Liveübertragung des Aschurafests in Teheran. Dort ist eine unüberschaubar große Menschenmenge unterwegs, die sich bei Schneegestöber ebenfalls dem rhythmischen Klopfen auf das Herz hingibt. Der Iran wird mir gerade ein bisschen unheimlich. Saleh spürt wohl mein Unbehagen und signalisiert mir, dass es keinen Grund zur Beunruhigung gäbe, alles sei in bester Ordnung: »Just a standard procedure!« Wie um seinen Worten recht zu geben, erscheint nun ein Polizist: »No problem, everything's alright! You can leave now.« Uff!

In der Nacht hat ein kalter Dauerregen eingesetzt. Eigentlich wollten wir mit Saleh einen Ausflug in die nahen Berge unternehmen, aber angesichts des ekelhaften Wetters hat keiner von uns Lust zu einem längeren Ausflug in die Natur. Daher verbringen wir den Nachmittag bei Saleh in seiner Junggesellenwohnung, kochen gemeinsam und schauen uns den animierten Kinderfilm *Ich – Einfach unverbesserlich 2* an. So einen entspannten Tag habe ich schon lange nicht mehr erlebt. Saleh ist ein überaus angenehmer Mensch. Wir können uns gut über alles Mögliche unterhalten und trotzdem so ungezwungen miteinander abhängen, als ob wir schon lange Freunde wären. Die iranischen Musikvideos, die im Fernsehen laufen, sind sehr freizügig, was mich wundert. Als ich nachfrage, erzählt er uns, dass die meisten Kanäle blockiert werden, aber eben doch nicht alle. Die Musikvideos sind die Werke von Exiliranern. Saleh zeigt uns einen verbotenen Videoclip, der aus kleinen Filmszenen aus der Zeit vor der Revolution besteht. Für uns sieht das Video völlig unspektakulär aus. Einmal sieht man einen Minirock, ein anderes Mal ein paar Menschen in orangefarbenen Badeanzügen und in einer weiteren Szene Balletttänzerinnen. »Das alles war bei uns einmal möglich im Iran.« »Ja, und? Ballett?«, erwidern wir verständnislos. »Tanzen ist auch verboten«, erklärt uns Saleh. Heppo möchte es noch genauer wissen: »Wie ist das denn mit Partys?« »Die gibt es, aber eben nur privat. Da wird natürlich auch getanzt.« Saleh würde uns am liebsten noch länger um sich haben. Er bietet uns seine Couch an und ist sehr traurig, als wir uns verabschieden. Aber wir müssen und wollen zurück, zu Sidi, zu Frau Scherer, Gedanken ordnen. Das ist nun also der Iran.

Für Saleh ist heute ein normaler Arbeitstag, sonst hätten wir wahrscheinlich keine Chance gehabt, uns noch ein bisschen auf eigene Faust umzusehen. Wieder nehmen wir die Metro und steigen diesmal an der Imam-Khomeini-Station aus. Unser Ziel ist die pakistanische Botschaft, denn Schneeregen und besonders kaltes Wetter verleiten uns dazu, über Überwinterungsmöglichkeiten mit Wärmegarantie nachzudenken. Ein mögliches Ziel wäre Indien. Aber dazu muss man Belutschistan in Pakistan durchqueren, und das ist nicht gerade als eine der sichersten Regionen der Welt bekannt. Eine andere Alternative wäre die Fahrt über den Persischen Golf in die Vereinigten Arabischen Emirate und dann weiter in den Oman. Wir möchten uns über beide Optionen informieren. Im pakistanischen Konsulat kommen wir gleich dran. Allerdings teilt man uns mit, dass man deutschen Staatsbürgern leider kein Visum erteilen könne. Das deckt sich mit den Informationen, die wir bereits von anderen Reisenden und unserer Visumsagentur erhalten haben.

Als Nächstes möchten wir uns eine SIM-Karte kaufen. Zufällig finden wir eine Straße, in der sich ein Handyladen an den nächsten reiht. Dort leisten wir uns kurz entschlossen ein GPS-fähiges Smartphone, um endlich so souverän wie andere Reisende navigieren zu können. In Kombination mit einer Karten-App sind wir bei der Fahrt durch eine Stadt nun endlich nicht mehr auf Versuch und Irrtum angewiesen. Willkommen im Jahr 2014! Um eine passende SIM-Karte erwerben zu können, müssen wir bei der zentralen Telefonbehörde eine Kopie des Reisepasses und drei Fingerabdrücke abgeben. Es ist ein komisches Gefühl so erfasst, kontrolliert und wahrscheinlich auch beobachtet zu werden. Als wir aus dem Gebäude kommen, werden gerade Strafgefangene an Ketten gefesselt über die Straße geführt. Auch das ist der Iran.

Wieder zurück bei Frau Scherer fällt der Schnee in dicken Flocken. Wir wollen Maschhad noch heute verlassen, denn Sidi hat einen Stadtkoller. Der Arme war die letzten Tage die meiste Zeit im Auto eingesperrt. Wegen der allgegenwärtigen Sittenwächter und des Hundeverbots durfte er noch nicht mal in die Parks. Also raus aus der Stadt. Allerdings müssen wir dringend tanken. Aber es ist gar nicht so einfach, eine Dieseltankstelle zu finden. Im Iran gibt es nämlich keine privaten Dieselfahrzeuge, und der Sprit wird staatlich subventioniert.

So findet man nur wenige Tankstellen, die auch »Gashuile« verkaufen. Maschhad ist ein ziemlicher Moloch mit wirrem Verkehr, weshalb wir selbst trotz Stadtplan auf dem neuen Smartphone fast zwei Stunden brauchen, um eine passende Tankstelle zu entdecken. Der Diesel kostet für Iraner nur sechs, für uns Touristen zehn Cent. So günstig haben wir noch nie tanken können: über 300 Liter für nur 30 Euro! Wieder einmal sind wir froh, dass wir den völlig unzureichenden 100-Liter-Tank, der ursprünglich an Frau Scherer verbaut war, schon beizeiten gegen ein größeres Modell ausgetauscht haben. Jetzt beginnen wir natürlich zu rechnen. Bei diesen fantastischen Treibstoffpreisen wäre es verlockend, einen weiteren Tank anbauen zu lassen. Platz unterm Lkw ist noch vorhanden. Mit 600 oder gar 700 Litern könnten wir unsere Rückfahrt mit einem Taschengeld bestreiten. Vielleicht ergibt sich vor Ort die Gelegenheit zu einem Werkstattstopp für zusätzliche Einbauten? Schließlich ist der Iran das Mercedes-Benz-Rundhauber-Wunderland. Auf der Straße kommen uns jede Menge Schwestern und Brüder von Frau Scherer entgegen. Wie wir erfahren, wird der Rundhauber sogar immer noch in Teheran unter Mercedes-Lizenz hergestellt. Eine gute Gelegenheit, um Frau Scherer aufzurüsten.

Es schneit, und wir fahren weiter in den Süden, Richtung Tabas, in der Hoffnung, dass das Wetter dort besser sein wird. Zum Glück sind die Verkehrsschilder nicht nur auf Farsi, sondern zum Großteil auch auf Englisch, in der Sprache des Erzfeindes, beschriftet. So können wir uns orientieren. Farsi ist übrigens eine indogermanische Sprache, allerdings mit relativ vielen Lehnwörtern aus dem Arabischen und dem Französischen. Ein paar Ausdrücke haben wir schon gelernt: »Merci« heißt »danke«, »Chodar Hafes« sagt man für »Auf Wiedersehen«, »Dust« bedeutet »Freund«, »Cheili Chub« »sehr gut« und »Muschkill« »Problem«. Um die babylonische Sprachverwirrung vollständig zu machen, bedeutet das russische Wort »Sir« für »Käse« nun »Knoblauch« und »Käse« heißt jetzt »Panier«. Das Farsi-Wort, das man wie »Cheese« ausspricht, steht für »Ding«.

Die Berge werden flacher und flacher, und dann haben wir auf einmal die Wüste vor uns. Das Wetter zeigt sich wieder sonniger und viel wärmer. In der Nähe von Boshrouyeh wollen wir in den Sanddünen übernachten, werden aber von der Polizei daran gehindert. Diese erklärt uns höflich, dass es hier viel zu gefährlich sei und sie uns nun zu einem sicheren Platz geleiten werde. Diskutieren hilft nichts, weshalb wir die Nacht an einer Raststätte etwas außerhalb der Ortschaft verbringen müssen. Immerhin gibt es Toiletten und Trinkwasser. Ein Polizeiauto wird zu unserem Schutz, vielleicht auch zu unserer Bewachung, abgestellt.

Anscheinend ist der Iran das Land der hilfreichen Geister, denn heute steht wieder ein persönlicher Guide vor unserer Tür. Diesmal ist es der 50-jährige Mohammed, ein pensionierter Englischlehrer. Einer seiner ersten Sätze ist:»I have been in captivity in Iraq, for eight years. That was a very bad time.« Danach verschont er uns aber mit Kriegsgeschichten und lädt uns stattdessen ein, seine Stadt kennenzulernen. Wir zögern nur kurz und willigen dann ein. Daraufhin erhalten wir einen sehr interessanten Einblick in die besondere Architektur von Boshrouyeh. In der Wüstenstadt kann es im Sommer bis zu 50 Grad heiß werden, doch in den Lehmbauten ist es dank eines ausgeklügelten Systems immer angenehm temperiert. Auf den Dächern befinden sich Windtürme, die nach allen Himmelsrichtungen geöffnet sind und über Luftklappen manuell angesteuert werden können. Die sogenannten Bādgire fungieren als Klimaanlagen, über die warme Luft aus dem Inneren entweichen kann, während kalte Luft nachströmt. Die Ausrichtung der Gebäude wird in einem Roun genannten System für verschiedene Städte und bestimmte klimatische Gegebenheiten definiert. Zum Beispiel wird darauf geachtet, dass das Haus zu jeder Jahreszeit gegen eine der Hauptwindrichtungen steht. Somit eignet sich eine der beiden Fassaden bevorzugt für das Sommerhalbjahr, die andere mehr für das Winterhalbjahr. Sogar die Strahlungsintensität der Sonne wird vorab berechnet. Die vier Seiten der Innenhöfe entsprechen somit verschiedenen Jahreszeiten. Die Dächer sind gewellt, um immer eine Seite leicht zu beschatten. Im Haus des Gouverneurs sehen wir außerdem einen Springbrunnen, der nur durch Wasserdruck funktioniert, sowie fein ziselierte Fensterstrukturen aus Marmor, die das Licht brechen. Das ganze Haus wurde nur aus Lehm, Wasser und Kalk erbaut und ist ein Inbegriff an Nachhaltigkeit und ökologischer Baukunst, in höchster Formvollendung. Ich denke, moderne Architekten und Bauingenieure könnten hier viel lernen.

Mohammeds Freund Hamid öffnet uns die Türen einer alten Koranschule, die noch immer mit den Plakaten der Aschurafeier geschmückt ist. Hier erfahren wir mehr über den Imam Hussein, der ein Enkel des Propheten Mohammed war und in der Schlacht von Kerbela von den Truppen des damaszenischen Kalifen Yazid I. getötet wurde. Hamid lädt uns zu sich in sein modernes Heim ein, wo wir von seiner Frau Fatima sehr liebenswürdig empfangen werden. Nach einem leckeren Gericht aus Reis, Bohnen, Spinat und Fleisch wird es für uns Zeit, wieder zu gehen. Hamid, der nur wenig Englisch kann, wiederholt immer wieder: »Please do not forget us!« Wie könnten wir bei so viel Aufmerksamkeit und dieser unvergleichlichen Gastfreundschaft.

Mitten in Boshrouyeh zeigt ein Wegweiser in die Wüste. »Sandy Hills« ist dort auf Englisch zu lesen, und in der Ferne sieht man Sanddünen. Im Reiseführer sind diese nicht erwähnt, und so können wir Entdecker spielen. Unser Saharahund wedelt voller Vorfreude mit dem Schwanz. Vor uns tut sich eine Postkartenwüstenlandschaft auf, mit gelben, bis zu 100 Meter hohen Hügeln. Wir parken Frau Scherer noch vor dem Tiefsand und stiefeln los. Immer wieder ist es verblüffend, wie man Entfernungen unterschätzt, wenn keine gewohnten Bezugspunkte wie Bäume oder Gebäude in der Nähe sind. Die Dünen scheinen vor uns zurückzuweichen. Doch endlich stehen wir auf der höchsten Erhebung und picknicken im feinen, warmen Sand. Sidi buddelt tiefe Löcher in die Landschaft und rast die gelben Hügel rauf und runter, um dann erschöpft auf der Schattenseite der Düne einzuschlafen.

Wieder im Ort gönnen wir uns noch ein Falafelsandwich. Heppo, der mir schon seit Beginn der Reise meinen Kommunikationsjob streitig machen möchte, genießt es förmlich, dass er als Mann nun zumeist der Ansprechpartner ist. Ich hingegen stehe neuerdings öfter zähneknirschend daneben und gebe die zurückhaltende Frau. Die Gäste im Schnellimbiss fragen Heppo aus: »Wie gefällt euch der Iran? Was denkt ihr über die Iraner? Was haltet ihr von Muslimen?« Keine leichte Kost, wenn man eigentlich nur schnell einen Happen essen möchte. Die Iraner scheinen jedoch alle sehr besorgt über ihren Ruf in der Welt zu sein. Daher hören wir diese Fragen nicht zum ersten Mal und haben uns ein paar höfliche Antworten zurechtgelegt. Es ist aber auch nicht gelogen, dass wir bisher nur Gutes über den Iran und seine aufmerksamen Bewohner sagen können. Als wir zahlen wollen, besteht unser Gesprächspartner partout darauf, die Rechnung für uns zu begleichen. Wir versuchen, uns mit Händen und Füßen zu wehren, aber auch der Ladenbesitzer nimmt kein Geld von uns an. Zu allem Überfluss zerrt uns der Mann nun auch noch in den Gemüseladen nebenan und überhäuft uns mit Äpfeln, Orangen und Gurken. Mir ist das peinlich. Aber als wir ablehnen, schaut er ganz traurig und ist beleidigt. Was soll man da machen? Wir nehmen das Geschenk schließlich an. Ein Ausdruck, den wir unterwegs von einem Reisenden im Zusammenhang mit der iranischen Gastfreundschaft gehört haben, geht uns nicht mehr aus dem Kopf: »aggressive Hospitalität« – das trifft es wohl ganz gut.

Ein kleines Intermezzo mit der Polizei hält uns am Morgen etwas auf. Bei der obligatorischen Passkontrolle meint der Verkehrspolizist nämlich, dass Heppos Visum abgelaufen wäre. Das ist aber nicht der Fall, denn für den Iran erhält man normalerweise ein Einreisefenster von drei Monaten. Dieser Zeitraum ist allerdings mit der irreführenden englischen Bezeichnung »Validity«, also Gültigkeit, angegeben. Ab der Einreise – es gilt der Stempel – hat man dann 30 Tage Aufenthalt. Wenn man also am Ende des Zeitfensters einreist, sieht das so aus, als ob man illegal im Land wäre. In meinem Pass sind seltsamerweise vier Monate eingetragen, und so fällt nur Heppos Dokument negativ auf. Da die Verständigung schwierig ist, ziehen wir einen Passanten hinzu, der von sich behauptet, etwas Englisch zu können. Leider ist sein Wortschatz doch eher begrenzt, und es dauert eine Weile, bis die Situation endlich geklärt ist. Unser Dolmetscher schämt sich etwas wegen seiner unzureichenden Fremdsprachenkenntnisse und bedeutet uns, einen Moment zu warten. Kurz darauf kommt er zurück und drückt uns ein gefrorenes Hühnchen in die Hand. Wir wundern uns schon gar nicht mehr: Sidi wird heute Abend ein Festmahl bekommen.

Östlich von Tabas befinden sich in den Bergen die warmen Mineralquellen von Morteza Ali. Mit dem Auto fährt man durch den kleinen Ort Kherv, der manchmal auch Khorv oder Khervan geschrieben wird, und landet schließlich in einer Sackgasse auf einem staubigen Parkplatz. Von dort hat man einen schönen Ausblick über eine Schlucht mit Sandsteinformationen. Geht man die steilen Treppen hinab, dann kann man einige Kilometer entlang des fast ausgetrockneten Flussbetts in die Schlucht hineinwandern. Es empfiehlt sich, entweder wasserdichte Wanderschuhe anzuziehen oder die kurze Strecke gleich in Flip-Flops zurückzulegen. Die Mineralquellen sind lauwarm, manche sogar angenehm heiß, andere sprudeln wie Duschen aus dem Fels. Richtig schwimmen kann man nur in wenigen kleinen Pools. Ich fühle mich zwar etwas dämlich, als ich mit Kopftuch, Leggings und Longsleeve ins Wasser springe, aber sicher ist sicher! Und tatsächlich kommen genau in diesem Moment drei männliche Wanderer um die Kurve gebogen. Gut, dass ich so sittenkonform bade.

Mittlerweile ist es wieder richtig warm, und wir wollen nach Yazd, weiter in den Süden. Kurz vor Robat-e Posht-e Badam finden wir einen Platz mit zerstörten amerikanischen Kampfflugzeugen. Unser Guide Mohammed aus Boshrouyeh hatte uns bereits mit den Worten »Remember American hostility against Iranian people!« davon erzählt. Dabei verschwieg er aber geflissentlich, dass dem amerikanischen Angriff nach dem Sturz des Schahs eine vom Imam Khomeini abgesegnete einjährige Besetzung der amerikanischen Botschaft in Teheran vorausging. Das zufälligerweise ein Sandsturm die amerikanische Operation vereitelte und die Hubschrauber und Flugzeuge vernichtete, die mitten in der Wüste einen Tankstopp eingelegt hatten, wurde als Zustimmung Allahs gewertet und zu Propagandazwecken missbraucht.

Wir entscheiden uns für einen Abstecher zum Tempel in Chak Chak. Dieser ist die bedeutendste Pilgerstätte der Zoroastrier und halb in den Fels hineingebaut. Hier brennt das ewige Feuer, Wasser tropft von den unbehauenen Steinwänden, und ein alter Baum wächst mitten durch den Raum, dessen halbhoch gemauertes Vordach auch noch den Himmel sehen lässt. Der Zoroastrismus war lange vor dem Islam die Hauptreligion in Persien, und heute gibt es im Iran immer noch ein paar Zehntausend Anhänger. Diese wohnen fast alle rund um Yazd. Die Zoroastrier, deren Glaube auf Zarathustra zurückgeht, waren die ersten, die an einen omnipotenten Gott glaubten. Dieser, Ahura Mazda genannt, wird von einer Flamme symbolisiert. Eine weitere Darstellung, die man oft sehen kann, ist Faravahar. Diese Gestalt besitzt zwei Flügel, deren drei Federreihen für die drei Grundsätze »gute Gedanken, gute Worte, gute Taten« stehen. Zudem verehren die Anhänger die vier Grundelemente Feuer, Wasser, Erde und Luft, die sie nicht verschmutzen wollen. Daher werden Tote nicht begraben, denn das beschmutzt die Erde, oder verbrannt, das verunreinigt die Luft, sondern den Geiern zur Beseitigung überlassen. Nach dem Tod gelangen die Seelen der Menschen an die Brücke der Scheidung, die sich vom Berg Hara-Berezaiti aus der Mitte der Welt hin zu einem Gipfel am Rande des Himmels spannt. Während die Seelen der Guten in das Paradies gelangen, fahren die Seelen der Bösen hinab in die Hölle. Tja, ich finde, das hört sich irgendwie bekannt an.

Endlich in Yazd! Zwar wissen wir von einem sehr zentralen Stellplatz an einem Park, fühlen uns dort jedoch ziemlich unwohl, denn hier scheinen Opiumraucher abzuhängen. Das wäre uns im Prinzip zwar egal, aber einer von ihnen mustert uns und Frau Scherer auf eine unangenehm aufdringliche Art und Weise. Eine Alternative ist der Parkplatz vor dem Silk Road Hotel. Dieser ist kostenlos, relativ ruhig und direkt an der Moschee gelegen. Die Hotelbesitzer sind sehr entspannt und lassen uns umsonst die Toilette benutzen. Außerdem gibt es ein sehr gutes und günstiges Restaurant im Haus. Die Deutschendichte ist auffällig hoch, und wir treffen hier Daniela und Alex wieder, die wir bereits aus Buchara in Usbekistan kennen. Was folgt, ist ein geselliger Abend bei Tee und Limo.

Yazd ist vor allem für seine gut erhaltene und labyrinthische Altstadt berühmt, die sich am besten von den Dächern aus erschließt: Windtürme, Minarette, Kuppelbauten und Wasserspeicher, so weit das Auge reicht. Aber auch von unten verfehlt die Stadt ihre Wirkung nicht. In den engen, kühlen und teils überdachten Gassen kann man viele Dinge entdecken, so zum Beispiel die alten Holztüren mit den zwei verschieden geformten Türklopfern: eckig und klobig für Männer, ringförmig für Frauen. Wieder einmal stellen wir fest, dass persische Architektur und Stadtbaukunst unglaublich raffiniert waren. Und das zu einer Zeit, als in Europa noch beinahe tiefste Steinzeit herrschte. So gab es mitten in der Wüste eine auf Schwerkraft beruhende Wasserversorgung, sogenannte Qanate, die aus einem Mutterbrunnen, mehreren vertikalen Zugangsschächten und einem oft bis zu 100 Meter tiefen Kanal bestehen. Das kostbare Nass wurde in ei- oder kuppelförmigen Wasserbehältern gespeichert und über Bādgire gekühlt. Dieses System ist sogar noch heute zu weiten Teilen in Betrieb.

Der Höhepunkt des heutigen Tages ist der Besuch einer traditionellen Bodybuilding-Show in einem Zurkhaneh, einem »Krafthaus«. Dort bewegt sich eine Gruppe Männer zwischen acht und 60 Jahren zu Trommelmusik und Gesang und schwingt schwere Holzkeulen. Anscheinend hat der Sport auch religiöse Einflüsse, denn regelmäßig ertönen Allah-, Hussein- und Ali-Rufe. Da Yazd auch über die Landesgrenzen hinaus für seine Süßigkeiten berühmt ist, gehen wir anschließend noch zu Hadji Khalife, dem bekanntesten Zuckerbäcker des Iran. Dort erstehen wir klebrige Köstlichkeiten, die nach Honig, Zimt und Rosenwasser schmecken und sorgfältig in einer schicken Metallschachtel verpackt sind. So sind wir für kommende Einladungen gewappnet.

Gegen Mittag haben wir uns dann mit Frau Scherer durch die ganze Stadt gekämpft, deren wahre Dimensionen sich uns erst dabei erschließen. Am Stadtrand befinden sich die Dakhme, die Türme des Schweigens, wo die Zoroastrier einst ihre Toten den Geiern überließen, und zwar noch bis in die 1960er-Jahre hinein. Als sich damals aber zunehmend Anwohner wegen vom Himmel fallender Leichenteile beschwerten, wurde der Brauch während der Schah-Zeit aus hygienischen Gründen verboten. Heute werden die Verstorbenen daher in Betonsarkophagen beigesetzt.

Dank neuem GPS navigieren wir mitten durch Isfahan, ohne ins Schwitzen zu geraten. Im Schrauberviertel Amir Kabir hoffen wir, eine gute Werkstatt für die Reparatur unseres Lenkgetriebes zu finden, das schon seit einiger Zeit Schwierigkeiten macht. Das Schicksal führt uns zum Spezialisten Reeza, der bereits in der dritten Generation in diesem Metier arbeitet. Der Hinterhof, in dem wir parken, ist zwar alles andere als einladend, aber mittlerweile haben wir bereits einige Werkstatterfahrung, weshalb uns so leicht nichts mehr schockieren kann. Und wie es gar nicht anders sein kann, fühlen sich Reeza und sein Sohn Ali nun besonders verantwortlich für uns. Denn Donnerstagmittag beginnt das muslimische Wochenende, und das quirlige Viertel verfällt schlagartig in einen Dornröschenschlaf. Also werden wir zu Ali und seiner hübschen Frau Enissa gefahren, dort vor dem Fernseher geparkt und mit Unmengen von Essen bewirtet. Als Nachtisch gibt es eine schaurige Masse aus Joghurt, Safran, Zucker und passiertem Schaffleisch, die lange, zähe Fäden zieht. Ich weigere mich, diesen gelblichen Pudding des Grauens zu essen, was alle sehr amüsant finden.

Am Nachmittag werden Englisch sprechende Freunde dazu geladen, die für uns persische Gedichte rezitieren und Lieder singen. Die Familienmitglieder sind Anhänger einer Sufi-Gemeinschaft. Mir schwirrt der Kopf vom vielen Englisch, Farsi und den ausgetauschten Nettigkeiten. Ständig wird beteuert, wie sehr man uns liebe (!) und was für besonders sympathische Menschen wir seien. Die Mädchen und Frauen der Familie nennen mich »Aziza«, also Liebling, und überhäufen mich mit Komplimenten. Eindeutig ein Fall von Culture Clash. In Bayern, und insbesondere in der Oberpfalz, handelt man ja eher nach der Maxime: »Nix gesagt ist genug gelobt!« Die Lobhudelei, wenn auch nett gemeint, finde ich also reichlich gewöhnungsbedürftig. Stellenweise fühle ich einen richtigen Kloß im Hals von der ganzen süßen Zuckrigkeit der Konversation. Dieses persische Spiel mit der Höflichkeit hat sogar einen Namen, Ta'arof, und ist selbst für die Iraner eine komplizierte Angelegenheit. Wir wissen nur so viel: Angebotenes mehrmals abzulehnen, kann nicht schaden. Ich bemühe mich trotzdem sehr, meine kulturell bedingte, spröde Stoffeligkeit zu überwinden, und gebe die Komplimente großzügig zurück. Und auch die Frage aller Fragen bleibt wieder einmal nicht aus: »What's your idea about Iran and Iranian people?« Mit unserer wohlüberlegten und preisenden Antwort würden wir mittlerweile jederzeit die Aufnahmeprüfung einer Diplomatenschule bestehen.

Am Abend unternehmen wir einen Familienausflug zu den bekannten Brücken Si-o-Se Pol und Pol-e Chubi. Ich werde dazu genötigt, mit

Alis siebenjähriger Tochter Ahu und seiner erwachsenen Schwester Gol Hand in Hand zu flanieren. Jung und Alt sind hier, um die Rückkehr des Flusses zu feiern. Der breite Zayandeh Rud war sehr lange Zeit ausgetrocknet und führt erst seit Kurzem wieder Wasser. Danach gibt es Pizza für alle. Natürlich kommen wir nicht dazu, unser Essen selbst zu bezahlen oder gar die Familie einzuladen. Und auch das Programm für morgen ist bereits im Detail ausgearbeitet. Da gibt es keine Diskussion: Wir sind fester Bestandteil der Planung. Zudem wurden wir in den Rang von Familienmitgliedern erhoben. Nun haben wir eine iranische Mama Sada, den dazugehörigen Papa Reeza, einen Bruder Ali und eine Schwester namens Gol.

Um zehn Uhr holt uns unsere neue Schwester zum Sightseeing ab. Die blondierte 26-Jährige ist, wie ich, Grafikdesignerin. Aber damit hören unsere Ähnlichkeiten auch schon auf. Die betont sexy gekleidete Iranerin spricht vorzugsweise mit Babystimme über die bösen Boys, Fashion, Kosmetika und Shopping. Daher fällt unser Kulturbesuch am Naqsch-e-Dschahān-Platz, der Hauptsehenswürdigkeit von Isfahan, auch eher kurz aus. Nachdem ihr parfümierter und schnauzbärtiger Bekannter Baynard zu uns gestoßen ist, verbringen wir den Vormittag in einem Shisha-Café, das in einem vollgestellten Trödelladen untergebracht ist. Freitag ist sowieso nicht die ideale Besuchszeit für den berühmten Platz, da die Moschee für Besichtigungen geschlossen ist und auch der Basar zu hat. Heppo und ich werden wohl noch einmal allein herkommen müssen, um uns alles in Ruhe anzusehen. Immerhin besuchen wir eines der vier Hauptgebäude am Platz, den Ali-Qapu-Palast. In diesem faszinieren vor allem ein mit Fresken geschmückter Thronsaal und ein Musikzimmer mit guter Akustik, dessen Decke aus vielen fein gearbeiteten Stuckelementen in Vasenform besteht. Das alles ist wahnsinnig schön, und wir sind wieder einmal von der unglaublichen Handwerkskunst begeistert.

144

Dann ist es schon wieder Mittag, und wir treffen uns etwas außerhalb der Stadt im schicken Garten der Familie. Sogar Sidi darf mit, was keine Selbstverständlichkeit ist. Nun lernen wir auch noch Sadas Schwester sowie ihren Bruder mit Frau und Töchtern und weitere Freunde der Familie kennen. Sie alle stehen am Eingang Spalier, um uns zu empfangen. Der Garten ist sehr schön und im Sommer sicherlich eine wahre Oase. Es gibt einen verglasten Ferienbungalow, einen Swimmingpool, Pavillons, eine Außenküche, verschiedene überdachte Feuerstellen und ein paar Granatapfelbäume. Reeza hat Safranreis und Hühnchen gekocht. Nach dem Essen rauchen die Erwachsenen Shisha, die Kinder spielen Ball. Danach wird das Auto im Hof geparkt und die Musik laut aufgedreht. Es läuft iranischer Pop, und schon wird getanzt. Gols 14-jährige Cousine, Typ Amy Winehouse, ist eine hervorragende Hip-Hop-Tänzerin. Sie wackelt verführerisch mit Po und Brüsten und schüttelt das lange schwarze Haar. Auch die älteren Frauen schwingen die Hüften. Ali führt nach Aufforderung einen orientalischen Tanz auf, mit dem er jeder Bauchtänzerin Konkurrenz machen könnte. Die Stimmung ist ausgelassen. Nach Einbruch der Dunkelheit versammelt man sich, nach Geschlechtern getrennt, am Feuer, wo heiße Themen diskutiert werden. Von dem, was ich zu hören bekomme, fallen mir fast die Ohren ab und meine Wangen glühen. Bei den Frauen geht es ziemlich zur Sache. Die armen Männer …

Zum Abschied werden wir von der Familie mit Pralinen, einem Fresspaket, acht Paar selbst gestrickten Hausschuhsocken, einem Flickenteppich und zwei bedruckten Stoffdeckchen beschenkt. Wir sind beschämt und versprechen, sie nach unserer Zeit im Oman noch einmal zu besuchen. Zu allem Überfluss weigert sich Reeza nun auch noch, Geld für die Reparatur des Lenkgetriebes zu akzeptieren. Wir sind langsam ziemlich verzweifelt. Aber wir schreiben einen netten Brief auf Englisch, legen das ursprünglich vereinbarte Honorar dazu und deponieren alles in der Werkstatt. Wahrscheinlich macht man das hier sowieso auf diese Weise.

Der Verkehr im Iran zählt mit zum Schlimmsten, was wir bisher erlebt haben. Es gibt viel zu viele Autos, und die Iraner legen einen wagemutigen, rasanten Fahrstil an den Tag. Man muss zum Beispiel jederzeit damit rechnen, dass jemand mitten auf der Autobahn den Rückwärtsgang einlegt. Fußgänger haben es hier nicht leicht, denn auf unmotorisierte Verkehrsteilnehmer wird mit Vollgas zugehalten. Trotzdem scheint erstaunlich wenig zu passieren. Ich würde sogar behaupten, dass die Iraner sehr gute Autofahrer sind.

Der Wahnsinn auf Rädern wird durch die vielen schönen Grünflächen etwas abgemildert. So schlendern wir am nächsten Tag entspannt am Fluss entlang in Richtung Naqsch-e-Dschahān-Platz. Dort sehen wir uns in aller Ruhe die große Moschee an, die mit einer Besonderheit aufwarten kann. So werden am zentralen Punkt unter der Kuppel kleinste Geräusche stark verstärkt und mit einem siebenfachen Echo zurückgeworfen. Im Bazar-e Bozorg besuchen wir dann noch eine Stoffdruckerei, da Isfahan für seine handbedruckten Tischdecken berühmt ist. Natürlich erstehen wir dort ein paar Souvenirs.

Als ich am nächsten Morgen auf der Suche nach einer Toilette allein durch den Park laufe, zischen mir alte Männer »Tschador, Tschador!« zu, was mich schockiert und verärgert. Nun gut, ich bin etwas mutiger geworden, was meine Kleidung angeht, und trage nun enge Leggings sowie ein Oberteil, das den Po bedeckt, aber ansonsten als Mini durchgehen kann. Und das Kopftuch binde ich locker. Damit sehe ich auch nicht viel anders aus als viele junge iranische Frauen. Was für ein Land! Verschleierte Frauen, kein Bier, kein Nachtleben, keine Hunde, kein öffentliches Singen und Tanzen … Hier könnte ich auf Dauer nicht leben.

Englisch wird im Iran anscheinend nur als Wahlfach unterrichtet, denn nur wenige sprechen diese Universalsprache. Der iranische Akzent erinnert außerdem an das indische Englisch. So können die

Iraner den Artikel »the« nicht aussprechen und sagen stattdessen immer nur »eh«. »In eh street« statt »in the street«. Ich finde das total entzückend. Auf Schildern liest man noch dazu viele lustig geniale Wortneuschöpfungen. Auf einem Reisebus entdecken wir beispielsweise »Well come. We go for trip. Good buy«. Das wäre irgendwie auch ein guter Titel für dieses Buch gewesen.

Persepolis, 460 vor Christus: Die Abgesandten aus dem Großreich der Achämeniden sind erschöpft von dem tagelangen Ritt durch die Wüste und über die Berge. Als vor ihnen endlich die prächtige Stadt erscheint, die erhöht auf einer natürlichen Terrasse liegt, meinen sie, eine Fata Morgana zu sehen. Die Stadt ist noch viel schöner, als sie gehört hatten. Meterhohe Standbilder mit Menschenköpfen, Stierkörpern und Flügeln, die das »Tor aller Länder« bewachen, empfangen die Besucher. Das »Tor der Armee« ist noch im Bau. Hunderte von Bildhauern und Handwerkern – die besten ihrer Zunft – sind hier Tag und Nacht beschäftigt. Die Skulpturen und Reliefs sind dunkel poliert und so realistisch, dass sich niemand wundern würde, wenn sie gleich zum Leben erwachten. In der »Halle der 100 Säulen« sind bereits andere Reisende eingetroffen und warten auf den Empfang anlässlich der Neujahrsfeierlichkeiten. Xerxes sitzt, von Dienern umgeben, in seinem prächtigen, goldgeschmückten Thronsaal. In der Luft liegt der Duft von Weihrauch und Zedernholz ... So oder so ähnlich könnte es hier vor fast 2.500 Jahren gewesen sein. Auf jeden Fall ist der Besuch von Persepolis für mich ein absolutes Highlight dieser Reise. Ein glückliches Kindheitsgefühl stellt sich bei mir ein. Damals habe ich davon geträumt, eines Tages eine berühmte Archäologin zu sein und so etwas Bedeutendes wie die ägyptischen Pyramiden oder eben Persepolis zu entdecken.

Nur sieben Kilometer von Persepolis entfernt liegen die Felsengräber von Naqsch-e Rostam. Dort haben Dareios I., Xerxes I., Artaxerxes I. und Dareios II. ihre letzte Ruhe gefunden. Die kreuzförmigen Fassaden der Gräber sind hoch oben in den Fels gemeißelt und weisen kunstvolle Reliefs auf. Dareios I. ist zu sehen, wie er von seinen Untertanen getragen wird, während er vom Gott Ahura Mazda den Ring der Herrschaft überreicht bekommt. Leider kann man die Gräber nur von außen besichtigen. Verdammt, warum gibt es keine Zeitmaschinen? Wie gern würde ich mich in die Zeit der Achämeniden und Sassaniden versetzen lassen.

In Schiras werden wir unsere Visa verlängern lassen. Wir haben uns zwar noch nicht wirklich entschieden, wo wir überwintern wollen, aber der iranische Süden und die Inseln Qeschm und Kisch kämen durchaus als Optionen in Betracht. Das Wetter dort dürfte deutlich angenehmer sein als im Rest des Landes. Was wir dann aber auf dem Amt erleben, ist an Umständlichkeit und Schikane kaum zu überbieten. Punkt acht erscheinen wir vor der Behörde und passieren dort den Checkpoint. In einem Vorzimmer werden unsere Personalien aufgenommen, und wir müssen unsere Pässe abgeben. Da wir erst um zehn Uhr einen Termin bekommen, sollen wir bis dahin das Gebäude wieder verlassen. Punkt zehn Uhr erscheinen wir erneut und werden für den Kauf eines Formulars in den Kopiershop auf der Straße geschickt. Danach erfolgt eine weitere Aufnahme unserer Personalien. Anschließend müssen wir unser Auto vorfahren, das sich ein ranghoher Offizier ansieht. Wie blöd, dass es gerade von oben bis unten mit Vogeldreck verschmiert ist. Weiter geht es mit einem Interview in einem Büro. Dabei müssen wir eine kurze Biografie umreißen und die Berufe unserer Eltern und Brüder angeben. Außerdem werden uns allerhand Fragen gestellt, zum Beispiel, ob wir iranische Freunde hätten. Wir geben zu Protokoll, dass wir viele nette Iraner getroffen haben, aber niemanden persönlich kennen würden. Anschließend müssen wir im Wartesaal sitzen bleiben, bis man uns mitteilt, dass wir 300.000 Rial auf der Melli-Bank einzuzahlen haben, die am anderen Ende der Stadt liegt. Also nehmen wir uns ein Taxi, fahren zur Bank, tauschen Geld, zahlen dieses ein und fahren dann mit der Quittung so schnell wie möglich zur Behörde zurück, da diese bald schließt. Wieder geht es ins Vorzimmer, wo man eine Kopie der Bankquittung haben möchte. Also noch einmal zurück in den Kopiershop auf der Straße und dann erneut im Amt warten. Dort geben wir dann unsere Passfotos ab, während das gekaufte Formular ungebraucht in den Papierkorb wandert. Allerdings müssen wir nun eine rosa Mappe erwerben. Dann werden wir wieder befragt, diesmal zu unserer Einladung, die man benötigt, um überhaupt ein Visum zu bekommen. Unsere stammt von einer Agentur. »Wherefrom do you know Mr Fish?« »Uh, Mr Fish? Never heard of him.« »So why did he invite you to come to Iran?« »Ah, okay. We got our visa via an agency and apparently they are working with someone called Mr Fish. We never met him in person.« Die Erklärung wird akzeptiert. Aber schon geht es weiter: »Which places you visited in Iran? Which places you liked best? Why do you want to extend your visa?« Heppo wird noch speziell befragt: »What kind of engineer is your father? In which company is he working and in which position?« Endlich scheint alles so weit in Ordnung zu sein, und es ist klar, dass wir vier Wochen Verlängerung bekommen werden. Bis aber schließlich auch noch die notwendigen Unterschriften neben den Stempeln in unseren Pässen stehen, dauert es noch einmal 60 Minuten. Nach fast sechs Stunden sind unsere Visa dann endlich verlängert, wobei wir wirklich Glück haben, denn die Franzosen vor uns haben nur vier Tage bekommen!

Anschließend unternehmen wir einen Anlauf in puncto Tankanbau im Terminal Barbari, dem Schrauberviertel von Schiras. Beim Spezialisten Ali geben wir eine Anfertigung in Auftrag und sollen am Montag wiederkommen.

Die Sonne scheint, und wir haben nach unserer Visaverlängerung Zeit. Ich würde mich gern ein bisschen in den Azadi-Park legen, an dem Frau Scherer einen Stellplatz gefunden hat. Heppo will durch den Basar bummeln. Doch dann kommt alles anders, denn Heppo schreibt eine kurze SMS. Sie geht an eine der vielen Telefonnummern, die uns die jungen Iraner laufend mit dem Hinweis zustecken, dass wir uns jederzeit bei ihnen melden können. Wir fragen Wahid, ob er Lust hat, sich am Nachmittag oder Abend mit uns zu treffen. Kurzerhand nimmt sich der Computerspezialist Urlaub, und keine Stunde später sitzen wir mit ihm im Auto einer befreundeten Familie und fahren zu dieser nach Hause. Dort serviert man uns ein üppiges Mittagessen, nach dem wir vor dem riesigen Fernseher sitzen und schlechte Seifenopern auf Farsi ansehen müssen. Wehmütig sehe ich zu, wie draußen die Sonne untergeht und bin grantig. Trotzdem will ich nicht ungerecht sein, denn diese Leute haben extra für uns alles stehen und liegen gelassen. Wo gibt es das schon?

Nach Sonnenuntergang besuchen wir alle zusammen die Gräber der berühmten persischen Dichter Hafis und Sadi. Während der Fahrt dorthin wird viel gelacht, denn alle amüsieren sich über unsere Schreckhaftigkeit angesichts des iranischen Straßenverkehrs. Mama Sari, die am Steuer sitzt, deutet mit dem Zeigefinger nach oben und meint, dass alles in den Händen Gottes liege. Wahid frotzelt, dass sie dann ebenso gut die Augen schließen könne. Da ich hinter ihr sitze, kann ich nicht sehen, ob sie das dann auch wirklich tut. Auf jeden Fall nimmt sie nun beide Hände vom Lenkrad und fährt kichernd … in ein Taxi. Nein, nur fast, denn sie hat ein ausgezeichnetes Reaktionsvermögen. Für uns erklärt sich nun einiges. Wir stellen uns vor, wie alle Einheimischen lauthals lachend in ihren Autos sitzen, die Augen schließen, die Hände vom Steuer nehmen, das Gaspedal durchtreten und ihr Schicksal Allah überantworten.

Am nächsten Montag stehen wir gegen Mittag vor der Werkstatt, da unser Tank dann fertig sein soll. Das ist er auch, sodass es jetzt »nur« noch darum geht, ihn zu montieren. Eigentlich hatten wir mit Ali ausgemacht, dass er auch das erledigt. Nun steht aber ein anderer Typ da, bohrt planlos unseren Rahmen an, schweißt, wo er nicht schweißen soll, und reißt alle fünf Minuten die Tür zu unserem Zuhause auf, um mir zuzuzwinkern. Heppo flucht und nennt ihn einen Hanswurst. Eigentlich war mit Ali auch ein Festpreis ausgemacht: Tankbau, lackieren, Traversen anbringen und Endmontage. Nun wird aber plötzlich nachverhandelt, denn der Hanswurst möchte schließlich auch noch Geld bekommen. Ein junger Afghane übersetzt, während Ali so tut, als ob ihn das alles nichts anginge. Ich habe mich bisher dezent im Hintergrund gehalten, aber nun wird es mir zu bunt. Ich springe aus Frau Scherer und zetere lautstark auf Farsi, Englisch und Bayerisch los. »Zefix und Halleluja, Allah wird die Betrüger strafen!« Und auf »Dast-e-Dast« (Hand-Hand) und »Dust-e-Dast« (Freund-Hand) habe man sich vorab auf einen Preis geeinigt. Alle anwesenden Männer ziehen die Köpfe ein. Dem Ärger einer Frau will wohl niemand ausgesetzt sein. Damit ist das Thema Preiserhöhung vom Tisch. Spät am Abend ist der Tank endlich am richtigen Ort, und die Gemüter haben sich beruhigt. Nun haben wir theoretisch Platz für 700 Liter Diesel. Natürlich müssen wir anschließend mit zu Ali zum Essen. Die Einladung läuft nach dem bereits bekannten Schema ab: Platzierung der weit gereisten Gäste vor dem laufenden Breitbildfernseher, servieren von Unmengen Essen, Konversation – so weit wie möglich – unter Zuhilfenahme des Mobiltelefons, Fotosession und Abschiedsgeschenke. Heppo bekommt dieses Mal ein hübsches gestreiftes Herrenhemd, ich sehr hässlichen Modeschmuck.

Trotz unserer Visaverlängerung und den netten Begegnungen im Iran haben wir uns mittlerweile dafür entschieden, in die Vereinigten Arabischen Emirate überzusetzen – Überwinterungsziel Oman. Die Gründe dafür sind einfach: 100-prozentig gutes Wetter und mehr Freiheiten für mich als Frau. Im Oman gibt es keinen Kopftuchzwang, und auch kurzärmelige Shirts sind wieder erlaubt. Daher lenken wir Frau Scherer nun nach Bandar Abbas am Persischen Golf, von wo aus wir die Fähre nach Schardscha in den Vereinigten Arabischen Emiraten nehmen können.

Auf der Fahrt in den iranischen Süden wird es zusehends warm und wärmer. Während aus Deutschland die ersten E-Mails über den einsetzenden Winter und Schneegestöber eintreffen, schwitzen wir bei hochsommerlichen Temperaturen. Auf einem Parkplatz am Hafen treffen wir auf Eva und Harry aus Salzburg. Sie möchten mit ihrem Mercedes-Bus ebenfalls auf die Arabische Halbinsel. Nach einem kurzen Stadtbummel setzen wir uns mit ihnen zusammen und lassen uns von den Emiraten und vom Oman vorschwärmen. Die beiden überwintern nicht zum ersten Mal in den Golfstaaten und versorgen uns mit weiteren nützlichen Informationen, wie zum Beispiel mit den Koordinaten des Liquorstores nahe Dubai, in Ra's al-Chaima. Allerdings versetzen sie uns in leichte Panik, denn sie sind sich ziemlich sicher, dass man weder in die Emirate noch in den Oman einen Hund einführen darf. Sogleich versuchen wir, entsprechende Informationen zu bekommen. Stunden vergehen, bis wir endlich eine telefonische Auskunft erhalten. Endlich erfahren wir, dass einer Einreise mit Hund auch in diesen Ländern nichts im Wege steht.

Für Sidi sind die ewigen Stadtaufenthalte kein Vergnügen, und so fahren wir am nächsten Morgen wieder über 60 Kilometer zurück nach Norden. Hier finden wir ein einsames Tal mit einem ausgetrockneten Flusslauf. Das ist perfekt für uns und unseren Hund. Am Lagerfeuer hören wir den Schakalen zu, bis Sidi auch dem letzten mit seinem wütenden Gebell die Lust am Heulen vertrieben hat. Manchmal ist er eine echte Nervensäge!

Ein riesiger Fliegenschwarm verleidet uns am nächsten Morgen das Frühstück, die Sonne brennt erbarmungslos auf uns herab, und wir bekommen zu allem Überfluss schon wieder Besuch von der Polizei. Der kleine, rundliche Mann in Zivil behauptet zumindest, ein Ordnungshüter zu sein. Einen Ausweis kann er aber nicht vorzeigen, also verweigern wir auch erst einmal die Herausgabe unserer Personalien. Farsi verstehen wir plötzlich natürlich auch nicht mehr, kein Wort, und können somit auch mit »Parking Muschkill« nichts anfangen. Keine Ahnung, was er meinen könnte! Wir stellen uns standhaft dumm, und irgendwann kapituliert er. Allerdings macht er uns klar, dass wir unter Beobachtung stehen und er uns regelmäßig kontrollieren wird. Tatsächlich macht er seine Drohung wahr und stattet uns alle zwei Stunden einen Besuch ab. Aber so richtig sauer können wir trotzdem nicht werden, denn bei jeder Stippvisite bekommen wir ein kleines Präsent in Form von Fressalien überreicht.

Noch vor Sonnenaufgang sind wir wieder auf den Beinen, denn heute steht so einiges an: Wir müssen zurück nach Bandar Abbas, Tickets für die Überfahrt in die Vereinigten Arabischen Emirate kaufen und viel Papierkram erledigen, bis das Auto dann endlich am Schiff ist. So steht es zumindest in unzähligen Reiseberichten im Internet. Wir machen uns daher auf einiges gefasst, was aber an die Wirklichkeit noch nicht einmal ansatzweise herankommt. Was wir wann und wo alles erledigen müssen, kann ich im Nachhinein gar nicht mehr nachvollziehen. Bis Frau Scherer am Schiff steht, unser Carnet de Passage gestempelt ist und wir die Personenkontrolle hinter uns haben, vergehen auf jeden Fall sage und schreibe 15 kafkaeske Stunden!

VEREINIGTE ARABISCHE EMIRATE UND OMAN – ZEIT ZUM NACH- DENKEN

9.12.2014–8.2.2015

Die zehnstündige Fährfahrt in die Emirate ist sehr angenehm. Wir dürfen im eigenen Auto schlafen, und Sidi können wir auf dem Zwischendeck ausführen. So ist die Überfahrt auch für ihn gut auszuhalten. Morgens kommen wir in Schardscha, in der Nähe von Dubai, an. Freundliche Emiratis in frisch gestärkten, blütenweißen Dishdashas empfangen uns. Alles wirkt sehr organisiert. Den ersten positiven Eindruck macht aber ein blau uniformierter, groß gewachsener, älterer Herr zunichte, auf dessen riesigem Kopf eine kleine Schirmmütze balanciert. Er bekundet seine Sympathien für Österreicher und Deutsche mit einer Lobeshymne auf Adolf Hitler und weist jedem Passagier mit herrischen Gesten einen Platz im Wartesaal zu – Männer und Frauen natürlich streng getrennt. In dem auf Kühlschranktemperaturen klimatisierten Raum herrscht Eisesstimmung. Man lässt uns warten. Eine Stunde, zwei Stunden …

154

Ich sitze einer lustigen, jungen Frau aus Bandar Abbas gegenüber, die Mariam heißt. Unter ihrem dunklen Tschador lugt bunt bestickte, glitzernde Kleidung hervor. Sie möchte sich den Tag eindeutig nicht von miesepetrigen Männern verleiden lassen und unterhält sich in Zeichensprache mit mir. Wir haben eine Mordsgaudi miteinander, albern lautstark herum und kichern unbändig. Schließlich wird sie zu einem der Aufseher zitiert und erhält eine Standpauke. Ich versuche, mit meinem spärlichen Farsi Partei für sie zu ergreifen: »Man Muschkill, Mariam nisht.« Also ungefähr so: »Ich Problem, Mariam nicht.« Aber als Europäerin bin ich wohl tabu – oder man erwartet sowieso keinen Anstand von mir – und werde daher schlichtweg ignoriert. Mariam lässt sich aber nicht so leicht einschüchtern und macht eine lockere Handbewegung über die Schulter und eine weitere, die wohl heißen soll: »Zum einen Ohr rein, zum anderen Ohr raus!« Dazu grinst sie schon wieder frech.

Dann dürfen wir endlich zum Visumsappell antreten. Nach der Zahlung von ein paar Dirham erhalten wir einen Stempel in den Pass und einen Monat Aufenthaltsberechtigung. Für die nicht motorisierten Fährpassagiere ist damit alles erledigt. Für die Auto- und Motorradfahrer fängt das Elend jedoch jetzt erst an. Hätten wir das vorher gewusst, hätten wir uns den weiten Weg wohl gespart. Nun sind wir aber schon mittendrin, und es gibt kein Entrinnen mehr. Im ersten Büro bekommen wir von einem höflichen Inder eine Aufgabenliste mit fünf Stationen ausgehändigt, die wir in den kommenden Stunden abarbeiten sollen. Wenn wir alles erledigt haben, dürfen wir wieder bei ihm vorsprechen und schlussendlich mitsamt unserem Fahrzeug in die Emirate einreisen. Es dauert fünf Stunden und kostet uns ein paar Hundert Euro, bis wir alles geschafft haben und mit Frau Scherer endlich losdürfen.

Der erste Morgen in den Emiraten beginnt mit Schmerzen. Gestern sind wir Eva und Harry noch kurzerhand zum Getränkeladen gefolgt,

haben dort unsere Alkoholvorräte aufgefüllt und unsere wieder-
gewonnene Freiheit gebührend gefeiert. Nach fünf alkoholfreien
Wochen im Iran meldet sich mein Kopf nun protestierend zu Wort.
Doch damit nicht genug! Ein pakistanischer Lastwagenfahrer hält
neben uns und nimmt zuerst Heppo und dann mich ins Visier: »Mis-
ter, very thiiiin, don't eeaat, eh?! Look Madame, too big!« Mit der
Madame meint er mich! Gut, meine Bohnenstangenzeiten sind schon
lange vorbei, aber too big? Meine Laune ist dahin, mein freund-
liches Lächeln gefriert unverzüglich. Bevor ich hier gleich jemanden
umbringe, gehe ich erst mal ein paar Meter zurück zum Strand.
Durchatmen und abkühlen. Ich ertappe mich bei gar nicht netten,
ziemlich menschenverachtenden Gedanken. Bereit zum Angriff stapfe
ich zurück zu Frau Scherer, wo der Naive sich noch immer arglos um
Kopf und Kragen plaudert. Doch Heppo interpretiert meine Miene
richtig und tut das einzig Vernünftige. Er verabschiedet den selbst
ernannten Diätberater hastig und rettet ihm dadurch sein – wie ich
finde – kümmerliches Leben.

Was uns in den Vereinigten Arabischen Emiraten auffällt: Inder räu-
men den Müll weg, Straßenverkäufer aus Bangladesch reichen Obst
durch die kaum eine Handbreit geöffneten, abgedunkelten Scheiben
der Nobelkarossen, Pakistani verpacken die Waren im Supermarkt
und schieben den Herrschaften die Einkaufswagen hinterher. Ohne
dieses Heer billiger Arbeitskräfte würde hier wohl wenig funktionieren. Wir schauen und staunen und sind abgestoßen und fasziniert
zugleich. Seit Monaten betreten wir das erste Mal wieder einen dieser
gigantischen Supermärkte, voll klimatisiert und mit allem ausgestattet, was der Mensch zu benötigen glaubt. Es gibt sogar richtigen Käse,
schon seit Monaten unsere Lieblingsessensfantasie! Aber die Freude
daran ist mir seit gestern noch verleidet, und so kann ich beim Anblick
von Camembert und Blauschimmelkäse nur an Kalorien statt an
Gaumenfreuden denken. So ein Käse!

Heppo hat sich etwas Tolles ausgedacht, um mich wieder auf schönere Gedanken zu bringen. Er wird mir heute rund um Snoopy Island das Schnorcheln beibringen. Eine wunderbare Idee, denn tatsächlich habe ich das noch nie gemacht. Ich bin nämlich keine besonders gute Schwimmerin und habe etwas Angst vorm Tauchen. Erstaunlich schnell habe ich den Dreh jedoch heraus und bin fasziniert. Bunte Fischschwärme! Papageifische in Blau und Grün! Eine große Schildkröte taucht direkt unter uns hindurch. Was sind das für seltsame schwarze Gurken am Boden? Und keinen Meter von uns beiden entfernt entdecke ich einen menschengroßen Riffhai und daneben noch einen zweiten. Seltsamerweise fürchte ich mich kein bisschen. Ohne es überhaupt richtig zu bemerken, bin ich fast einen Kilometer geschwommen, habe Salzwasser geschluckt, bin getaucht und habe – ganz nebenbei – ein paar Ängste überwunden. Heute bin ich sehr, sehr glücklich!

Schon am nächsten Tag sind wir im Oman, wo sich eines unserer ersten Ziele, das Wadi Sathan, befindet. Mir gefällt vor allem der Name. Auf dem Weg dorthin kommen wir an einem Ort mit heißen Quellen vorbei, die als Hammam kostenlos und öffentlich zugänglich sind. Auf Schildern steht: »Do not wash with detergents«. Aber leider hält sich niemand daran. Unverhohlen weichen die Frauen hier ihre Schmutzwäsche mit Waschmittel ein. Wer seinen Körper reinigen will, muss direkt in die vorbeifließende dreckige Brühe steigen. Im Männerbereich sieht es nicht viel besser aus, erzählt mir Heppo. Auch das Wadi Sathan selbst ist eine herbe Enttäuschung, denn es ist im Begriff, der omanischen Bauwut zum Opfer zu fallen. Das schöne, weitläufige Tal mit Dattelhainen ist eine einzige staubige Baustelle. Hier wird ein mehrspuriger Highway gebaut, und an einer heißen Quelle wird gerade sogar ein Bagger gewaschen. Wahrhaftig, hier ist Satan bei der Zerstörung des Paradieses am Werk!

Das Wadi Bani Awf entpuppt sich als enges, tiefes Flusstal mit einem idyllischen Stellplatz vor dem Eingang zum Little Snake Canyon, in den man einen halben Kilometer hinein gehen, waten und klettern kann. Der Weg endet vor einem schattigen Pool, in dem wir zwei lange, hellgraue Wasserschlangen entdecken. Da wir hoffen, dass sie schon zu Mittag gegessen haben, teilen wir mit ihnen das Bad. Wir genießen die Ruhe und Einsamkeit, die jäh gestört wird, als sich zwei Omaner nähern. Einer von ihnen ist mit einem Luftgewehr bewaffnet und ballert stupide auf die Tierwelt des Canyons los. Die Natur ist schon ziemlich furchteinflößend, oder? Man erträgt sie wohl nur, wenn man Lärm macht oder seine Mitkreaturen abmurkst.

Am Abend bekommen wir noch einmal Besuch. Ein paar Burschen im Teenageralter bewundern Frau Scherer und entdecken dabei meine Gitarre. Sie drängen uns, mit dem Instrument zum nächstgelegenen Haus zu kommen, wo ein blinder Hirte mit seinem Sohn lebt. Ohne Umschweife werde ich aufgefordert, ein paar Lieder zum Besten zu geben. Mein Repertoire ist beschränkt, aber meine Version von Nenas *Irgendwie, irgendwo, irgendwann* ist nun auf einem omanischen Mobiltelefon für das digitale Zeitalter festgehalten. Auch Janis Joplins *Me and Bobby McGee* kommt gut an. Dem Wunsch nach einem Michael-Jackson-Song kann ich aber leider nicht nachkommen. Der alte Mann revanchiert sich mit einem improvisierten Stück auf einer selbst gebauten Dattelgitarre, die einfacher nicht sein könnte. Für diese wurde die Mittelrippe eines Palmenblattes zu einem Steg mit einer Saite aufgespalten. Als Resonanzkörper dient ein von Steinen gestützter Topf. Die Töne werden mit einem Stück Dattelholz moduliert und mit einem Holzstäbchen wird die Saite rhythmisch angeschlagen. Das hört sich nicht schlecht an. Wir bekommen Tee, Kekse und einen dünnen Kardamomkaffee gereicht und dürfen nach einer guten Stunde wieder nach Hause gehen.

Die Tage vergehen wie im Fluge. Wir sind faul und fläzen in der Sonne. Selbst die Himmelskörper scheinen sich dem süßen Nichtstun hinzugeben. Der Mond liegt wie ein blasses, dünnes Käferlein auf dem

Rücken und streckt die kümmerlichen Beinchen in die Luft. Und selbst Orion, mein Lieblingskrieger am winterlichen Firmament, hält ein ausgedehntes Nickerchen in Seitenlage. Im Felsenlabyrinth des Big Snake Canyons, den es neben dem Little Snake Canyon auch noch gibt, ist es herrlich mit seinen vielen Pools. Ganz hinten im schattigen und engen Teil des Canyons wird die Kraxelei dann auch richtig anspruchsvoll: schwimmen, tauchen, klettern und ins eiskalte Wasser springen. Das ist nichts für mich! Heppo wagt sich noch ein Stück hinein, kehrt aber ernüchtert um, als er nur wenige Zentimeter neben eine Viper greift. Glück gehabt! Bis man aus dem Canyon, der seinem Namen offensichtlich alle Ehre macht, wieder herausklettert, vergehen sicherlich zwei Stunden. Und dann ist man erst mal nur in dem ziemlich kleinen Ort Az-Zammah. Ob es dort wohl ein Gegengift gäbe?

Es ist schon komisch, wie wenig die Arabische Halbinsel und damit auch der Oman bisher in meinem Bewusstsein verankert waren. Dabei ist es hier so schön. Der Oman war bis in die 1970er-Jahre hinein ein ziemlich rückständiges Land. Es gab nur ein einziges Krankenhaus mit wenigen Betten, nur ein paar hundert Kilometer Teerstraße und kaum Schulbildung. Der jetzige, sehr beliebte Sultan Qabus ibn Said brachte das Land innerhalb weniger Jahrzehnte auf Vordermann. Nun gibt es überall feine neue Straßen, Englisch sprechende Omaner und auch eine gute medizinische Versorgung. Dennoch weilte der in die Jahre gekommene omanische Herrscher einige Zeit in Deutschland – aus Gesundheitsgründen, wie wir erfahren.

Das Wadi Al Adyad ist ein breites, kiesiges Flussbett, das zu einfachen Wanderungen einlädt. Wir haben vor, drei oder vier Stunden zur anderen Seite bis zum gleichnamigen Dorf zu wandern. Es wäre wunderschön hier, wenn nicht alle 15 Minuten irgendein Ausflügler mit seinem Allradfahrzeug quer durch den Fluss pflügen würde. Die Wochenend-Picknick-Familien wollen wirklich keinen Meter zu Fuß gehen. Und wo sie anhalten, hinterlassen sie einen riesigen Müllberg aus Plastikgeschirr, Dosen und vollen Babywindeln. Oft lächele ich nur müde, wenn Heppo wieder und wieder anfängt, die Dummheit der Menschen zu verfluchen und ihnen ein böses Ende voraussagt. Aber diesmal stimme ich lauthals mit ein: »Die Welt ist fertig. Sie ist am Arsch. Und wir sind die Arschgeigen. Mit unserem Konsumwahn, mit unserer grenzenlosen Gier, mit unserem Egoismus und unserem mangelnden Vorstellungsvermögen werden wir es sicherlich schaffen, unseren Planeten in wenigen Jahrzehnten komplett zu ruinieren. Ach was, wir sind ja schon mittendrin. Das alles ist kein Horrorzukunfts-szenario von irgendwelchen Ökofreaks mehr. Es ist die grausame Wirklichkeit. Aufwachen! Kein anderes Tier auf diesem Planeten ist so dreist, so dumm und so dreckig wie der Mensch, auch wenn unsere Selbstwahrnehmung immer eine andere sein wird. Die Omanis sind da nicht besser oder schlechter als alle anderen. Fast überall, wo wir bisher waren, hinterlässt der angeblich so weise *Homo sapiens* eine Riesenschweinerei!« Nur gut, dass die Menschen offensichtlich auch faul und bequem sind. Denn so finden wir dann doch noch einen ein-samen Ort. Dort, wo die Jeeps und Land Rover nicht mehr hinfahren können, ist es plötzlich wunderbar ruhig und sauber. Wir entdecken einen schönen, tiefen Pool, der zum Schwimmen einlädt. Fast wie im Paradies ist es hier.

Zwei Tage später unkt Heppo schon wieder: »Wenn es eine Hölle gibt, dann sind wir bereits mittendrin.« Wie erwähnt, die Omanis bauen wie verrückt Straßen durch ihr schönes Land. Dabei kommt Folgendes heraus: Parallel zum Meer führt ein mehrspuriger High-way, allerdings mitten durch Dörfer und Kleinstädte. Nur alle zehn bis 20 Kilometer gibt es einen Kreisel, der als Autobahnausfahrt dient. Wenn man nun also von der einen Seite des Dorfes auf die andere will, so muss man zuerst auf die vorgegebene Spur einbiegen, bis zur nächs-ten Ausfahrt fahren und dann auf der anderen Seite wieder zurück. Macht 20 bis 30 Kilometer Umweg. Blöder geht es wirklich nicht mehr. Und am Strand As Sawadi untersagt ein Schild jeden Autoverkehr. Aber natürlich hält sich niemand an das Verbot. Vielmehr düst hier jeder mit seinem Geländewagen auf und ab. Was machen die Leute hier nur? Am Strand möchte man doch den Sand an den Füßen spüren und das Meer riechen? Wir verstehen das alles nicht.

Mittlerweile ist es Weihnachten, wovon wir allerdings wenig mitbekommen. Am Abend findet im nahe gelegenen Beach Resort jedoch eine Weihnachtsfeier statt. Man kann sich als Europäer schwer vorstellen, was für eine Wüstenei die Partylandschaft in Zentralasien und auf der Arabischen Halbinsel ist, vom Iran ganz zu schweigen. Wir sind daher dermaßen ausgehungert nach einer zünftigen Feier, dass uns sogar eine Hotel-Beach-Party wie die Oase in der Ferne erscheint. Da wir uns schon vor ein paar Tagen mit dem Sales Manager des Resorts angefreundet haben, verschafft uns dieser nun freien Eintritt zu der teuren Party. Der von einem bekannten Getränkehersteller gesponserte DJ legt sich mächtig ins Zeug und spielt gute elektronische Musik. Das gelangweilte Hotelpublikum hält sich aber lieber an der Bar fest und schlürft Bier aus kleinen Dosen zu vier Euro das Stück. Auf geht's! Es ist ja nicht das erste Mal, dass ich eine leere Tanzfläche erobere. So nach und nach bekomme ich Gesellschaft. Die Stimmung ist gut, wir gehen aber trotzdem noch vor Mitternacht nach Hause, denn die Anwesenden sind fast alle halb so alt wie wir. Mein Wunsch, ein paar Stunden zu tanzen, wurde erfüllt. Passt also.

Vor dem motorisierten Wahnsinn am Strand flüchten wir in ein einsames Wadi, das wir vor wenigen Tagen entdeckt haben. Schön ist es hier und ruhig. Niemand lärmt, keiner müllt. Wir erleben einen wunderbaren Moment der Entgrenzung, fühlen uns mit der Natur vereint. Wir sind das Wasser und auch der Fels, die Luft, die wir atmen. Wir sind berührt von der Schönheit um uns herum, fühlen das Werden und Vergehen, sind ganz im Hier und Jetzt. Die Pflanzen wiegen sich friedlich im Wind und strahlen eine große Würde aus. So staunen und beobachten wir den ganzen Tag, sitzen am Wasser und sind ganz aufmerksam. Abends unterm Sternenhimmel stoßen Heppo und ich auf unser Zehnjähriges an. Wie die Zeit vergeht! Sidi hingegen ist nicht ganz so im Einklang mit der Natur wie wir. Er verschwindet gleich am Morgen für eine Weile und kommt später mit einem schuldbewussten Gesichtsausdruck zurück, dem deutlich abzulesen ist: »Äh, sorry, ich hab' Scheiß gebaut!« Kurz darauf fängt er an zu kotzen. Wir sind noch nicht sonderlich beunruhigt. Am nächsten Tag übergibt sich Sidi jedoch immer noch, und es wird immer schlimmer. Er sabbert und hechelt. Langsam machen wir uns echte Sorgen. Hoffentlich hat er kein Gift gefressen! Also lassen wir uns von netten Einheimischen den Weg zum Tierarzt in A'Rustaq zeigen. Leider ist seine Praxis geschlossen. Also weiter nach Barka. Dort erweist sich der Tierarzt als ziemlich ängstlich und untersucht unseren Hund nur per Ferndiagnose. Schließlich gibt er ihm mit spitzen Fingern drei Spritzen, eine gegen Krämpfe, ein Antibiotikum und etwas Entzündungshemmendes. Außerdem verweist er uns an eine Tierklinik in Maskat. Gleich am nächsten Morgen sind wir mit Sidi dort. Es geht ihm zwar nach den Spritzen von gestern schon etwas besser, doch wir wollen auf Nummer sicher gehen. Der indische Arzt macht einen kompetenten Eindruck, untersucht Sidi eingehend und röntgt ihn sogar. Er kann uns beruhigen: Kein Gift und auch kein Fremdkörper befinden sich im Magen-Darm-Trakt. Es ist wohl eine schwere Gastritis. Er verordnet eine Woche Schonkost und eine Tablettenkur. Der Tierarztbesuch hat ein großes Loch in unsere Reisekasse gerissen, aber was tut man nicht alles für seinen vierbeinigen Freund.

Abends treffen wir uns mit Silvia und Christoph, die uns per Mail kontaktiert hatten, in der Schnorchelbucht vor As Sifat. Die beiden Landshuter sind schon weit gereist. Gerade warten sie auf ein Visum für Saudi-Arabien, da sie weiter nach Afrika möchten. Ihre Erlebnisse und Abenteuer bloggen sie auf ihrer sehr informativen Website www.mankei-travel.com. Mankei ist übrigens bayerisch und bedeutet

Murmeltier. Logisch, dass das Tier in seiner Plüschversion als Maskottchen ganz vorn im Fahrerhaus mitreisen darf.

Der Jahresübertritt erfolgt gediegen: Lagerfeuer, ein paar Gläschen Rotwein, Sternwerfer und zwei Kracher sorgen für festliche Stimmung. Das Meer beglückt uns mit ungewöhnlichen Lichteffekten, da Algen das Wasser bläulich zum Leuchten bringen. Beim Schnorcheln am nächsten Tag ist die Sicht wegen der Algen zwar eher schlecht. Trotzdem gibt es schöne dunkelblaue Fische mit gelber Schwanzflosse zu bestaunen sowie eine große Muräne, die uns mit aufgerissenem Maul droht, als wir über sie hinwegschwimmen. Ich bin schwer beeindruckt!

Das Wadi Suwayh ist das bisher schönste, das wir gesehen haben. Unter einer Autobahnbrücke fährt man auf einer nicht ausgeschilderten Schotterstraße in ein Tal hinein. Knapp 15 Kilometer geht es auf dieser Piste dann an Gumpen und Pools entlang und man passiert idyllische Dörfer und Palmenhaine. Die eigentliche Attraktion liegt jedoch am Ende der Strecke, im Dorf Suwayh. Dort gibt es einen großen, länglichen Pool und einen Wasserfall, von dem aus man gut zehn Meter in die Tiefe springen kann. Hier finden wir jedoch leider keinen geeigneten Stellplatz für Frau Scherer. Daher parken wir circa zwei Kilometer vor dem Ort auf einem großzügig bemessenen Aussichtsplateau. Kein schlechter Platz! Eine Herde übermütiger Ziegenkinder nähert sich mit Luftsprüngen, und ich fange an, leise zu meckern. Alle Köpfe wenden sich mir zu, und vielstimmig meckert es zurück. Es scheint so, als ob ich den richtigen Ton getroffen hätte. Sidi, der Tierhasser, jagt die Neugierigen allerdings davon. Also von mir hat er das definitiv nicht! Flussaufwärts im Dorf Suwayh hängt sich dann eine Traube Kinder an unsere Fersen. Diese bellen unseren Hund an – ein wirklich nerviges Phänomen auf unserer Reise, das sich leider nicht nur auf Kinder beschränkt, auch Erwachsene versuchen so, Sidis oder unsere Aufmerksamkeit auf sich zu ziehen. Aber dieses

Mal glückt die artübergreifende Kommunikation offensichtlich nicht. Ich bin stolz auf unseren Hund, der stoisch reagiert und sich nicht aus der Fassung bringen lässt.

Auf unserer Route nach Süden liegt eine Doline, die wir uns ansehen wollen. Das Drumherum ist allerdings etwas abschreckend. Das Gelände ist bei freiem Eintritt eingezäunt, und ein lieblos angelegter, halb vertrockneter Park umgibt das sogenannte Sinkhole. Auch der Besucherandrang ist relativ groß. Die Doline selbst ist einfach nur ein großes Loch im Boden, das durch Auswaschungen im Gestein entstanden ist. Darin hat sich Salzwasser angesammelt, das herrlich klar und smaragdgrün gefärbt ist. Treppen mit ungesundem Schrittmaß führen nach unten. Ein Englisch sprechender Vater mit schweigsamer Frau und zwei aufgeweckten Kindern verleidet uns dort den Aufenthalt. Ununterbrochen maßregelt er seinen Nachwuchs auf wirklich unangenehme Weise. Mit verschnupfter, leidender Stimme mahnt er: »Marcus, mind your language!« »Marcus, mind your step!« »Celine, be careful in the water.« usw. Dabei sind die Kleinen echt gut drauf. Sie ignorieren den mäkelnden Vater auf erfreulich abgeklärte Weise. Heppo will mich zum Schwimmen animieren. Angesichts der vielen Touristen fühle ich mich allerdings ein bisschen wie auf einer Bühne, nicht unbedingt meine Sache. Heppo hingegen springt wagemutig von einem Felsvorsprung ins Wasser. Arschbombe! Dafür bekommt er sogar Applaus von den Besuchern. Beim Verlassen der Doline bemerken wir noch zwei Italiener. Anscheinend ist heute der Tag der verblödeten Eltern. Die beiden filmen ihre im Wasser strampelnden und keuchenden Jungen mit zwei baugleichen Handys aus derselben Perspektive. Wer soll sich denn dieses irre spannende Video später einmal anschauen? Und dann auch noch doppelt!

Südlich von Fins zeigt die omanische Küste mit schroffen Felsklippen ein bisher unbekanntes Gesicht. Das Meer ist ziemlich wild, schaumig und grün vor Algen. Ob ich hier morgen die Unterwasserwelt erkunden werde? Da bin ich mir noch nicht sicher. Dafür kann man von den Klippen aus Schildkröten beobachten, die zuhauf im Meer schwimmen und ab und zu ihren Kopf an die Oberfläche strecken. Nach Sonnenuntergang übertrifft sich das Arabische Meer dann mit grandiosen Leuchteffekten selbst. Ganze Wellenkämme und Gischtberge leuchten in Neongrün und -blau. Was es nicht alles gibt auf dieser wundersamen Welt! Bei einem Spaziergang über die Klippen werden wir Zeugen eines interessanten Phänomens. Das Meer hat das poröse Gestein so stark unterspült und ausgehöhlt, dass an manchen Stellen der Wind von unten nach oben durch die Felsen fahren kann. Dann pfeift, heult und stöhnt es herzzerreißend aus Ritzen und Löchern am Boden. Nachts kriechen Krabben über die Felsen, die sich auch vom Licht unserer Taschenlampen nicht beeindrucken lassen. Mit ihren Scheren zupfen sie Algen vom Stein und nehmen auf diese Weise sehr vornehm ihr Abendessen ein.

Am nächsten Abend gesellt sich eine geführte Wohnmobilgruppe mit elf Fahrzeugen zu uns an den Strand. Gut gelaunt hüpft der Reiseleiter Kosty in unseren Wagen. Er ist ein jung gebliebener Mittfünfziger mit rosa Kapuzenpulli und zweifarbigen Turnschuhen. Bereits nach kurzer Zeit stellt sich heraus, dass er niemand anders ist als Konstantin Abert, der Autor des Buches *Russland per Reisemobil*, das uns bei unserer Reise durch Russland gute Dienste geleistet hatte. Autogrammstunde!

In Sur besuchen wir die Werft, auf der noch Daus gebaut werden. Diese Segelschiffe mit ihrem langen Vorsteven und dem Trapezsegel sind typisch für den Indischen Ozean. Auf dem Gelände können wir den Zimmermännern bei ihrer Arbeit über die Schultern sehen. Heppo ist hier voll in seinem Element. Am Hafen bestaunen wir dann ein altes, besonders schön restauriertes Segelschiff. Ich werde ein bisschen nostalgisch und erinnere mich an meinen allerersten Berufswunsch: Seeräuber! Später wurden meine Vorstellungen von der Arbeitswelt

realistischer und immer weniger risikofreudig: Astronautin, Archäologin, dann irgendwas mit Kunst, bis ich schließlich als Webdesignerin
in einem Vermittlungsbüro für Sprachreisen gelandet bin. Reisen und
fremde Welten scheinen mich schon immer fasziniert zu haben. Sur
selbst entpuppt sich als hübsches Städtchen, das auf einer Halbinsel liegt. Ein bisschen gesichtslos bleibt es trotzdem, denn es gibt
nur wenige historische Gebäude, dafür alle paar Hundert Meter eine
Moschee, mit deren Bau sich reiche Bürger ein Denkmal setzen. Da
es aber unmöglich ist, die vielen Gotteshäuser gleichzeitig zu nutzen,
stehen die meisten davon leer.

Sehr weltlich gönne ich mir einen Einkaufsbummel durch die Schnei-
derläden. Mit dem Kauf eines asymmetrisch geschnittenen, gelben
Kleids mit lila Punkten unterstütze ich einen der jungen Künstler
aus Bangladesch. Bei einem späten Spaziergang treffen wir dann auf
Achmed, einen echten Omaner, der uns zu einer Stadtführung nach
Landesart einlädt. Das heißt, wir cruisen mit dem Auto durch die
Stadt. Dabei erzählt er uns einiges über seine Heimat: »Wer im Oman
ein Haus bauen will, bekommt ein Grundstück umsonst. Das gilt aber
natürlich nicht für Ausländer. Die Größe und Lage der Fläche bemisst
sich nach den persönlichen Beziehungen zu hochrangigen Personen.«
Auch erfahren wir, dass Strom und Wasser extrem günstig sind und
alle Omaner eine freie Grundversorgung, zum Beispiel eine kostenlose Krankenversicherung, erhalten. Nach seiner Aussage muss man
im Oman nicht viel arbeiten, um ein schönes Leben führen zu können. Wir erzählen ihm daraufhin von Deutschland, unseren Jobs, den
hohen Mieten in den Städten. Mitleidig blickt er uns an und meint:
»Oh I see, life in Germany is very, very hard!« Plötzlich fühlen wir uns
wie der arme Besuch aus einem Dritte-Welt-Land. Beschämt nehmen
wir den süßen Kaffee aus Pappbechern entgegen, den er uns vom Cof-
feeshop herbeigehupt hat. »Shukran, Achmed, für das Heißgetränk,
die Einblicke in den Oman und den Perspektivenwechsel!«

Der Strand von Ras al-Dschinz ist vor allem wegen der Meeresschild-kröten berühmt, die hier ganzjährig ihre Eier legen. Große Hotels bieten dazu teure Nachtwanderungen an. Ab Nachmittag um drei Uhr wird der Strand gesperrt, angeblich, um die Schildkröten nicht zu stören. Nach Einbruch der Dunkelheit werden dann aber Touristen in Scharen hergeführt, die die Weibchen bei der Eiablage beobachten können. Ich bin mir wirklich nicht sicher, ob das gut ist, denn Schild-kröten sind sehr sensibel und leicht zu stören. Gerade Licht irritiert vor allem die frisch geschlüpften Jungtiere empfindlich. Da sich diese am Mondschein orientieren, können andere Lichtquellen wie Taschen-lampen oder der Straßenverkehr für Verwirrung sorgen. Die Kleinen finden dann nicht ins Meer und verhungern. Auch sonst lauern viele Gefahren auf die Winzlinge – Füchse, Vögel und immer wieder der Mensch. Von 1.000 Schildkröten erlangt nur eine die Geschlechtsreife, was je nach Art erst zwischen dem 30. und 50. Lebensjahr der Fall ist. Überlebt sie, kann sie 100 Jahre alt werden! Meeresschildkröten verbringen ihr ganzes Leben im Wasser. Nur zur Eiablage kehren die Weibchen an ihren Geburtsort zurück an Land. Nun – tagsüber – ist von dem ganzen Spektakel nichts mehr zu sehen, nur ein paar Spuren im Sand und Löcher von circa einem Meter Durchmesser, die »Kinderstuben«.

Weiter südlich davon wurde uns ein Hochplateau empfohlen, wo wir es auf den ersten Blick jedoch eher trist finden. Die steinige Land-schaft ist extrem karg und weist fast keinen Bewuchs auf. Dafür fällt das Gelände zum Meer steil ab. Über einen Trampelpfad voller Geröll gelangen wir nachts ans Meer. Hier sehen wir die bisher extremsten Leuchteffekte. Wir können kaum sagen, wo der Sternenhimmel auf-hört und das Meer beginnt. Als eine Welle direkt neben uns an den noch trockenen Sandstrand schwappt und zu einem unregelmäßig geformten, leuchtenden Flecken gefriert, der minutenlang nachglüht, sind wir stumm vor Staunen. Das hat etwas extrem Unwirkliches. Daneben sieht jede Dekoration einer Goaparty ziemlich schwach aus. Kurz darauf stoßen wir auf eine Schildkröte, die gerade mit ihren Flossen schwerfällig ein tiefes Loch buddelt. Nur kurz betrachten wir das Schauspiel und ziehen uns dann zurück. Wir sehen uns stundenlang die Nacht an. Wie schön sie ist, der Himmel, die Sterne, das Meer, der Wind. Als wir morgens in einer Höhle am Strand aufwachen, vertreibt der Sonnenaufgang gerade die letzten Schatten, und am Horizont springt ein Delfin aus dem Wasser. Wie viel Kitsch kann man eigentlich aushalten?

Um mich wieder zurück auf den Boden der Tatsachen zu holen, lese ich heute den ganzen Tag *Die Zeit*. Es ist ja einiges passiert in den letzten Tagen, Wochen und Monaten auf dieser Welt. Pegida macht in Deutschland Schlagzeilen, außerdem auch das Attentat auf *Charlie Hebdo* in Paris. Schlimm, die Ereignisse, allesamt. Nach der Lektüre ist mir ziemlich übel. Wieso sind die Menschen eigentlich so voller Hass? Im Oman haben wir von dem Anschlag so gut wie nichts mitbekommen. Die Leute verschonen uns mit religiösen oder politischen Themen. Ab und zu fragt jemand nach unserem Glauben. Meist antworte ich dann mit dem arabischen Wort für Christ: »Massihi.« Ich möchte die Menschen nicht mit meinem Atheismus konfrontieren und mit meiner Skepsis gegenüber Religionen im Allgemeinen, die ich als Mitursache für Krieg und Hass in unserer Welt sehe. Die Antwort wird auch stets mit einem wohlwollenden Nicken aufgenommen: »Ah, gut, Christin also.« Natürlich haben wir keine Ahnung, was sich hier hinter den Kulissen abspielt, was die Menschen tatsächlich denken und was in den zahlreichen Moscheen gepredigt wird. Vielleicht verrät man uns ja genauso wenig die eigene wirkliche Meinung, wie auch wir unsere Konfessionslosigkeit verbergen.

Manche Dinge stoßen ganz klar auf unser Unverständnis. Frau zu sein in der arabischen Welt ist wahrlich kein Vergnügen. Die Vollverschleierung wie in Saudi-Arabien sieht man auch hier sehr oft. Manche Frauen berichten davon, dass sie Zweit- oder gar Drittfrau sind. Und eine Diskussion über Pressefreiheit, Mohammedkarikaturen oder gar über die Existenzberechtigung Israels würden wir auch nicht unbedingt führen wollen. Es werden sich im Land bestimmt nicht viele finden, die unsere westliche Meinung teilen und differenziert derart brandheiße Themen diskutieren wollen. Als Deutscher wird man häufig mit großer Sympathie aufgenommen – oft eine zweifelhafte Sympathie, die man besser nicht genauer hinterfragt. Aber ob deswegen alle Muslime gleich Terrorsympathisanten oder gar kaltblütige Killer sind? Natürlich nicht. Die meisten Menschen hier sind wohl genauso unpolitisch wie die Mehrheit in Europa. Was sie wirklich bewegt, sind das Wohlergehen der Angehörigen, der eigenen Person sowie materielle Dinge wie ein Haus, ein Auto und Unterhaltungselektronik. Den Menschen hier geht es gut, sehr gut sogar. Die soziale Unzufriedenheit hält sich in Grenzen, und damit gibt es wenig Nährboden für einen politischen Umsturz. Ich denke auch, eine Sehnsucht nach einem islamischen Gottesstaat hält sich hier stark in Grenzen. Man ist stolz darauf, in einem reichen, freien und friedlichen Land zu wohnen – so ist zumindest unser Eindruck. Es bleibt, dem sehr kranken Herrscher eine erfolgreiche Genesung zu wünschen und zu hoffen, dass der kinderlose Sultan seine Nachfolge gut und klug geregelt hat. Es wäre tragisch, wenn Fanatiker hier eine Lücke füllen würden, die sich unversehens auftut.

In Sur füllen wir unsere Vorräte auf und fahren Richtung Saiq, wo wir uns mit Laila und Ralf in einem Wadi treffen wollen. Die beiden kennen wir nur vom Hörensagen, wurden aber neugierig, als uns Kosty von ihnen erzählt hat. Denn sie haben fast die gleichen Berufe wie wir. Laila kommt aus Holland und ist Grafikdesignerin, während Ralf vom Bodensee stammt und Schreiner und Holztechniker ist. Ralf reist bereits seit 2008 umher und ist fünf Jahre lang mit dem Motorrad durch Afrika gefahren. Und das, obwohl er ein paar Jahre davor nach einem schweren Motocrossunfall die Diagnose »Querschnittslähmung« bekam. Mit viel Ehrgeiz und grenzenlosem Optimismus wurde er wieder so fit, dass er heute mühelos auf Krücken laufen kann. Unterwegs arbeitet er trotz seines Handicaps immer mal wieder in seinem alten Beruf als Schreiner und Zimmermann. Abends am Lagerfeuer erzählt er uns viele spannende Geschichten von seiner Reise. Wir bekommen richtig Lust, nach Afrika zu fahren.

Vielleicht wegen des Afrikafeelings brechen wir kurz darauf gemeinsam zu den Wahiba Sands auf. Schlagartig ändert sich die Landschaft, und vor uns liegt eine ausgedehnte Sandwüste. Wir lassen Luft aus unseren Reifen, um besser durch das weiche Gelände fahren zu können. Später werden wir den Luftdruck einfach an der nächsten Tankstelle wieder auf ein straßentaugliches Maß bringen. Was es hier alles zu sehen gibt: Dromedare werden an Pick-ups an der Leine geführt, und Turbanträger pflügen mit ihren getunten Autos durch den gelben Sand. Junge Männer düsen wie Wahnsinnige mit Vollgas auf eine circa 50 Meter hohe Düne zu. Nur die wenigsten schaffen es bis ganz nach oben, denn die letzten paar Meter muss man eine Steigung von gefühlten 90 Grad bewältigen. Fast noch grusliger sieht es aus, wenn sie rückwärts wieder den steilen Hang hinabrutschen. Heppo bittet einen Jeepfahrer, mitfahren zu dürfen. Mit Karacho geht es den Sandberg hinauf und wieder hinunter. Danach dürfen Ralf und ich bei Khalid einsteigen. Ich habe kaum Zeit, mich zu fürchten, sehe uns nur auf die Mauer aus Sand zurasen, Staub wirbelt, der Motor heult, und schon sind wir oben. Wahnsinn!

Ein paar Kilometer weiter finden wir einen ruhigen Platz inmitten der rotgelben Dünen. Der Sand ist so heiß, dass wir uns die nackten Füße verbrennen und nach Schatten lechzen. Daher spannen wir zwischen unseren Fahrzeugen zwei Sonnensegel, die laut im Wind knattern. Wir bewegen uns erst wieder bei Sonnenuntergang aus unserem Unterschlupf und knipsen eifrig Bilder von der wunderschönen Wüstenlandschaft mit ihren scharfen Kontrasten. Ralf wirft die Krücken weg und ist noch vor uns allen ganz oben auf der Düne. Wir keuchen hinterher. Kaum ist die Sonne verschwunden, weht ein kalter und unangenehmer Wind über das Land.

Laila und Ralf müssen leider am nächsten Morgen weiter, und wir bleiben allein zurück. Das ist ein komisches Gefühl, mitten in dieser lebensfeindlichen Landschaft zu sein. Aber wir mögen die Wüste gern. Es ist so still hier. Komplett lautlos haben sich vier Dromedare herangepirscht, die uns nun skeptisch betrachten. Am Himmel zeichnen sich ein paar luftig-weiße Wölkchen ab. Krächzend nähert sich ein Krähenschwarm und kreist über unseren Köpfen. Ein paar ganz verwegene Exemplare lassen sich sogar auf den Rücken der Dromedare nieder. In der Ferne wirbelt eine Sandhose schwarzen Staub auf. Ein Sandfisch – ein kleines, glattschuppiges Echsenwesen – verschwindet im Gelb. Ich fühle mich ein bisschen wie in einem Gemälde von Salvador Dalí. Nun, ich werde eben mal nachsehen, ob die Dromedare Schubläden in ihren Höckern haben ...

Als wir losfahren wollen drehen unsere Reifen durch und bohren sich tief in den weichen Sand. Die Sonne brennt erbarmungslos auf uns herab. Auf dem Weg in die Wüste ging das Fahren gänzlich mühelos, aber wie bugsiert man sieben Tonnen im Weichsand dünenaufwärts? Und dann sind da noch diese doofe Kurve und der Haufen mit dem strohigen Gewächs. Es hilft nichts, wir müssen die Schaufeln und Sandbleche auspacken. Doch auch mit diesen Hilfsmitteln kommen wir nicht weiter. Ich befürchte schon, dass wir in der Wüste verdursten müssen. Nach kurzem Fluchen und Innehalten findet Heppo jedoch schließlich einen Alternativweg. Dieser ist flacher und führt rechts um die Düne herum. Geschafft, wir sind wieder auf der Piste.

Unsere nächste Station ist die Kleinstadt Ibra, in der bis in die 1970er-Jahre ein erbitterter Stammeskrieg mit scharfer Munition ausgefochten wurde. Noch immer zeugen zwei Festungen von dieser nicht allzu lang zurückliegenden kriegerischen Vergangenheit. Heute ist Ibra vor allem für seinen Markt bekannt, der ausschließlich von und für Frauen veranstaltet wird. Er ist ein eher neues Phänomen, das auf die immer mittwochs stattfindenden gynäkologischen Untersuchungen im nahe gelegenen Krankenhaus zurückzuführen ist. Um die Anreise oft von weit her finanzieren zu können, wurde das Spital von den Frauen schnell zum Umschlagplatz von Waren wie Stoffen, Schmuck, Parfüm und Krimskrams aller Art umfunktioniert. So entstand der Markt. Fotografieren ist dort streng verboten. Das Warenangebot entspricht dem arabischen weiblichen Geschmack. Es gibt also viel Glitzer auf den Stoffen und goldbestickte Bein- und Armbordüren für das landestypische Frauengewand. Die *Abaya* ist ein weites, unförmiges, bodenlanges Überkleid, das zusammen einem knielangen Hemd und einer noch weiteren und noch unförmigeren Pumphose getragen wird. Den Abschluss der Ärmel und Hosenbeine bilden enge, prunkvoll bestickte Manschetten. Von ein paar Händlerinnen werde ich zum Frühstück eingeladen; großzügig teilen sie Kekse, Muffins, Datteln, Kaffee und Tee mit mir. Ein Gespräch kommt leider nicht wirklich zustande, da sie ungefähr so viel Englisch wie ich Arabisch können, also gar nichts.

In Nizwa ist jeden Freitag Tiermarkt. Diesen wollen wir besuchen und stellen uns schon am Tag zuvor in die Nähe des Marktgeländes. Bereits um fünf Uhr morgens werden wir von einer unbeschreiblichen Kakofonie aus unserem Schlummer gerissen. Ungefähr fünf verschiedene Muezzine rufen in ebenso vielen verschiedenen Tonlagen Allahs frohe Botschaft in die Welt hinaus. »Ja, Sakradi, gibt es denn keine Muezzinschule, wo man ordentlich singen lernt? Können sich die nicht wenigstens auf eine gemeinsame Tonart einigen?«, denke ich in meinem verschlafenen Zustand. In das schräge Lied stimmen dann auch noch angsterfüllte Kühe und Ziegen vielstimmig mit ein. Die Schreckenssymphonie funktioniert effektiver als jeder Wecker. Wir stehen senkrecht im Bett und finden uns daher noch vor Sonnenaufgang gemeinsam mit bangen Tieren, Händlern, Kaufinteressenten und wenigen anderen Touristen am Marktplatz ein. Doch es dauert noch über eine Stunde, bis das eigentliche Spektakel beginnt. In der Wartezeit haben die potenziellen Käufer Gelegenheit, die Tiere genauer in Augenschein zu nehmen und ein Vorgespräch mit den Verkäufern zu führen. Als die ersten Sonnenstrahlen den runden Platz in ein zartes, honigfarbenes Licht hüllen, schließt sich der Kreis um das Rondell enger, und die Show beginnt. Ausgewachsene Hammel werden an den Hörnern im Kreis gezerrt, wenige Tage alte Zicklein auf den Armen herumgetragen, dazu schreien die Händler das aktuelle Gebot heraus und reagieren auf die Zeichen der Käufer. Nach ein paar Minuten wird man sich handelseinig: Ein grüner Strick zeigt nun einen erfolgreich getätigten Verkauf an. Für Tierfreunde ist so ein Schauspiel nur schwer zu ertragen, da die armen Wesen sicherlich fürchterlichen Stress erleiden. Andererseits kann man hier hautnah eine wahrscheinlich jahrhundertealte Tradition erleben, und der Markt steht in jedem Touristenprogramm ganz oben auf der Liste der Sehenswürdigkeiten. Interessant ist es hier allemal, und mir gelingen ein paar sehr schöne Fotos von feilschenden Männern und stolzen Frauen. Die Männer tragen blütenweiße Dishdashas und aufwendig bestickte Kappen, die Kummas genannt werden. Auch die Frauen sehen sehr exotisch aus mit ihren bunten wallenden Gewändern. Am spannendsten sind ihre Gesichter, die von Ledermasken mehr betont als verhüllt werden. Tatsächlich besteht die Maske bei den meisten nur aus ganz dünnen Stegen, die die Augen umrahmen und besonders hervorheben. In der zarten Stimmung des Morgenlichts gibt das eine eindrucksvolle Bilderserie.

Mittlerweile sind wir nun schon zwei Monate im Oman. Zwei Monate, die wie im Flug vergangen sind. Also wird es langsam Zeit, an die Rückreise via Vereinigte Arabische Emirate und Iran zu denken. Bereits am nächsten Tag sind wir daher in Dubai. Schon von der Ferne sieht man die spitze Nadel des Burj Khalifa in den Himmel ragen.

Dies ist mit 828 Metern und 189 Stockwerken der höchste Wolkenkratzer der Welt. Wir nehmen Kurs auf den Jumeirah Beach. Dabei verpassen wir irgendeine Abzweigung, denn plötzlich finden wir uns auf The Palm Jumeirah wieder. Bei diesem umstrittenen Bauprojekt handelt es sich um eine künstlich angelegte Insel in Palmenform, auf der eine Reihe von Luxusvillen erbaut wurde. Kritiker bemängeln die massive Umstrukturierung des Meeresbodens. Große Mengen an Steinen und Sand wurden an anderer Stelle abgetragen, um sie hier wieder aufzuschütten. Ursprünglich waren drei Palmeninseln geplant, von denen bisher allein The Palm Jumeirah verwirklicht wurde. Anscheinend ist das Bauvorhaben dann doch nicht ganz so einfach zu verwirklichen.

Endlich erreichen wir den Open Beach in Jumeirah, der in Sichtweite zum Burj al Arab liegt, dem bekannten Hotel, das an ein Segelschiff erinnert. Der öffentliche Strand ist weitläufig und viel schöner, als man es in einer derart großen Metropole erwarten würde. Die Aussicht auf die Kulisse der Hochhäuser des Viertels Dubai Marina, des Hotels Atlantis The Palm und des Burj al Arab ist spektakulär.

Unweit unseres tollen Stellplatzes befindet sich die Metrohaltestelle »Al Sufouh«. Dort steigen wir ein und verlassen die Bahn wieder an der Haltestelle »Dubai Marina«. In Schlangenlinien wurde hier um die Liegeplätze der Luxusyachten eine schicke Promenade mit Cafés und Restaurants angelegt. Dahinter wuchert wild der Hochhauswald. Eng an eng stehen die Wolkenkratzer, und zahllose Kräne zeugen von einer regen Bautätigkeit. Wer schon mal in New York oder in Shanghai gewesen ist, wird von Dubai wahrscheinlich wenig beeindruckt sein, aber wir sehen so etwas zum ersten Mal und staunen.

Ein Gebäude hat es uns besonders angetan: Der in sich verdrehte Cayan Tower, entworfen von dem Architekturbüro Skidmore, Owings and Merrill aus Chicago, sieht aus jeder Perspektive einfach umwerfend aus. Zielstrebig arbeiten wir uns zu diesem vor. Direkt vor diesem Wunderwerk stehend, wirkt es fast, als würde es gleich umfallen. Ob die Wände innen wohl auch schief sind? Forsch betreten wir die edel aussehende Lobby, die von zwei Wachmännern gesichert wird. Ob wir wohl einmal mit dem Aufzug bis ganz nach oben fahren dürften, fragen wir bewusst naiv. Wir bekommen zur Antwort, dass dies gänzlich ausgeschlossen sei, da die Besitzer viel Geld für den Luxus exklusiven Wohnens und ihre Sicherheit bezahlen würden. Außerdem wären wir mittlerweile auch schon von der Kamera erfasst, und man könne uns nun nicht mehr nach oben fahren lassen, erzählt einer der Wachleute erstaunlich auskunftsfreudig. Wir machen noch ein wenig Small Talk und erfahren einiges über die Bewohner, zum Beispiel, dass die meisten von ihnen ziemlich eingebildet und unfreundlich seien. Wie um die Worte des Wachmanns zu bestätigen, entsteigt dem Lift ein rundlicher, kurzbeiniger, kleiner Mann, der die zwei am Empfang in herrischem Ton und schlechtem Englisch anweist: »I need a taxi at eight o'clock. Organize this!« Kein »danke«, kein »bitte«, nur ein herablassender, zackiger Tonfall. Als der Mann nach diesem Auftritt durch die Eingangstür gerauscht ist, bedeutet uns einer der Wachmänner, ihm nach draußen zu folgen. Wir denken: »Na gut, will er draußen noch ein wenig mit uns quatschen oder eine rauchen. Gehen wir also mit.« Stattdessen führt er uns um das Gebäude herum und durch das Parkhaus zum Aufzug. Ehe wir uns versehen, fahren wir mit ihm in gefühlter Schallgeschwindigkeit die 76 Etagen hinauf. Dann müssen wir noch ein paar Treppen emporsteigen und einen Technikraum durchqueren, bis wir für ein paar Minuten von dem 306 Meter hohen Gebäude auf die Marina schauen dürfen. Damit aber noch nicht genug: Unser Guide zeigt uns im unteren Turmdrittel sogar noch das Sonnendeck mit Swimmingpool, die Terrasse und die Fitnessräume. Wir erfahren außerdem, dass die oberen 20 Etagen des reinen Wohnturms alle über private Swimmingpools verfügen und dass das gesamte oberste Stockwerk einem Mann aus Saudi-Arabien gehört. Natürlich freuen wir uns sehr über das entgegengebrachte Vertrauen, sind aber auch ein wenig beunruhigt. Hoffentlich bekommt der Mann nun keine Schwierigkeiten wegen uns. Übrigens, die Innenwände des Cayan Towers sind alle gerade und nicht schief.

In erster Linie sind wir jedoch nicht zum Sightseeing in Dubai, sondern wegen des Iranvisums. Also machen wir uns auf zur iranischen Botschaft. Die benötigte Einladung in Form einer Referenznummer haben wir uns schon vorab über eine deutsche Agentur besorgt. Es folgt der bisher angenehmste, weil unkomplizierteste Behördengang dieser Reise. Innerhalb von zehn Minuten ist alles geregelt, und wir können schon am nächsten Tag unsere Visa abholen.

Am Nachmittag besuchen wir die Dubai Mall. Shopping ist schließlich das Leitmotiv in dieser Stadt der Reichen und Superreichen. Aber auch ohne durch die exklusiven Läden zu stöbern, ist das Einkaufszentrum einen Besuch wert. Das Herzstück des Konsumtempels ist ein riesiges Aquarium, in dem man Haie, Rochen und andere Meeresbewohner bestaunen kann. Eine weitere Attraktion ist »The Waterfall«, eine von Architekten aus Singapur gestaltete Wasserskulptur, auf der sich Fiberglasmänner scheinbar todesmutig in die Tiefe stürzen. Vor einem Laden stehen junge, trendig gestylte Asiaten und führen Hightechspielzeug vor. Der neueste Schrei sind dabei Minidrohnen im UFO-Look. Für die Mädchen gibt es ein spezielles, als Elfe getarntes Flugobjekt. Dieses dreht sich um sich selbst, während das Röcklein wie ein Propeller funktioniert. Ein Sensor erkennt, wenn ein Gegenstand im Weg ist, und so hält sich die Elfe scheinbar mühelos in der Luft, ohne irgendwo anzuecken. Auch das ferngesteuerte Auto, das Wände erklimmen kann, ist ein echter Hingucker. Das gilt auch für die beeindruckende Wassershow, die ab 18 Uhr zwischen der Dubai Mall und dem etwas traditionellerem Souk gegenüber jede halbe Stunde stattfindet. Die größten Wasserspiele der Welt sind vor allem wegen der aufregenden Kulisse toll, denn im Hintergrund ragt der Burj Khalifa imposant in die Höhe.

Als wir am Abend schließlich zu unserem Strandstellplatz am Jumeirah Beach 1 zurückkommen, stehen dort vier andere Reisemobile, fast alle mit einem deutschen Kennzeichen. Da sind Silvia und Christoph mit ihrem Mercedes Vario, dem Murmeltier mit Allradantrieb, Marianne und Ulrich, unterwegs mit einem als Zebra getarnten Iveco, Hanspeter und Susanne aus der Schweiz mit einem Toyota Land Cruiser und die exzentrische, aber liebenswerte Familie von Audrey und Christian, die mit einem dunklen Mercedes-Möbellaster unterwegs ist. Auf ihrem Fahrzeug prangt unübersehbar der Spruch »Iran is great«. Bereits im Iran ist uns ihre Geschichte zu Ohren gekommen, denn sie haben es dort zu einiger Berühmtheit gebracht. In Teheran wurden ihnen nämlich wichtige Dokumente und Bargeldreserven aus dem Auto gestohlen. Daraufhin starteten einige Iraner auf Facebook eine Solidaritätskampagne für die Familie. Innerhalb kürzester Zeit hatten sich Tausende für das Verhalten ihrer Landsleute entschuldigt. Gerührt von dieser Aktion ging Christian mit der Website www.iranisgreat.com online. Klar, dass er mit dieser Aktion nicht überall beliebt ist – vor allem nicht in einem sunnitisch geprägten Land wie den Vereinigten Arabischen Emiraten. In Dubai fällt man mit einem derart beschrifteten Fahrzeug auf jeden Fall auf. Aus diesem Grund steht nun auch eine Reporterin des russischen Lifestyle-Magazins *Russkije Emirati* vor ihrer Tür, um sie zu interviewen. Auch wir und Frau Scherer rücken in das Interesse der Redakteurin. Laut ihrer Aussage spricht bereits die ganze Stadt von den vielen Wohnmobilen am Jumeirah Beach. Den Anwohnern mit ihren Luxusvillen sind wir mittlerweile auch ein Dorn im Auge. Gleich nebenan wohnt der Polizeipräsident in einer von Bodyguards und Hunden bewachten Residenz, die architektonisch an ein Museum der modernen Kunst erinnert. Von seinen Wachmännern werden wir schließlich unmissverständlich dazu aufgefordert, ein paar Kilometer weiterzufahren. Eine kleine Schonfrist erhalten wir aber. Noch eine Nacht dürfen wir bleiben, dann müssen wir alle den Stellplatz wechseln.

Jetzt aber schnell zum Konsulat und unsere Visa abholen. Diese sind tatsächlich fertig, und wir können erneut vier Wochen in den Iran reisen. Auch die Buchung unseres Fährtickets dürfen wir nicht vergessen, wozu wir nach Schardscha müssen, wo sich das Büro der Fährgesellschaft Valfajr befindet. Dank der Beziehungen von Christian können wir günstigere Konditionen für die leider arg teure Fähre aushandeln. Das nächste Schiff mit freien Plätzen wird kommenden Montag von Port Bashir in Dubai starten. Wir buchen!

Abends ziehen Heppo und ich noch einmal los, um zumindest einen kleinen Blick auf das Nachtleben zu werfen. Große Sprünge werden wir hier nicht machen können, denn Dubai ist wirklich extrem teuer. Außerdem hat uns bisher jeder versichert, dass man sich hier zum Ausgehen herausputzt. Unser Reisekleiderschrank enthält jedoch nichts Repräsentatives, und ich habe noch nicht mal schicke Schuhe dabei. Also müssen wir aus der Not eine Tugend machen und wählen die abgerockteste Variante mit ausgelatschten Turnschuhen und zerfetztem T-Shirt. Als Kontrast nehme ich eine bestickte Jacke aus Usbekistan und meinen feinen Damenhut – der kommt nämlich immer gut an. Heppo hat immerhin eine schicke Lederjacke und seine Melone. So können wir vielleicht als Rockstars oder Künstler durchgehen. Das Barasti im Marina-Viertel ist eine überdimensionierte Strandbar auf mehreren Ebenen, die gut und gern mehrere Tausend Personen fasst. Der Dresscode gilt hier als locker, und die Preise sollen moderat sein. Das Publikum ist tatsächlich leger gekleidet. Wir fallen mit unserem Look dennoch ziemlich auf und werden an der Bar gleich von einem schon leicht angetrunkenen, jungen Mann auf ein Bier eingeladen: »Hey, fantastic style! Are you playing tonight or do you have a gig somewhere?« Unsere Strategie ist also aufgegangen, denn wir werden von ihm tatsächlich für Künstler aus Chelsea gehalten. Die Überraschung ist groß, als wir nach kurzer Zeit Small Talk feststellen, dass auch er » … aus Deutschland«, »aus München«, um genau zu sein, »aus Regensburg …« kommt. Michi wohnt schon seit ein paar

Jahren in Dubai und ist Berufspilot für ein Cargounternehmen. Zu seiner Einschätzung der weltpolitischen Lage befragt, antwortet er:»So schlimm war es noch nie! Überflugverbote für die Ukraine, Syrien und Jemen.« Leider hat er nicht sonderlich viel Zeit für uns, da er heute noch eine Frau kennenlernen möchte. Aber das ist nicht so tragisch, denn uns zieht es ebenfalls weiter. Tanzen wäre toll. Für den gehobenen elektronischen Musikgeschmack empfiehlt man uns Andreea's Fusion Cuisine. Ich habe ein mulmiges Gefühl, als wir betont lässig an der Kasse vorbeischlendern und ohne zu zahlen auf den massiv gebauten Türsteher zuhalten. Doch dieser winkt uns freundlich durch:
»Have fun!« Schon stehen wir in dem rein weiß gehaltenen Club mit seinem kalten, blauen Licht. Gut gekleidete Frauen und Männer in mittlerem Alter werfen uns neugierige Blicke zu. Die Musik ist tatsächlich recht angenehm und tanzbar. Wir beziehen einen Platz an der Theke und erleben einen Schock, als unsere zwei Bier umgerechnet 25 Euro kosten. Bei diesem einen Getränk wird es dann heute wohl bleiben. Wir beobachten die High Society und Möchtegern-VIPs, die sich eine erhöhte Loge mit Mini-Swimmingpool gemietet und demonstrativ Spaß haben. In der Nische nebenan haben die Von-Beruf-Söhne Stellung bezogen, wie Heppo sie treffend und böse bezeichnet. Das sind die mit den Segelschuhen und den lässig über die Schultern geworfenen Pullovern. Mit viel Tamtam, begleitet von Tischfeuerwerken, lassen sie sich eine Wodkaflasche nach der anderen bringen. Heppos Augen leuchten, als langbeinige Mädchen in bonbonfarbenen Roben auf die kreisrunde Theke klettern. Statt des üblichen Striptease zeigen sie nur hier und da ein Bein, ein Stück flachen Bauch oder ein bisschen Dekolleté. Statuenhaft verharren sie immer wieder für eine Weile in einer Pose, um darauf den begehrlichen Blicken der Männer einen anderen Körperteil zu präsentieren. »Wahnsinnig ästhetisch!«, kommentiert Heppo und lächelt dabei seltsam abwesend ...

ERNEUT IM IRAN

9.2.-20.2.2015

G egen 19 Uhr laufen wir im Hafen von Bandar Lengeh im Iran ein. Frau Scherer muss auf der Fähre zurückbleiben. Zu Fuß geht es weiter zur Kontrolle. Danach will man uns nicht mehr zum Auto lassen und verweist uns auf ein Hotel. Erst als wir lautstark protestieren, bietet man uns eine VIP-Kabine auf dem Schiff an. Nun verstehen wir die Welt nicht mehr. Woher der plötzliche Sinneswandel? »VIP-Kabine!«, sagt der Beamte jedoch tatsächlich. Dabei betont er das VIP allerdings so komisch und zwinkert dabei heftig mit den Augen. Uns beginnt langsam zu dämmern, dass man uns hier eine Brücke bauen möchte und kreativ Vorschriften umgeht, ohne es auszusprechen. Tatsächlich führt man uns zurück aufs Schiff und bis vor unser Wohnmobil. »Hier bitteschön, Ihre VIP-Kabine!« Verstehe einer die Iraner mit ihrem Höflichkeitssystem!

Die Auslösung unseres Lkws am nächsten Morgen ist wieder mal ein Wahnsinn, der sich nur schwer in Worte fassen lässt. Den kostenpflichtigen Agenten, den man uns ans Herz legt, lehnen wir ab. Wenn das mal kein Fehler war? Daraufhin erfolgt ein Verhör durch die Geheimpolizei. Diese spricht ausgezeichnet Englisch und ist sehr höflich. Auf der Suche nach einem Ansprechpartner laufen wir durch diverse Büros. In einem bekommen wir Tee, finden aber niemanden, der für uns zuständig ist. In einem anderen riecht es nach Männerschweiß und billigem Parfüm, aber helfen kann man uns hier ebenfalls nicht. Der Typ im nächsten Zimmer ist nur mit seinen Haaren beschäftigt, aber auch nicht für uns zuständig. Frustriert trete ich gegen die Glastür seines Büros. Dann finden wir endlich den richtigen Mann. Von diesem bekommen wir einen Zettel für unser Auto und netterweise kostenlose Kopien unserer Dokumente. Dann laufen wir zurück zum Stempelbefugten, denn nun geht es noch um das Carnet de Passage. Doch zunächst müssen wir eine grüne Mappe kaufen. Jetzt heißt es warten. Hurra, nun wird gestempelt. Leider falsch. Also noch mal warten. Eine weitere Stunde vergeht, bis wir den richtigen Stempel erhalten und Frau Scherer auslösen können.

Irgendwie fallen mir bei diesem zweiten Iranbesuch deutlich mehr unschöne Dinge auf. Die menschlichen »Schilder«, die auf Obst- und Gemüsestände am Straßenrand aufmerksam machen sollen und mitten im Verkehr herumstehen, sind nur ein leichtes Ärgernis. Die Anti-Israel- und Anti-USA-Propaganda aber und die Plakate der allgegenwärtigen Märtyrer finde ich dieses Mal nur schwer zu ertragen.

Am frühen Abend kommen wir dann im kalten und regnerischen Isfahan an. Dort werden wir von Ali und seiner Tochter Ahu nach Hause eskortiert, wo bereits Enissa und Reeza auf uns warten. Wir hatten ja versprochen, bei unserer Rückkehr noch einmal bei unserer iranischen Familie vorbeizuschauen. Die Wiedersehensfreude ist groß. Wir vermissen allerdings Sada und Gol. Die beiden werden erst am nächsten Tag aus Saudi-Arabien zurückkommen. Mutter und Tochter haben dann eine erfolgreiche Pilgerfahrt nach Mekka hinter sich und dürfen sich ab sofort Hadschis nennen.

Ihnen zu Ehre findet eine Feier statt, zu der wir natürlich eingeladen sind. Das Haus ist festlich mit Willkommensbannern geschmückt. Auf einem kleinen Tisch stehen Blumen, Süßigkeiten und ein Spiegel, vor dem der heilige Koran liegt. Die Hadschis – noch in wallende Gewänder gehüllt – freuen sich sehr, uns zu sehen. Begeistert erzählen sie von Medina und Mekka, aber auch von den eingebildeten Saudis und den fülligen, verschleierten Araberinnen. Auch dass sie lügen mussten, um

Zugang zu allen heiligen Stätten zu erlangen, verschweigen sie nicht. Sie haben sich als Spanierinnen ausgegeben, da Iranern an einigen Orten der Zutritt verweigert wird.

Als plötzlich ein Schaf durch das Wohnzimmer zum kleinen Hinterhof getragen wird, schwant uns Böses. Als dann noch ein Mann mit einem langen, scharfen Messer in der Hand erscheint, wird uns klar, dass das arme Tier nur noch wenige Minuten zu leben hat. Wir werden dazu gebeten, als Sada und Gol über das noch blutende und zuckende Schaf steigen müssen. Keine halbe Stunde später übergibt der Fleischer die kochfertig portionierten Fleischstücke der Familie. Danach verschwindet er diskret mit einem großen, braunen Plastikbeutel, der die Überreste enthält.

Später müssen die Männer zur Arbeit. Und auch Heppo macht sich mit Ali und Reeza auf zum Schrauberviertel Amir Kabir, da ein Ölwechsel ansteht. Ich soll bei den Frauen bleiben. Kaum sind die Männer aus dem Haus, geht es los. Ich bin wieder mal erstaunt, wie freizügig hier auch vor den Kindern intimste Themen besprochen werden. Ich käme ja nie darauf, mit meiner Mutter und meiner Schwiegermutter eventuelle Eheprobleme zu diskutieren. Hier ist das aber anscheinend völlig normal. Zwischenzeitlich kommen immer wieder Gäste vorbei, zumeist Frauen, um den Pilgerinnen ihre Ehre zu erweisen. Die Besucherinnen sitzen zunächst brav und bekopftucht vor Beistelltischen voller Obst und Süßigkeiten. Sie werden erst etwas lockerer, als wieder das Lieblingsthema Sex hervorgekramt wird. Mir gefällt die geschiedene Leila, die sich ihren Lebensunterhalt mit Kaffeesatz- und Kartenlesen verdient. Die 40-Jährige hat einen Freund, der zwar arm ist, dafür aber gut aussieht und Leila zu beglücken weiß, was wiederum ihr gefällt. Sie verteidigt ihren Lover tapfer gegen alle Anfeindungen und erläutert seine Vorzüge sehr detailliert. Während ich versuche, nicht allzu prüde zu wirken, langweilen sich die beiden Kinder unterdessen tödlich. Die fünfjährige Ilka spielt schon seit Stunden »Cosmetic Studio«

auf dem Handy. Ahu guckt ebenfalls starr auf ihr Tablet und kleidet Cheerleader ein. Die anwesenden Frauen hingegen ziehen sich bereits zum dritten Mal um und tragen wiederholt Lippenstift auf. Auch für mich dehnt sich die Zeit endlos – es ist bereits Nachmittag. Wann wird endlich das Schaf zubereitet? Nichts passiert. Stattdessen bestellt man Kebab und Hühnchen vom Schnellimbiss. Das Schaf verschwindet in der Tiefkühltruhe oder wird den Gästen portionsweise mitgegeben. Vor meinem inneren Auge erscheint ein Tiger, der in einem Käfig auf und ab wandert. So lange in einer überheizten Wohnung zu sein, bin ich einfach nicht mehr gewohnt. Ich fühle mich eingesperrt. Eine kleine Auflockerung bringen die Hennatattoos, mit denen Gol liebevoll alle Anwesenden verziert. Als Heppo am Abend endlich mit den Männern zurückkommt, bin ich komplett fertig vom Cheerleader-Anziehen und Püppchen-Schminken. Doch die Familienfeier ist noch immer nicht vorbei. Weitere Gäste werden empfangen. Gerade als ich anfange, mich in mein Schicksal zu fügen, gibt Ali das Signal zum Aufbruch. Ahu muss morgen schließlich früh raus. Allah segne die Schulpflicht!

Nach dem Frühstück verabschieden wir uns schnell von Enissa und Ali. Er hat Tränen in den Augen, als er uns ein letztes Mal zuwinkt. Nun habe ich ein schlechtes Gewissen. Die Familie ist so nett, und ich bin so undankbar. Ich konnte gestern diesen wichtigen Tag gar nicht wertschätzen und fühle mich jetzt mies. Mit Heppo diskutiere ich noch lange über die Familienzwänge im Iran. Und was wir partout nicht begreifen können: Warum haben die gelangweilten Hausfrauen das geopferte Schaf nicht zubereitet? Ich mutmaße dahinter einen Akt der Emanzipation, aber wirklich verstehen kann ich es nicht. Je länger wir uns im Iran aufhalten, desto mysteriöser wird dieses Land für mich.

Heute ist Rosenmontag, und die Welt macht mir Angst. Geht es eigentlich jemand anderem auch so? Vielleicht sollte ich keine Zeitung mehr lesen. Aber nun ist es schon einmal geschehen. In der Kleinstadt Zandschan funktioniert das Internet plötzlich und unerwartet in Highspeed-Qualität, sodass ich mir die Online-Ausgabe von *Die Zeit* auf meinen E-Book-Reader laden kann. Es kriselt schwer an allen Ecken dieser Welt. Was veranstaltet Putin eigentlich da in der Ukraine? Und warum fällt Amerika nichts weiter dazu ein, als Waffen liefern zu wollen? Welche wichtige Rolle spielt nun plötzlich Deutschland? Und was geschieht da gerade in Griechenland mit dem Euro? Was ist mit der europäischen Idee? Und warum passieren diese Gewaltexzesse im Namen eines sogenannten Islamischen Staats? Wird es einen Dritten Weltkrieg geben? Was ist nur mit den coolen 1990er-Jahren geschehen, als wir dachten, die Welt wäre auf dem Weg zu einer großen, friedlichen Gemeinschaft? Zumindest existierte diese Illusion doch in Europa, oder? Die anderen Länder, Staatengemeinschaften und Kontinente, insbesondere Afrika und die arabische Welt, schienen damals wahnsinnig weit weg zu sein. Und was machen wir alle gerade? Wir tun weiter so, als wäre nichts geschehen. Statt uns ein Versteck im Wald zu graben, nach Grönland auszuwandern, Selbstverteidigung zu lernen oder schon mal vorsorglich Vorräte einzuwecken, interessiert Europäer wie Amerikaner weiterhin nur das neuste Smartphone im gebürsteten Goldlook. Für ein mögliches Szenario fühle ich mich persönlich aber gut gewappnet: Sollte Russland Europa übernehmen, so werde ich die weiße Fahne hissen, den Eindringling mit einem freundlichen »*Sdrastwujte*« begrüßen und meine Übersetzungsdienste anbieten. Heppo lässt sich unterdessen die Laune nicht verderben und geht zum Friseur. Er entlockt mir ein lautes Lachen, als er im iranischen Rock-'n'-Roller-Style zurückkommt – mit Tolle und Föhnfrisur. Stimmt, es ist Fasching, und die Welt dreht sich weiter – vorerst zumindest.

In Täbris lernen wir Abdoul kennen, der uns eine seltsame Geschichte erzählt. Er ist in Freiburg geboren und halb Iraner und halb Deutscher. Als er gerade eben mal fünf Jahre alt war, haben sich seine Eltern scheiden lassen, worauf ihn sein Vater in den Iran entführt hat.

Seine Mutter hatte Glück und konnte ihn nach einiger Zeit ausfindig machen und nach Deutschland zurückholen. Als Erwachsener wollte er dann seinen Vater neu kennenlernen und im Iran besuchen. Sofort versuchte man ihn, zum Militärdienst einzuziehen. Sein Vater ließ sogar seinen deutschen Pass verschwinden. Nun sitzt er seit über fünf Jahren im Land fest und kann nicht mehr zurück nach Deutschland.

Irgendwie muss er nun beweisen, dass er mehrere Jahre im Besitz eines deutschen Passes war, Geburtsurkunden und Einträge der deutschen Meldebehörden auftreiben und diese vorlegen. Er will unbedingt zurück nach Deutschland, ist aber nun bereits so lange hier, dass er sich mittlerweile notgedrungen ein Leben in Täbris aufgebaut hat. Er hat eine Freundin, die er bald heiraten möchte. Dafür arbeitet er in einer Imbissbude für 250 Euro im Monat, sieben Tage die Woche, zwölf Stunden täglich. Obwohl man ihm seine Zerrissenheit und Erschöpfung deutlich anmerkt, nimmt er sich nach Feierabend noch Zeit für uns und lädt uns zu sich nach Hause ein. Dort hören wir weitere Horrorgeschichten: Auf Alkoholkonsum stehen drakonische Strafen, zumeist eine Geldbuße und Peitschenhiebe. Bei den Hieben wird unterschieden zwischen den leichten, mit unter dem Arm geklemmten Koran, und den harten, bei denen die Peitsche voll durchgezogen wird.

Für den nächsten Abend verabreden wir uns noch einmal mit ihm in einem Café am Stadtrand, das von Künstlern besucht wird. Dieses ist in Täbris eine Besonderheit, denn hier sitzen sowohl Männer als auch Frauen in lockerer Runde beisammen. Das Café ist liebevoll eingerichtet und mit Zeichnungen und Skizzen dekoriert. Serviert wird Pasta auf bunten Tellern, Tees und Fruchtcocktails. Wir treffen auf Designer, Fotografen und Künstler, alle Anfang 20. Einige der Männer sind Sprayer und haben gerade eine Ausstellung in London, an der sie aber leider nicht teilnehmen können, da sie kein Visum erhalten haben. Die jungen Frauen in der Runde sind allesamt Designerinnen und für iranische Verhältnisse wahrscheinlich eine ziemliche Avantgarde: Sie dürfen immerhin bis Mitternacht ausgehen und mit jungen Männern in modischen Caféhäusern sitzen. Dann müssen sie aber doch nach Hause. Mit dem Rest der Gruppe drehen wir anschließend noch frierend zwei Runden im Shahgoli-Park, rund um den großen, künstlich angelegten See. So sieht es also aus, das klassische iranische Ausgehvergnügen »Eine Runde im Park drehen«.

Der kleine Ort Kandovan nördlich von Täbris wird als die Touristenattraktion schlechthin angepriesen, weshalb wir dem malerischen Dorf einen Besuch abstatten. Tatsächlich ist es mit seinen Behausungen, die zum Teil in den Fels geschlagen wurden, sehr hübsch und könnte auch in Kappadokien in der Türkei liegen. Die Bewohner sind geschäftstüchtig und verkaufen getrocknete Kräuter, selbst gestrickte Socken und Wolltaschen an die zahlreichen Touristen. Aber nach einer halben Stunde hat man dann das meiste gesehen. Wir sind trotzdem glücklich, hier zu sein. Die Sonne strahlt hell über einer verschneiten Landschaft, und in uns erwacht sonderbarerweise ein heimeliges Weihnachtsgefühl. Eine Erinnerung für uns, langsam den Nachhauseweg anzutreten, denn mittlerweile haben wir eine Deadline für unsere Reise: Heppos Bruder wird Anfang April heiraten, und bis dahin müssen wir zurück sein. Wir werden uns tatsächlich etwas beeilen müssen …

HEIMREISE
IM SCHNELL-
DURCHLAUF

21.2.-1.4.2015

Alkohol in Armenien

Der armenische Grenzbeamte macht seine Arbeit sehr genau. Er öffnet auf der Suche nach Drogen jedes Schränkchen, klopft unsere Wandverkleidung nach einem doppelten Boden ab und wühlt sich minutenlang durch meine Fototasche. Schließlich erregt eine einzelne Tablette in unserer grünen Kruschtkiste seine Aufmerksamkeit. »Was ist das?«, fragt er auf Russisch. Wir wissen es nicht. Wirklich nicht. Vielleicht ein Aspirinersatz? »Moschet bit Aspirin, nje snaju.« Noch eine Zeit lang hält er mir drohend die einzelne Tablette unter die Nase, wohl um zu sehen, ob ich vor Angst bibbernd und zitternd zusammenbrechen werde. Als ich aber nur weiterhin – im Bewusstsein meiner Unschuld – lachend mit den Schultern zucke, gibt er entnervt auf: »Ladna, charascho.« Also gut, wir dürfen nach Armenien einreisen.

Ein bisschen Sorgen bereiten uns die vielen weiß verschneiten Berggipfel vor uns. Dieses Gebirge müssen wir in den kommenden Tagen überqueren. Die nächsten Pässe – beide über 2.500 Meter gelegen – könnten ein Problem werden.

In der Ortschaft Meghri gehen wir in den erstbesten Laden. Gefüllte Wodkaregale und Kühlschränke voller Bier erwarten uns. Unsere Freude angesichts der plötzlich wieder legalen und frei zugänglichen

Alkoholika ist offensichtlich ansteckend, denn die Ladenbesitzerin umarmt uns spontan, drückt mir ein Küsschen auf die Wange und schenkt uns Trockenfrüchte. Da der Pass laut den Einwohnern wegen Schneefall im Moment nicht passierbar ist, brechen wir erst einmal zu einem ausgedehnten Spaziergang durch den Ort auf. In einer Disco mit angeschlossenem Barbetrieb stärken wir uns bei einem Stückchen Pizza und beobachten verstohlen die Armenier. Mann trägt Tarnanzug und die Frauen Pelzkragen. Schwarze Lederjacken scheinen außerdem das Accessoire des Winters zu sein. Die anwesenden Gäste – fast ausschließlich Männer – beachten uns überhaupt nicht. Im Iran wäre das nicht passiert! Dort konnte man keine zwei Minuten sitzen, ohne von jemandem angesprochen zu werden. Hier ist man stattdessen wieder russisch cool. Von Aida und ihrem Bruder Samuel werden wir dann aber doch in ihren kleinen Krämerladen gebeten und auf ein Gläschen selbst gemachten Obstwein eingeladen. So meinen wir zumindest. Die ältere Frau gibt uns nach dem Glas jedoch deutlich zu verstehen, dass wir nun doch bitteschön die angebrochene Flasche kaufen könnten. Diese Direktheit kommt uns nach den letzten Wochen im höflichen Iran fast schon brutal vor. Da wir heute aber unseren guten Tag haben, geben wir ihrem Drängen nach. Wir entdecken hier jedoch auch vieles, was uns bereits aus Russland und Kasachstan vertraut ist, zum Beispiel die alten Lada und die Lastwagen russischer Fabrikation – GAZ, UAZ und Kamaz.

Gegen Mittag bekommen wir grünes Licht, der Pass ist offen. Allerdings gibt es augenscheinlich keinen Winterdienst. Die Straße ist zu weiten Teilen mit dicken Eisplatten bedeckt, und am Straßenrand türmt sich meterhoch der Schnee. Wir kommen nur sehr langsam voran. Wenigstens scheint die Sonne, und die Sicht ist klar.

Armenien rühmt sich, neben Äthiopien eine der ältesten christlichen Gemeinschaften der Welt zu haben. Ein überdimensioniertes Christusplakat weist uns den Weg zum Kloster Norawank, gleich dahinter steht eine Werbung für Hochprozentiges. Jesus Christus und Wodka, das fühlt sich dann doch irgendwie vertrauter an als Imam Hussein und Wasserpfeife. Denn neben all dem Respekt und Interesse für fremde Kulturen empfindet man dann doch nach einer Weile plötzlich eine gewisse, manchmal auch für einen selbst überraschende Freude beim Wiedererkennen der eigenen kulturellen Identität. So ergeht es jedenfalls uns gerade. Auf Reisen lernt man eben auch viel über sich selbst. Das Kloster liegt wunderschön und einsam inmitten der Berge. Wir sind allein hier. Rote Felsen bilden einen markanten Hintergrund, und uns fallen die sorgfältig bearbeiteten, steinernen Grabstelen auf. Auf diesen sind keltisch anmutende Kreuze inmitten von geometrischen und pflanzlichen Motiven zu sehen. Die sogenannten Chatschkars werden von den Armeniern als Glücksbringer betrachtet. Wahrscheinlich ist dieser Glaube darauf zurückzuführen, dass die bildhauerischen Meisterwerke besonders schwierig anzufertigen waren und teuer bezahlt werden mussten.

Vom Kloster Chor Virap nahe der türkischen Grenze kann man ihn besonders gut sehen, den mächtigen Berg Ararat. Scheinbar basislos schwebt er vor uns in der Luft, wie ein Phantom. Der untere Teil ist wolkenverhangen, doch das obere Drittel ist gut zu erkennen. Der Ararat ist der höchste Berg der Türkei, doch auch für die Armenier ist er ein Nationalsymbol. Diese haben bis zum Völkermord durch die Türken vor genau 100 Jahren in den sechs armenischen Ostprovinzen des Osmanischen Reichs um den Ararat herum gesiedelt. Seitdem ist die Beziehung der beiden Länder zueinander nachhaltig gestört, und es gibt noch nicht einmal einen gemeinsamen Grenzübergang.

Mutter Armenien, Mayr Hayastan, hält schützend ihr Schwert über uns. Bei einem derart beeindruckenden Stellplatz direkt unter dem Wahrzeichen der Hauptstadt Jerewan kann sicher nichts schiefgehen. Über die sogenannten Kaskaden, eine monumentale Treppen- und Brunnenanlage mit integriertem Museum, gelangen wir direkt in das kulturelle Zentrum der Stadt. Große Tier- und Menschenskulpturen zieren den Platz am Fuße des Berges vor der Oper. Unser touristisches Programm geht dann später nahtlos in die Erforschung der städtischen Trinkkultur über. Wir sind entzückt. Nach den Wochen und Monaten in muslimischen Ländern finden wir hier knapp bekleidete Kellnerinnen, tätowierte Barkeeper und ein gemischtgeschlechtlich urbanes Publikum vor. Rundum glücklich sind wir mit Bier vom Fass, zuerst im Woodrock und dann im Hemingway's. Irgendwann tanzen wir vor der Bar und bekommen vom Thekenpersonal hochprozentige Getränke spendiert. Keine Ahnung, wie wir dann wieder den Berg hoch zu Frau Scherer kommen. Am nächsten Morgen fühle ich mich auf jeden Fall fürchterlich und bin erst am Nachmittag wieder so weit, einen kleinen Ausflug in die Stadt wagen zu können.

Am Kunsthandwerkermarkt entdecken wir eine krude Mischung aus unsäglichen Ölschinken, Russlanddevotionalien, gravierten Knochenketten mit Christus-, Totenkopf- und Würfelsymbolen und Selbstgehäkeltem. Einen angenehmen und alkoholfreien Ausklang findet dieser Tag dann im leicht überambitionierten Öko-Fairtrade-Nichtraucher-Hilfsprojekt-Tierfreunde-Café Green Beans. Dort gibt sich das dynamische, armenisch-schweizerische Besitzerpaar redliche Mühe, aber auch wirklich alles richtig zu machen.

Weinend stehe ich im Kloster Geghard. Wie konnte das passieren? Vor mir singt das Frauenquintett Luys so engelsgleich und herzerweichend armenische Kirchenlieder, dass ich einfach nicht anders kann. Bei Musik bin ich manchmal wirklich empfindlich. Aber auch ohne musikalische Untermalung ist das Kloster sehr faszinierend. Weite Teile der Anlage wurden in den bloßen Fels geschlagen. Die dunklen, höhlenartigen Räume werden von seltsamen Tiersymbolen verziert. Eine Quelle entspringt mitten im Raum und fließt über eine Rinne im Boden ab. Nur vereinzelt fällt Licht durch runde Löcher in die Kammern. Der *Lonely Planet* schreibt dazu sinngemäß: »Man erwartet förmlich, Indiana Jones durch das dunkle Gemäuer laufen zu sehen.« Stimmt, eine derartige Begegnung würde uns hier nicht wundern.

Abends kommen wir in der grauen Kleinstadt Gjumri an, wo uns die Polizei einen Stellplatz direkt im Zentrum zuweist. Die ganze Nacht über hören wir dort unzählige Hunde, die einen ziemlichen Radau machen – bellen, winseln und kämpfen. Wir haben schlecht geschlafen, und ich wecke Heppo mit den Worten:»Auf keinen Fall dürfen wir Sidi hier auch nur eine Sekunde allein vorm Auto laufen lassen. Ich bin sicher, die vergiften hier die Hunde. Die haben ja eine echte Plage!« Wie um meine Worte zu bestätigen – wir sitzen gerade beim Frühstück und blicken verschlafen in den dichten Nebel vor unserem Fenster –, hören wir kurz darauf einen lauten Knall. Wir trauen unseren Augen nicht. Mitten auf dem Marktplatz, keine 50 Meter von Frau Scherer entfernt, steht ein Mann im Tarnanzug, die Flinte im Anschlag. Ein Stück weiter liegt ein totes Tier.»Ich fasse es nicht! Der hat gerade den Hund getötet! Die schießen hier scharf! Mitten auf dem Marktplatz!« Wir sind entsetzt. Nun fährt der Kollege des Hundemörders mit einem zerbeulten, schrottreifen Auto vor. Gemeinsam wuchten sie den Körper in den Kofferraum, der sich kaum schließen lässt, und fahren durch den Nebel davon. Zurück bleibt eine blutrote Schleifspur auf dem grauen Asphalt. In der Ferne hören wir weitere Schüsse. Der Hundejäger fährt seine Runden. Noch zwei Mal werden wir Zeuge, wie quasi vor unserer Nase ein Hund erledigt wird. Unser Bitten, Flehen und Hupen bleibt ungehört. Der Hundejäger zuckt nur genervt mit den Schultern, legt das Gewehr an und drückt ab. Wenigstens ist er ein sehr guter Schütze. Die Tiere werden alle mit einem direkten Kopfschuss getötet und müssen nicht lange leiden. Gjumri, du elendes Kaff. Wir verlassen dich mit Ekel im Herzen! Wie ein Spiegel unserer Stimmung will sich der Nebel nicht lichten. Zäh klebt er sich an unsere Fersen, verfolgt uns, erscheint uns wie in Michael Endes *Momo* als alles verschlingendes Nichts.

Höhlenklöster in Georgien

In Georgien gefällt es uns spontan viel besser. Das Klima ist auch um einiges angenehmer als auf der armenischen Seite. Herrschte dort eben noch bitterer Winter, so liegt hier plötzlich kaum noch Schnee und es ist deutlich wärmer. Die Berghänge links und rechts der kurvenreichen Straße sind von einem langstieligen, goldfarbenen Gras bedeckt, und ein wilder, brauner Fluss schlängelt sich durch ein felsiges Tal. In unserer Landkarte sind in dieser Gegend zahlreiche Quellen verzeichnet, weshalb wir uns in einem Lebensmittelgeschäft nach einer Thermalquelle erkundigen. Die hübsche Verkäuferin weist uns den Weg in ein Seitental. Nach mehrmaligem Nachfragen landen wir schließlich auf einem Gelände mit heruntergekommenen Gebäuden direkt am Fluss. Das Badehaus selbst ist ein baufälliger, lichtloser Schuppen, der über einem schmuddeligen Becken erbaut wurde. Wir haben wirklich ein Händchen dafür, so etwas aufzuspüren. Mittlerweile könnte ich einen Reiseführer *Der morbide Charme der Heilbäder – Serbien bis Tadschikistan* allein über verlotterte Thermalquellen schreiben. Der Besitzer, den man normalerweise erst telefonisch verständigen muss, da er den Schlüssel zur Badeanstalt hat, ist gerade vor Ort. Eine Gruppe armenischstämmiger Georgier möchte ebenfalls die Therme nutzen. Die fröhliche Männerrunde feiert die Geburt eines Kindes. Über einem offenen Feuer köchelt ein großer Topf mit Hammelstücken. Dazu fließt reichlich Wodka. Wir werden sogleich dazu gebeten. Es dauert nicht lange, und wir trinken auf unsere neu geschlossene, georgisch-armenisch-deutsche Freundschaft mit Gigir, Vahan und wie sie alle heißen. Zum Glück erweisen sie sich auch nach dem Genuss größerer Mengen Alkohol als umgänglich. Wir tanzen ein bisschen zu Musik aus dem Autoradio, die Männer singen ein schwermütiges Lied über das Armeniersein in Georgien, und schon ist es Zeit für das erste Bad. Ich bleibe unterdessen im Auto, denn ich habe wenig Lust, mit einer Gruppe angetrunkener Männer im Halbdunkel zu planschen. Später am Abend habe ich das Becken ganz für mich allein. Fast allein, denn der Besitzer lässt es sich nicht nehmen,

25 Mit Blick auf das Dach der Welt: Der Pamir in
Tadschikistan beeindruckt uns durch seine
unglaublichen Landschaften, wie hier am Hochgebirgssee Karakul.

26 Der höchste Punkt unserer Reise, auf
4.655 Metern am Ak-Baital-Pass. Auch wenn
Sidi hier etwas unglücklich aussieht, wir
vertragen die große Höhe alle sehr gut.

27 Der See Jaschikul in der autonomen Provinz
Berg-Badachschan in Tadschikistan liegt auf
3.700 Metern Höhe.

28

29

28 Wir zählen zu den Glücklichen, die den Geysir bei Alichur tatsächlich gefunden haben. Wegen der Beschilderung werden Besucher meist zu einer Mineralwasserquelle in der Nähe geleitet.

29 Idylle pur: Auf diesem tadschikischen Taptschan, einer Mischung aus Sofa, Bett und Tisch, lassen wir uns gern von den netten Einheimischen zu regionalen Köstlichkeiten einladen.

30 Usbekistan ist zwar vor allem wegen seiner wunderschönen, historischen Städte bekannt, aber wir finden auch idyllischen Plätze in der Natur.

30

31 Abenddämmerung in Chiwa, Usbekistan. Die
Stadt wirkt ein bisschen wie ein Freilichtmuseum.

32 Kassenschlager Wassermelone. An den Straßenrändern türmen sich die Durstlöscher zu statt-
lichen Bergen.

33 Heppo ist zu Scherzen aufgelegt. Der goldene
Tiger in Samarkand nimmt es ihm nicht übel.

34

35

36

38

Das Highlight in Turkmenistan ist der Gaskrater bei Derweze. An der »Door to Hell« können wir einfach nicht anders: Wir müssen in Rockermanier »posen«.

Brav verschleiert bin ich dagegen in Persepolis im Iran. Hier stehen wir vor der Grabkammer von Artaxerxes II.

Wir sind tief beeindruckt vor der persischen Baukunst: Die Gebäude in Boshruyeh sind ein Inbegriff an Nachhaltigkeit. Kühltürme führen frische und kalte Luft in den Innenbereich.

Heppo filmt in der Dasht-e Kavir, der Salzwüste im Iran.

Brüder und Schwestern von Frau Scherer. Der Rundhauber wird noch immer von Daimler in Zusammenarbeit mit der Iran Khodro Industrial Group in Teheran produziert.

39 Im Oman müssen wir sehr früh aufstehen, um den spektakulären Sonnenaufgang erleben zu können.

40 Auf dem Tiermarkt von Nizwa sind wir auch bereits in den frühen Morgenstunden unterwegs, um das wöchentliche Spektakel verfolgen zu können.

41 Sidi, Dromedare und Heppo in den Wahiba Sands im Oman.

42 So lasse ich mir Weihnachten gefallen: Mit meinen Lieben im Al Sawadi (Oman) am Meer abhängen und ein lässiges Foto nach Hause mailen.

43 Wir haben es nicht erwartet, aber Dubai gefällt uns erstaunlich gut. Leider können wir uns die Stadt nicht sonderlich lange leisten.

44

45

44 Einen wunderbaren Übernach-
tungsstellplatz finden wir vor
einer Kirche in der faszinieren-
den Bergwelt von Armenien.

45 Eine alte Dame verkauft traditionelles, süßes Brot vor dem
Kloster Geghard in Armenien.

46 Auf dem Nachhauseweg: Wir
sind fast die einzigen Besucher
in der Höhlenstadt Wardsia im
Süden von Georgien.

46

öfter mal durch den Türspalt zu linsen und sich nach meinem Befinden zu erkundigen ...

Wardsia ist ein magischer Ort. Dort wurden in die sonnenbeschienene Südseite eines Berghanges Hunderte Behausungen in den blanken Fels geschlagen. Die Stadt entstand unter dem georgischen König Giorgi III. als Grenzfestung gegen die Türken und Perser. Seine Tochter Tamara machte daraus eine der größten Klosteranlagen jener Zeit. Während eines Konfliktes mit den Türken lebte die Königin dort von 1193 bis 1195 mit ihrem Gefolge. Später wurde der Ort von den Mongolen überfallen und noch etwas später von den Persern. Viele Reichtümer verschwanden auf diese Weise, doch eines konnte man diesem Ort nie nehmen: seine überirdische Ruhe und Schönheit. Noch immer wohnt eine Handvoll Mönche in den einfachen Felsunterkünften. Wir haben Glück und erleben einen Gottesdienst. Außer uns wird nur eine dreiköpfige georgische Familie Zeuge des feierlichen Spektakels. Die anwesenden Geistlichen übertreffen zahlenmäßig ihre Besucher. Da gibt es einen Schwarzgekleideten, der hinten links am Rednerpult an seinen Fingernägeln puhlt und die Sätze des goldgewandeten Priesters vervollständigt. Dieser hantiert – dem Publikum stets den Rücken zugewandt – in einem wenig einsichtbaren Hinterraum, raschelt mit Plastiktüten, schwenkt Kelche und reich bestickte Tücher. Dann gibt es einen Blauen, der bühnenreif durch Türen tritt, um kurz darauf wieder zu verschwinden. Einer in Rot spricht stetig mit dem Heiligenbild zur Rechten. Ein weiterer in Schwarz – wohl ein Assistent – eilt eifrig zwischen den Hauptakteuren hin und her. Ein weiterer Gehilfe wird außerdem benötigt, um die drei schönen Glocken vor der Kirche in Gang zu setzen. Großes Kino! Ich bin auf jeden Fall sehr angetan von den orthodoxen Priestern, die mit ihren langen Haaren und den dichten Vollbärten jeden amerikanischen Neo-Folk-Sänger ziemlich brav aussehen lassen. Im Nonnenkloster ein paar Kilometer weiter geht es dann wesentlich pragmatischer zu. Die Nonnen wohnen auf einem gepflegten Hof in schönster Berglage. Die meisten telefonieren gerade mit ihrem Handy, manche sitzen in der Sonne auf der Terrasse und beobachten den ansehnlichen Mönch, der zum Holzhacken abgestellt ist. Sollte ich etwa Nonne in Georgien werden?

Die Taxifahrer in Achalziche geben uns den dringenden Rat, nicht über den Pass in Richtung Westen zu fahren: »Straße sehr schlecht und meterhoher Schnee!« Nun gut, wir glauben besser den Profis und nehmen 200 Kilometer Umweg in Kauf. Auf dem Weg zum Schwarzen Meer fahren wir daraufhin durch viele kleine Dörfer. Auf den Straßen gibt es plötzlich frei laufende Schweine, die den Straßenrand nach Essbarem durchwühlen. Abends erreichen wir dann die Küste und Batumi. Der bergige Teil liegt nun hinter uns und wahrscheinlich auch der kälteste Abschnitt dieser Reise. Das Klima ändert sich abrupt. Es ist jetzt feuchtwarm. Außerdem wächst hier so einiges, das man eher in tropischen Gefilden vermuten würde: Palmen und dickstängeliger Bambus. Auch wird Tee angebaut, und der Hibiskus blüht.

Batumi, so wurden wir von anderen Reisenden gewarnt, wäre das Dubai Georgiens, von vorn Monte Carlo und von hinten Bukarest. Schon von Weitem kann man ein paar kugelige Türme und Wolkenkratzer erkennen. Der Wille zum Großsein ist unverkennbar. Wir finden einen zentralen Stellplatz direkt an der Hafenpromenade und ziehen gleich los. Die Wasserspiele hier sollen noch beeindruckender sein als die beim Burj Khalifa in Dubai. Und tatsächlich, Batumis hoch technisierter Springbrunnen wartet mit Farbeffekten und Filmprojektionen von Balletttänzern, Indianern und der vielarmigen Göttin Kali auf. Standen wir in Dubai zusammen mit Hunderten anderen Touristen vor dem Spektakel, sind wir nun die einzigen Zuschauer. Die restliche Innenstadt erweist sich anschließend als recht überschaubar. Da gibt es noch eine bewegliche Skulptur namens Ali und Nino, bei der sich jeden Abend zwei Liebende aufeinander zu bewegen, sich küssen, ineinander verschmelzen und dann kurz darauf wieder voneinander entfernen. Auch den Alphabetic Tower mit seiner Doppelhelix und den 33 Buchstaben des georgischen Alphabets schauen wir uns an. Batumi macht durchaus einen sympathischen Eindruck, ist jedoch für unseren Geschmack einen Tick zu herausgeputzt und versnobt.

Schlaraffenland Türkei

Die Straße, die direkt am Schwarzen Meer entlangführt, sieht aus wie eine deutsche Autobahn. Wenn das so bleibt, kommen wir zügig voran. Auch ansonsten überrascht uns die Türkei sehr. Irgendwie hatten wir uns verschlafene Dörfer vorgestellt und alte Frauen in Pumphosen. Doch das Land präsentiert sich uns modern und weltoffen. An der Küste reiht sich Großstadt an Großstadt und Wohnblock an Wohnblock. Die Menschen zeigen sich dort in ihrer bunten Vielfalt. Da gibt es Mädchen in Miniröcken und Männer, die ihren Hund an der Leine spazieren führen. Wir entdecken aber auch Frauen mit Kopftüchern und Männer mit Turbanen. Der Muezzin ruft zum Gebet, und aus den schicken Jeansläden tönt die neueste elektronische Tanzmusik.

Wir sind begeistert von den tollen Restaurants, Fast-Food-Buden und Gemüseständen in Trabzon. Man sieht sofort, die Türken verstehen etwas vom Essen. Meistens kann man direkt in die Küchen sehen. Hier wird mit Begeisterung und Hingabe gekocht, gebrutzelt und der Dönerspieß gedreht. Obst und Gemüse sind zu großen Pyramiden aufgeschichtet. Jede einzelne Frucht wurde zuvor auf Hochglanz poliert. Es gibt Geschäfte, die sich nur auf Honig und Süßigkeiten spezialisiert haben und viele Tee- und Kaffeeläden. Zu unserer Freude stoßen wir auf ein Feinkostgeschäft mit unzähligen Käsesorten. Auch das Brot aus Trabzon verdient es, endlich wieder Brot genannt zu werden. Nach Monaten der kulinarischen Einöde fühlen wir uns wie im Schlaraffenland.

Die Straßen sind zwar immer noch sehr gut, aber der nächste Streckenabschnitt führt durch die Berge. Das Verkehrsaufkommen ist dort ziemlich hoch. Seit fast vier Wochen fahren und fahren und

195

fahren wir, ohne größere Pausen einzulegen, denn daheim verfällt Heppos Familie langsam, aber sicher in Panik. »Dass ihr aber ja bis zur Hochzeit zu Hause seid!« Bei einer Durchschnittsgeschwindigkeit von 29 Stundenkilometern auf der gesamten Reise sind 300 Kilometer pro Tag für uns eine ordentliche Strecke. Bei bergigem Gelände oder schlechten Straßen schaffen wir manchmal auch nur die Hälfte. Langsam sind wir ziemlich erschöpft. Daher nehmen wir, um uns den Umweg über Istanbul zu sparen, die Autofähre über das Marmarameer von Bandırma nach Tekirdağ. Nun sind wir zurück in Europa!

Griechenland und die Krise

Kurz darauf reisen wir nach Griechenland ein. Tatsächlich habe ich ein wenig Bedenken, uns in die Höhle des Löwen zu wagen. Nach all dem, was man aus den Medien so hört, sind die Griechen nicht sonderlich gut auf Deutsche zu sprechen. Mal sehen, was uns erwartet.

Das Thermalbad in Loutra Eleftheron ist in einem schlimmen Zustand. Seit drei Jahren steht die ehemalige Kuranstalt leer, die Gebäude sind verfallen. Uns erscheint der Ort wie ein Symbol für die Krise. Hier treffen wir Christo mit einem Regenbogenschal und seinen Freund Perikles, die gerade streunende Hunde füttern. Wir freuen uns über die guten Menschen und kommen schnell ins Gespräch. Christo ist etwas esoterisch veranlagt und philosophiert über das Wassermannzeitalter. Dieses sei naturgemäß sehr seltsam, ein Umbruch stehe direkt bevor. Wie im Theater könne allein ein mechanischer Gott von außen, ein Deus ex Machina, die Welt vor ihrem Untergang retten. Was oder wen genau er damit meint, bleibt uns verborgen, da wir von weiter eintreffenden männlichen Paaren abgelenkt werden. Wie es scheint, haben wir den inoffiziellen Schwulentreffpunkt der Region entdeckt. Diskret ziehen wir uns zurück und haben dafür dann spät nachts eines der beiden Außenbecken für uns allein.

Das Wetter ist trüb, und wir fahren an einem Ort vorbei, der tatsächlich Drama heißt. Die Autobahnausfahrten sind mit dem griechischen Wort für Ausgang, also »Exodos«, beschildert. Vielleicht bilde ich es mir nur ein, aber Griechenland wirkt tatsächlich ziemlich niedergeschlagen. An einem Gemüsestand erhält Heppo den Auftrag, Angela Merkel einen schönen Gruß auszurichten. Die Hals-ab-Geste dazu gibt der vermeintlich netten Botschaft eine negative Wendung.

Die Ausgrabungsstätte Amphipolis ist geschlossen und sieht ebenfalls etwas vernachlässigt aus. Wir steigen über den Zaun und blicken etwas ratlos auf vermooste Mosaikböden und ein paar kümmerliche Ruinenreste. Im nahen Dorf spricht uns dann Vangelis an, der mehr als 30 Jahre lang in Deutschland gearbeitet hat. Der alte Mann ist verbittert über die Troika und die Europapolitik. Schließlich fantasiert er einen starken Mann, einen Führer, herbei, »einen wie Hitler«. Ich versuche, das Thema zu wechseln und erzähle, dass wir gerade aus dem Iran kommen. Das Stichwort Iran und Muslime gibt ihm allerdings nur weiteren Anlass zu Hasstiraden. Nun hetzt er gegen Flüchtlinge aus dem Nahen Osten und Afrika. Wir finden es schrecklich und auch sehr traurig, so viel Angst und Fremdenfeindlichkeit aus dem Mund eines ehemaligen Gastarbeiters zu hören. Seltsam, ein Mann, der selbst viele Jahre aus wirtschaftlichen Gründen im Ausland verbracht hat, sollte sich doch besser in die Lage dieser Menschen hineinversetzen können. Nach diesem Gespräch bin ich zutiefst deprimiert und verfalle ins Sinnieren: Die Welt ist in einem desolaten Zustand, und wir alle sind schuld daran. Es gibt nicht viel Hoffnung für unseren Planeten. Beim täglichen Blogeintrag fällt mir dann noch etwas ein, von dem ich nicht weiß, ob ich mich darüber freuen oder traurig sein soll: Wir haben ein Reisejubiläum. Vor genau einem Jahr sind wir aus Regensburg aufgebrochen. Und jetzt ist unsere Reise fast schon zu Ende. In einem Monat müssen wir zu Hause sein, und die Anrufe der Familie werden immer drängender. »Wehe, ihr kommt nicht!«, droht Heppos Mama mittlerweile.

Zurück in Albanien

Dann sind wir auf einmal in Albanien und parken mit Frau Scherer direkt vor der Ausgrabungsstätte Butrint an der Meerenge von Korfu. Hier endet auch die Straße. Mit einem kleinen Holzfloß werden sämtliche ankommenden Fahrzeuge auf die jeweils andere Seite des Kanals befördert. Unermüdlich tut der Fährmann auch nachts seinen Dienst. An Bord stehen mindestens zehn Angler Spalier. Die Bewegung des Floßes erspart ihnen das mühsame Auswerfen und Einholen der Fangleine.

Die Halbinsel von Butrint gilt vielen als Höhepunkt eines Albanienbesuchs. Seit Urzeiten haben in dieser fruchtbaren Gegend Menschen gewohnt und ihre Spuren hinterlassen. Auf engstem Raum kann man hier die baulichen Hinterlassenschaften von Hellenen, Römern, Byzantinern, Venezianern und Osmanen bewundern. Die meisten Gebäude sind in einem erstaunlich guten Zustand. Zum Beispiel gibt es ein römisches Theater, eine alte Stadtmauer, eine Nymphenquelle und eine venezianische Burg inklusive Museum. Da uns heute die Sonne anlacht, genießen wir den Gang durch die Vergangenheit besonders. Auch sind die Bienen unterwegs, besuchen die ersten Blüten und künden vom Frühling. Spätestens in Shkodra schließt sich dann ein Kreis. Vor über einem Jahr waren wir schon einmal hier. Damals kam uns der Ort mit seiner Mischung aus Kirchen und Moscheen wahnsinnig exotisch vor. Nun empfinden wir die Stadt fast schon als langweilig normal. Heppo murmelt enttäuscht: »Fühlt sich beinahe schon wie zu Hause an.«

Verdächtig in Montenegro

Unser Aufenthalt in Montenegro währt nur kurz. Dem Grenzbeamten mit kantigem Kinn und Bürstenschnitt kommen wir bei der Ausreise ziemlich verdächtig vor. Bei ihm schrillen die Alarmglocken, als er hört, dass wir aus Albanien, dem Iran und Tadschikistan kommen. Nun ist für ihn klar, er hat es hier mit einer internationalen Drogen-, Waffen- und Menschenschieberbande zu tun. Was nun kommt, finden wiederum wir schockierend. So viel zum Thema Vorratsdatenspeicherung. Im Computer findet er nämlich weitere Verdachtsmomente: »Bereits letztes Jahr wart ihr für einige Tage in Albanien. Warum? Und wo ist der zweite Mann?« Auf dem Bildschirm erscheint ein Foto von Matthias, das er uns triumphierend zeigt. »Warum sind letztes Jahr die beiden Herren für einen Tag mit einem Leihauto von Montenegro zurück nach Kroatien gefahren, nur um gleich darauf wieder nach Montenegro einzureisen?« Wir sind sprachlos. Das alles ist über uns gespeichert? Nur mühsam können wir ihm unsere Zentralasienreise, unser Bremsendesaster und den folgenden zweiwöchigen Zwangsaufenthalt in Montenegro inklusive Ersatzteilversand nach Dubrovnik sowie die Änderung unserer Reiseroute erklären. Für ihn hört sich das alles ziemlich erfunden an, weshalb er immer noch an einen großen Fahndungserfolg glaubt und mit dem Abschrauben unserer Deckenverkleidung beginnt. Daraufhin fange ich tatsächlich zu schwitzen an. Nicht etwa, weil wir doch etwas zu verbergen hätten, sondern vielmehr, weil wir unsere Frau Scherer mit viel Liebe und Hingabe ausgebaut haben und ich diesem groben Typen wenig Vertrauen entgegenbringe, dass er unsere Einrichtung mit der gleichen Sorgfalt behandeln wird. Schließlich sieht er ein, dass das Entfernen der Sperrholzplatten eine größere Aktion wäre, und holt stattdessen ein Handmessgerät mit einem aufgeklebten Radioaktivzeichen. Wir vermuten, dass er damit die Dichte unserer Isolierung messen und so etwaige Unregelmäßigkeiten feststellen kann. Nach weiteren Verhören und langwierigen Durchsuchungen werden wir endlich als unverdächtig entlassen. Gut so, denn obwohl komplett unschuldig, fühle ich mich bei zu viel Polizeikontakt stets irgendwann wie ein Verbrecher und entwickele ein schlechtes Gewissen. Lustig jedoch ist, dass wieder einmal niemand Sidi entdeckt hat, der vorn im Fußraum chillt!

Hausbesetzer in Kroatien

Bereits letztes Jahr sind wir bei Šibenik auf einen verlassenen Campingplatz gestoßen. Das war ein so schöner Platz, dass ich schon damals am liebsten geblieben wäre. Diesen Ort haben wir nun für eine kurze Ruhepause vom Fahren ausgewählt. Bei unserer Ankunft finden wir drei junge Menschen beim Holzhacken vor. Iwa, Luka und Gonzo wohnen bereits seit Oktober letzten Jahres mit ihren vier Terrierdamen hier. Sie haben den Platz besetzt und sich den ehemaligen kleinen Supermarkt zu einem gemütlichen Heim umgebaut. Als Fans von Hausbesetzungen und alternativen Wohnprojekten freut uns das sehr. Von ihnen erfahren wir, dass der Platz faktisch niemandem gehört, da der ehemalige Besitzer – zwangsenteignet im Zuge der Kriegswirren nach dem Zusammenbruch Jugoslawiens – bereits seit Jahren erfolglos vor Gericht klagt. Wahrscheinlich wird es auch so schnell zu keiner Einigung kommen. Sie haben es sich gemütlich eingerichtet, mit Möbeln vom Sperrmüll, einem Holzofen, Strom aus dem angezapften öffentlichen Netz und einem gecrackten Internetmodem. Luka, der Jüngste im Bunde, ist ein begnadeter Koch und bereitet für Bewohner und Gäste selbst gefangenen Aal in Tomaten-Knoblauch-Soße zu, den wir einfach probieren müssen. Zu späterer Stunde traue ich mich, seinen Freund Chleba auf seine verstümmelte rechte Hand anzusprechen. »I was playing with a mine when I was eleven«, lautet seine lapidare Antwort.

Tagsüber scheint die Sonne, doch ein eiskalter Wind fährt einem direkt in Knochen. Das ist die Bora, ein kalter, von Sonnenschein begleiteter Fallwind aus dem Norden und das Gegenstück zum Jugo, der feuchtwarmes Wetter bringt. »I like Bora. Bora is like Coca!«, meint Chleba grinsend. Luka erklärt weiter: »Bora macht einen klaren Kopf und eine verschnupfte Nase, daher der Vergleich mit Kokain.« Trotz des kalten Wetters sind wir am Abend alle in Feierlaune. Ein Lagerfeuer wird geschürt und das Soundsystem aufgebaut. Wir tanzen zu Psytrance um das Feuer, und sogar die Terrier sind außer Rand und Band.

Schlagartig überfällt mich die Erkenntnis: Terrier sind wohl die einzigen Hunde, die wirklich mit dieser Art von Musik kompatibel sind.

Am nächsten Morgen regnet es. Die Kroaten sind immer noch wach, als mittags der französische Couchsurfer Virgile angeradelt kommt. Der Erziehungswissenschaftler ist sichtlich überfordert von der wilden Truppe und dankbar dafür, dass er bei uns im Lastwagen einen Kaffee trinken kann. Er ist unterwegs nach Zentralasien, mit Ziel China. Er hat es sich zur Aufgabe gemacht, unterwegs Schulen mit alternativen Erziehungsmethoden zu besuchen und näher kennenzulernen. Begeistert erzählt er von seinen tollen Projekten in Italien und Frankreich. Eines Tages möchte er vielleicht selbst eine kleine Schule leiten. Tags darauf brechen wir am Morgen auf. Und auch Virgile schwingt sich wieder auf sein Fahrrad, denn das Wetter ist gut. Die kroatische Party-WG schläft währenddessen einen tiefen, längst überfälligen Schlaf. Ich hinterlasse ihnen eine Notiz mit einer Einladung nach Regensburg.

Der österreichische Schamane

Michael haben wir zuletzt in Kirgistan gesehen. Nun treffen wir ihn zusammen mit seiner Frau Chrissie auf seinem Biohof Gelsomina in der Nähe von Graz wieder. Wir haben Glück, denn heute ist Backtag, wie jeden Dienstag. Alle Zutaten stammen aus biologischem Anbau, und das Mehl wird immer frisch vermahlen. Wir dürfen Dinkelweckerln und Roggenbrot probieren, was wir uns nicht zweimal sagen lassen. Endlich wieder richtiges, echtes Brot – himmlisch! »Guten Morgen, Pony Zurka!« Auch den beiden Eseln Gelsomina und Donkey sagen wir »hallo« und kraulen die Tiere ausgiebig hinter den Ohren. Russkaja, die mongolisch-russische Hundedame, wartet schon wedelnd auf ihren marokkanischen Spielkameraden Sidi. Bei einem langen Waldspaziergang dürfen sich unsere Hunde so richtig austoben. Michael erzählt uns unterdessen von seinen Zukunftsplänen. Inspiriert von seiner Mongoleitour im letzten Jahr würde er gern Offroadreisen für Selbstfahrer anbieten.

Trotz des nasskalten Wetters wollen wir uns nach diesem Besuch noch Linz ansehen. Die Stadt sieht ein bisschen wie Regensburg aus. Im Gegensatz zur verschlafenen, oberpfälzischen Hauptstadt merkt man aber deutlich, dass der Ort sehr von seiner Kunst- und Musikhochschule profitiert. Im Stadtbild findet man vielfältige Spuren und Kreativräume der jungen Künstler und Künstlerinnen. Von österreichischen Freunden hatten wir bereits einen Überblick über die Linzer Musikszene bekommen. So erlebt die Stadt wohl gerade einen Austropop-Boom. Die Zwei-Mann-Art-School-Band Koenigleopold macht aktuell richtig Furore mit ihren wilden Videos und wahnwitzigen Texten.

Und dann passiert noch etwas völlig Unerwartetes. In der Kneipe Stan's treffen wir auf den Wahllinzer André, der gerade eine Schamanenausbildung nach Art der Lakota-Indianer absolviert. Er hat ein sehr intensives Schwitzhüttenwochenende hinter sich und versucht, seine wild durcheinandergehenden Gefühle mit Weizenbier zu betäuben. Das ist schon ein wenig seltsam, aber André ist trotz aller Widersprüche ein interessanter Mensch. Als die Wirtschaft schließt, nehmen wir den ehemaligen Hamburger Hausbesetzer mit zu uns. Auf zwei Gitarren und einem Bass spielen wir eine erstaunliche Session. Wer hätte das gedacht? Da fährt man bis nach Kirgistan, um dann in Linz auf einen Schamanen zu treffen, der mit uns musikalisch harmoniert.

War alles nur ein Traum?

Und plötzlich liegt der letzte Tag unserer Reise vor uns. Eine kleine Zwischenstation haben wir aber noch eingeplant, bevor wir zurück in der Heimat sein werden. Silvia und Christoph, die wir zuletzt in Dubai gesehen haben, mussten nämlich aus familiären Gründen ihre Afrikareise unterbrechen und warten nun in ihrer Wohnung in der Nähe von Passau auf uns. Wir kämpfen uns durch einen heftigen Sturm zurück nach Deutschland, vorbei an abgedeckten Dächern und entwurzelten Bäumen. Unser Schutzengel ist uns aber weiterhin hold, und so gelangen wir unversehrt zu unseren Reisebekannten. Christoph überrascht uns mit einer großen Portion Kässpatzen, und beim gemeinsamen Essen erzählen sie uns von ihren weiteren Reiseplänen. In gut einer Woche werden sie zurück in den Sudan fliegen und ihre Afrikareise fortsetzen.

Zum Schluss könnte ich jetzt noch eine große Statistik aufrollen und irgendwas schreiben von über 25 besuchten Ländern und fast 40.000 gefahrenen Kilometern, aber ich bin eine schlechte Buchhalterin. Darüber hinaus ist unser Tacho auch eine Zeit lang ausgefallen. Auch ein tolles Reisefazit kann ich nicht wirklich präsentieren. Es scheint, wenn man die große Erkenntnis sucht, findet man statt der einen allumfassenden Antwort vielmehr zahlreiche neue Fragen. Tatsächlich haben wir nur an der Oberfläche gekratzt. Was wissen wir denn wirklich von Kasachstan, Kirgistan, Usbekistan und dem Iran? So gut wie nichts. Immerhin sind uns all diese Länder, die vorher so unendlich weit entfernt waren, nun ein Stück weit vertrauter geworden. Wir werden in Zukunft bei Zeitungsmeldungen über Tadschikistan ein Bild vor Augen haben und wissen, wo dieses Land auf der Landkarte zu finden ist. Wir werden nie wieder den Iran mit dem Irak verwechseln. Wir wissen nun auch, dass Islam nicht gleich Islam ist, dass es Schiiten und Sunniten gibt und sogar Muslime wie in Kasachstan und Kirgistan, die Schnaps trinken, Schweinefleisch essen und Allah einen guten Mann sein lassen. Wir kehren zurück mit vielen schönen Erinnerungen an nette, gastfreundliche Menschen und sind sehr froh, diese getroffen zu haben! Und so sind wir ein bisschen neidisch auf Silvia und Christoph, die bald weiterreisen können. Wehmütig blicken wir durch den Schneesturm draußen vor der Tür in die weite, ferne Welt ...

Übrigens schaffen wir es natürlich noch rechtzeitig zur Hochzeit von Heppos Bruder. Am Abend vor dem großen Ereignis rollen wir in Regensburg auf den Wagenplatz und sind am nächsten Morgen pünktlich am Standesamt. Auf den Hochzeitsfotos sind wir etwas schräg im Ethnolook gekleidet. Verwirrt blicken wir in die Kamera, denn eigentlich sind wir noch gar nicht wirklich angekommen ...

REISETIPPS

»Glaube keiner Information, die du nicht selbst überprüft hast!« Dieses Motto fanden wir auf unserer Reise wiederholt bestätigt. Menschen und Situationen ändern sich. Was heute gilt, ist morgen schon längst nicht mehr richtig. Daher weisen wir dringend darauf hin, alle folgenden Tipps stets selbst zu überprüfen. Der eine oder andere Hinweis mag sich aber vielleicht doch als nützlich erweisen. In diesem Sinne: »Eine gute und sichere Reise!«

Bitte beachten: Die folgenden Länderinformationen erheben keinerlei Anspruch auf Vollständigkeit. Dieser Anhang soll kein Reiseführer sein, sondern stellt eine sehr persönliche Auswahl dar. Zumeist geht es um Dinge, die uns gerade vor Ort beschäftigt haben, etwa die Einreise mit Hund oder die Versorgung mit Trinkwasser. Durch manche Staaten, zum Beispiel Österreich und Polen, sind wir einfach durchgefahren. Daher werden diese hier auch nur sehr kurz abgehandelt.

Wir finden, folgende Dinge sind unerlässlich:
- eine ADAC-Plus-Mitgliedschaft,
- ausreichend Bargeldreserven in US-Dollar (!) und Euro an verschiedenen Orten sicher im Wohnmobil verstaut,
- ein Wasserfilter der Marke Katadyn,
- stapelbare Zehnliterwasserkanister der Marke Kabi. Leider werden diese Kanister nur gebraucht gehandelt, da darin eigentlich medizinische Kochsalzlösung vertrieben wird. Wer wie wir keinen fest verbauten Wassertank hat, ist mit den Kanistern gut beraten.

Agentur

Die benötigten Visa kann man selbst vorab und/oder unterwegs organisieren. Wir haben diese Aufgabe aber einer Agentur übertragen und damit sehr gute Erfahrungen gemacht: www.koenig-tours.de

Albanien

Diesel
1,37 Euro/Liter (Stand März 2018).

Kommunikation
Von Vodafone gibt es ein Angebot für das Mobiltelefon für umgerechnet drei Euro, mit dem man circa 20 Minuten ins Ausland telefonieren kann, unter anderem nach Deutschland, Griechenland, Kanada und in die Türkei. Das Guthaben ist aufladbar. Offene WLAN-Netzwerke standen nicht zur Verfügung, auch nicht an den Tankstellen.

Lebenshaltungskosten
Für Touristen ist Albanien ein relativ günstiges Reiseland. Essen gehen kostet mit Getränk circa fünf bis sechs Euro pro Person. Handeln sollte man angesichts der niedrigen Löhne eher nicht, vor allem nicht bei Dingen des täglichen Bedarfs.

Literatur
Reiseführer
Meike Gutzweiler: *Albanien*, Reise Know-How Verlag.

Orte
Butrint Ausgrabungsstätte
Der Parkplatz vor der Ausgrabungsstätte ist eigentlich nur dann ein guter **Stellplatz,** wenn man am nächsten Tag gleich frühmorgens die Sehenswürdigkeit besichtigen möchte: N39°44'37.6" E020°01'07.4".

Eintritt Ausgrabungsstätte: 700 Leke, also circa fünf Euro pro Person.

Plazh Livadh Campingplatz
Hier bezahlt man für ein Wohnmobil fünf bis sieben Euro (Verhandlungsbasis). Es gibt gute Duschen mit heißem Wasser. Eine Waschmaschinenladung kostet drei Euro. Theoretisch steht WLAN zur Verfügung, das bei uns aber nicht funktioniert hat. Der Besitzer Denis spricht perfekt Deutsch. Der Strand ist recht hübsch. N40°06'26.6" E019°43'38.7".

Shengjin
Der Strand bei Shengjin ist nichts Besonderes, der Ort ist vermüllt und hässlich und mit Betonburgen verbaut. Hier trotzdem die Koordinaten vom Strandstellplatz: N41°48'18.5" E019°35'57.3".

Stellplätze
Wenn man freundlich fragt, kann man sich sicherlich überall hinstellen. Die Albaner plaudern gern und sind sehr hilfsbereit.

Südalbanien
Südalbanien ist sehr bergig. Mit unserem Auto brauchten wir sehr lang, und das Fahren war sehr anstrengend. Erst ab Vlore wurde die Strecke besser, da die Landschaft hier flacher wird und Teilstrecken als Autobahn vorhanden sind. Auch die Strände werden erst ab Vlore und weiter südlich schön und interessant.

Sprache
Albanisch ist eine indogermanische Sprache, die aber kaum Ähnlichkeit mit einer anderen Sprache hat. Einige Einflüsse aus dem Slawischen und Italienischen sind jedoch erkennbar. Die Wörter sind sehr lustig, und man kann sie sich gut merken. Die Aussprache ist eher genuschelt, mit Betonung auf dem vorletzten Teil des Wortes.

Hier ein kleiner Auszug:
Ju lutem (höflich) – bitte
Ju faleminderit (höflich) – danke
Mirupafshim – Auf Wiedersehen
Si je? – Wie geht's?
Si jeni? – Wie geht es Ihnen?
Jam mire. – Mir geht es gut.
Miredita! – Guten Tag!
Mirebrema! – Guten Abend!
Lavazh – Autowäsche
Und um die Verwirrung perfekt zu machen:
Jo (begleitet von einem Kopfnicken) – nein
Po (begleitet von einem seitlichen Kopfschütteln) – ja

Straßen

Die albanischen Straßen sind besser als ihr Ruf. Aber die Autobahnauffahrten werden als Bushaltestellen missbraucht. Auf der Autobahn
laufen Menschen und Kühe über die Straße, selbst einen Geisterfahrer
haben wir gesehen. Alle Straßen – auch die Autobahn – sind gebührenfrei.

Währung

Ein Euro entspricht etwa 130 Leke (Stand März 2018).
Die Albaner haben eine seltsame Angewohnheit, sie nennen immer
eine 0 mehr. Wenn also etwas eigentlich 500 Leke kostet, sagen sie
5.000.

Wasser

In den Bergen findet man viele Quellen mit guter Wasserqualität.

Armenien

Diesel

0,80 Euro/Liter (Stand März 2018). Die Ausfuhr unserer vielen Hundert Liter Diesel vom Iran nach Armenien war kein Problem. Es gab keine Dieselsteuer zu entrichten, wie man das von den Grenzübergängen zwischen dem Iran und der Türkei (insbesondere vom Grenzübergang Bazargan) immer hört.

Ein- und Ausreise

Bei der Einreise nach Armenien kassierte man von uns knapp 70 Euro: Ökosteuer, Straßenbenutzung, Autoeinfuhr etc. – nicht verhandelbar. Unser Auto erhielt nur eine Aufenthaltsberechtigung von 15 Tagen, mehr Tage wären wesentlich teurer gewesen. Bei der Ausreise wurden erneut 29 Euro fällig.

Kommunikation

Wir hatten öfter mal Internetzugang über ungesicherte Netzwerke in den Ortschaften. In allen Restaurants und Bars gibt es WLAN.

Orte

Gjumri

Gjumri – immerhin die zweitgrößte Stadt Armeniens – präsentierte sich uns als kleine, graue und Hunde mordende Kleinstadt. Wer hier trotzdem eine Nacht bleiben möchte, dem sei der große, kostenfreie **Parkplatz** direkt am Marktplatz empfohlen und das ebenfalls dort zu findende gutbürgerliche Restaurant **Slawjanskji Dwor**. Hier kann man für wenig Geld hervorragend essen. Jedes Gericht kostet zwischen einem und drei Euro. Dazu sollte man ein Gjumri-Bier vom Fass trinken. Am Marktplatz hatten wir auch ausgezeichneten Internetempfang über ein ungesichertes Netzwerk.

Jerewan

Am Fuße der Statue **Mayr Hayastan,** Mutter Armenien, befindet sich ein ruhiger, kostenfreier **Stellplatz** am Berg in einem Park (N40°11'43.8" E44°31'27.4"). Zu den Kaskaden in der Innenstadt muss man gut zwei Kilometer laufen. Bis 20 Uhr führen kostenlose Rolltreppen bis zur Mitte des Berges zu den Kaskaden. Die Hauptstadt machte einen sehr sympathischen Eindruck auf uns. Es gibt jede Menge Bars, die meisten befinden sich in der Nähe der **Kaskaden.** Dort ist außerdem ein Museum untergebracht. Einige Räume kann man kostenlos ansehen. Die restlichen Ausstellungen kosten Eintritt.

Kneipentipps: Das **Hemingway's** (1a Tamyanan St) ist eine hübsche Kneipe mit jungem, hippem Publikum. Wegbeschreibung von den Kaskaden kommend: Am Ende der Straße liegt die Bar auf der rechten Straßenseite, unten im Keller.

Klein und gemütlich ist die Rockkneipe **Woodrock** (26 Ghazar Parpetsi St).

Als Tagescafé bietet sich gegenüber vom Hemingway's das **Café Green Bean** (10 Amiryan St) an, das von einem armenisch-schweizerischen Paar geführt wird. Hier wird auf Öko und Fairtrade geachtet, man darf sein Haustier mitbringen, und es ist das einzige Nichtrauchercafé in Jerewan.

Die Stadt ist außerdem recht günstig für unsere Verhältnisse. Für den halben Liter Bier bezahlt man umgerechnet circa 1,50 Euro. Auch kleine Snacks kann man sich locker leisten.

Ein **Taxi** kostet bei Kurzstrecken innerhalb der Innenstadt circa zwei Euro.

Sprache

Armenisch ist eine Welt für sich, inklusive eigener Schriftzeichen. Aber alle Armenier, bis auf die ganz jungen, können Russisch. In Jerewan spricht man auch Englisch.

Straßen

Die Straßen sind generell in einem sehr guten Zustand, nur die Pässe von Meghri nach Norden waren Ende Februar noch kräftig verschneit und zum Teil vereist. Es gab keinen Winterdienst!

Währung

Ein Euro entspricht etwa 584 Dram (Stand März 2018).

Wasser

Es gibt viele Quellen, allerdings auch eine Bakterienart, vor der gewarnt wird. Also unbedingt filtern!

Georgien

Diesel

0,75 Euro/Liter (Stand März 2018).

Ein- und Ausreise

Weder bei der Ein- noch bei der Ausreise fallen irgendwelche Gebühren an. Die grüne Versicherungskarte gilt leider nicht in Georgien. Daher muss man eine extra Versicherung abschließen. Das Auto darf drei Monate im Land bleiben.

Kommunikation

Es gibt immer wieder mal Internetzugang über ungesicherte Netzwerke.

Orte

Batumi

Wir fanden einen **Stellplatz** direkt im Zentrum an der Hafenpromenade für circa vier Euro pro Nacht. Dieser ist nicht unbedingt leise, dafür aber zentral gelegen.

Wardsia
Knapp einen Kilometer hinter dem **Kloster Wardsia** liegt auf der linken Seite am Fluss ein heruntergekommenes **Thermalbad** – erkennbar an einer Dampfsäule, die aus einem defekten Kessel emporsteigt. Wer das sehr einfache Thermalbad nutzen möchte, sollte den Besitzer anrufen. Die Telefonnummer steht am Gebäude. Wir haben pro Person 2,50 Euro bezahlt.

Straßen
Die Straßen sind in Ordnung, manche Pässe sind aber im Winter nicht oder nur schwer befahrbar. Wir wurden mehrfach gewarnt. Angeblich fahren die Georgier sehr wild. Nach dem Iran hat uns aber so leicht nichts mehr geschockt.

Währung
Ein Euro entspricht 2,99 Lari (Stand März 2018).

Wasser
Georgien hat sehr gutes Wasser. Trinkwasserquellen findet man praktisch überall.

Griechenland

Diesel
1,55 Euro/Liter (Stand März 2018). Man fährt besser zum Tanken nach Mazedonien, dort kostete der Liter Diesel circa 0,98 Euro/Liter (Stand März 2018). Den Ausflug nach Mazedonien sollte man in Griechenland aber nicht unbedingt an die große Glocke hängen, denn die Beziehungen zum Nachbarland sind angespannt.

Ein- und Ausreise
Die Ein- und Ausreise funktionierte problemlos – auch mit Hund.

Kommunikation
Offene Netzwerke fanden wir nicht. Auch an Tankstellen gibt es kein WLAN.

Lebenshaltungskosten
Die Lebenshaltungskosten sind relativ hoch. Alle Lebensmittel waren in Mazedonien deutlich billiger als in Griechenland. Siehe → Diesel.

Orte
Ioaninna
Das ist eine hübsche Studentenstadt nahe der Berge und an einem See gelegen, mit alter Stadtmauer und regem Nachtleben. Stellplatz an der Straße am See (sehr zentral): N39°40'09.9" E020°51'40.5".

Thessaloniki
Wir fanden einen **Stellplatz** auf einem ehemaligen Kasernengelände, das nun ein Park ist: N40°39'28.1" E022°56'09.2". Bis zur Promenade und den Sehenswürdigkeiten sind es von dort noch gut drei Kilometer. Der Bus 27 fährt direkt von der gegenüberliegenden Straßenseite ins Zentrum. Wenn man zu den Bars und Sehenswürdigkeiten möchte, an den Haltestellen **Kamara** oder **Aristotelos** aussteigen. Fahrtdauer circa 15 Minuten.
Kneipentipp: Das selbstverwaltete Kulturzentrum **Micropolis** mit Kneipe, Kino, Bücherei und Bioladen ist der Treffpunkt der linksalternativen Szene in Thessaloniki. Von außen recht unscheinbar, befindet es sich an einer Straßenecke im ersten Stock. Unten im Erdgeschoss ist ein Herrenbekleidungsgeschäft. Venizelou und V. Irakliou 18, 54624 Thessaloniki, www.micropolis-socialspace-en.blogspot.de

Straßen
Die Straßen sind in Ordnung, Teile der Autobahnen sind gebührenpflichtig. Streckenabschnitte von circa 150 Kilometern kosten ungefähr sechs Euro. Leider wird nicht vorher angekündigt, ab wann

man bezahlen muss, es gibt dann auch keine Ausweichmöglichkeiten mehr.

Währung
Griechenland hat den Euro.

Wasser
Gutes Wasser zu finden ist kein Problem.

Wissenswertes
Die Griechen sind zermürbt von der Krise und auf Frau Merkel schlecht zu sprechen. Angefeindet wurden wir nicht, aber die schlechte Wirtschaftslage im Land war immer recht schnell Thema bei den Begegnungen mit den Menschen.

Iran

Diesel
Circa 0,29 Euro/Liter (Stand März 2018). Private Dieselfahrzeuge gibt es im Iran nicht. Es sind fast ausschließlich Berufslastkraftwagenfahrer mit Tankkarte, die nur an wenigen Tankstellen Diesel beziehen können. Es ist aber trotzdem kein Problem, als Tourist an Diesel zu gelangen. Sprechen Sie einfach mit den Leuten!

Ein- und Ausreise
Für den Iran benötigt man ein Visum. Wir haben dieses bereits in Deutschland beantragt. Außerdem braucht man für die Einreise mit dem eigenen Fahrzeug ein sogenanntes Carnet de Passage. Das Carnet ist eine Sicherheit für den Zoll, dass man sein Auto nicht im Land verkauft. Daher bekommt man bei der Einreise einen Stempel in einen Block, der drei Abreißzettel auf jeder Seite hat. Einen Abreißzettel erhält der Zoll bei der Einreise, einen bei der Ausreise

und einer verbleibt im Block. Für das Carnet muss man einen relativ hohen Betrag beim ADAC in Deutschland hinterlegen. Dieser richtet sich nach dem Fahrzeugwert. Wenn man mit seinem Fahrzeug dann wieder wohlbehalten im Heimatland angekommen ist und den dritten abgestempelten Zettel vorzeigen kann, erhält man seine Geldeinlage zurück. Im Iran gilt die grüne Versicherungskarte.

Gas auffüllen

Gas kann man auffüllen lassen, aber nur mit eigenem Adapterset und einer Federwaage. Die Stationen sind klein und befinden sich am Straßenrand.

Hund

Das Reisen mit Hund ist hier etwas schwieriger als anderswo. Zwar gab es keinerlei Probleme bei der Einreise, aber in den Städten wird man ziemlich schief angeguckt, wenn man mit seinem Liebling spazieren geht. Angeblich ist Hundehaltung für Iraner verboten, oder sie wird zumindest geächtet. Außerdem haben Hunde Zutrittsverbot zu den öffentlichen Parkanlagen, was das Gassi-Gehen zusätzlich erschwert.

Kleidung

Ein Kopftuch und eine etwas längere Oberbekleidung müssen für Frauen leider sein. Die Iranerinnen tragen fast ausschließlich Schwarz. Wenn man nicht zu sehr auffallen will, passt man sich besser an. Das Kopftuch wird oft sehr leger getragen, und bei jungen, modischen Frauen fällt es eher klein aus.

Kommunikation

Eine Handykarte ist sehr günstig im Iran, dafür haben wir ungefähr 80.000 Rial bezahlt. Dafür muss man sich aber in einem Registrierungsbüro anmelden und seinen Fingerabdruck abgeben. Die Aktivierung kostete noch einmal 10.000 Rial. Eine SIM-Karte für das Internet ist etwas teurer, aber ebenfalls erschwinglich. Die Telefongesellschaft heißt Irancell. Leider ist die Internetgeschwindigkeit miserabel!

Literatur
Reiseführer
Hartmut Niemann und Ludwig Paul: *Iran*, Reise Know-How Verlag.

Weiterführende Literatur
Lamya Kaddor und Rabeya Müller: *Der Islam: Für Kinder und Erwachsene*, Verlag C.H.Beck

Orte
Maschhad
Stellplatz Mellat-Park: Autoparkplatz, circa sechs Kilometer vom Imam-Reza-Schrein entfernt. Sanitäre Anlagen im Park, Wasser, kostenlos Minigolf. Wir haben für drei Nächte ungefähr 1,70 Euro Parkgebühren gezahlt. Eine Wechselstube und viele Geschäfte sind in der Nähe, und die Metrostation Azadi ist circa fünf Minuten zu Fuß entfernt. Allerdings liegt der Parkplatz an einem Verkehrsknotenpunkt, und es ist dort furchtbar laut. Hunde dürfen nicht in den Park. N36°19'02.2" E59°32'26.6".

Wechselstube Nähe Mellat-Park: N36°19'32.5" E59°32'10.7".

Das **Schrauberviertel »Truck Terminal«** befindet sich am Stadtrand von Maschhad Richtung Neyshabour: N36°12'10.5" E59°37'39.3".

Dieseltankstelle Maschhad: N36°11'46.5" E59°38'23.5".

Dieseltankstelle von Maschhad Richtung Tabas: N35°22'25.8" E59°13'38.9".

Im **Telefongeschäft** in der Nähe des Imam-Reza-Schreins wurden wir gut beraten, und der Verkäufer erledigte die Anmeldung der Internet-SIM-Karte für uns. Normalerweise muss man nämlich beim Erwerb einer SIM-Karte eine Passkopie und seine Fingerabdrücke in einem Registrierungscenter abgeben. N36°17'43.7" E59°35'56.6".

Stellplätze in der Natur
In der Natur ist das Campen eigentlich kein Problem, wenn einen die Polizei bleiben lässt. In den Städten finden sich immer wieder gute Stellplätze mit einem öffentlichen WC und einem Wasseranschluss ganz in der Nähe.

Straßen
Die Straßen sind hervorragend – vor allem, wenn man gerade aus Turkmenistan, Usbekistan, Tadschikistan und Kasachstan kommt.

Währung
Die Währung ist der Rial, es wird aber zumeist in der alten Währung Tuman gerechnet. Ein Euro entspricht etwa 46.252 Rial, ein US-Dollar circa 37.995 Rial (Stand März 2018). Beim Tuman entfällt einfach eine Null. Kreditkarten und EC-Karten funktionieren im Iran leider nicht. Es empfiehlt sich, ausreichend Bargeld in Form von US-Dollar dabeizuhaben. Geld kann man nur in Wechselstuben und in größeren Städten tauschen.

Wasser
Rasthöfe und Parkanlagen bieten gepflegte sanitäre Anlagen und oft auch Trinkwasser.

Wissenswertes
Die Gastfreundschaft ist umwerfend. Aus einem seltsamen Grund hat man einen Exotenstatus, der auf Iraner magnetisch anziehend wirkt. Ein Radfahrer, den wir in Kasachstan getroffen haben, beschrieb dieses Phänomen als »aggressive Hospitalität«. Hat man erst mal eine Einladung akzeptiert, kommt man so schnell nicht mehr davon.

Keinen Alkohol trinken, nicht tanzen, nicht singen – besser, man hält sich daran. Aber sonst hatte ich nicht das Gefühl, dass ich als Touristin sehr eingeschränkt wäre. Viele Iraner beeilten sich auch, zu beteuern, wie unglücklich sie mit dem eigenen System seien.

Kasachstan

Diesel

0,45 Euro/Liter (Stand März 2018). Diesel heißt hier Soljarka, sprich Saljerka. Leider ist er oft von schlechter Qualität.

Ein- und Ausreise

Die grüne Versicherungskarte gilt nicht in Kasachstan. Schon bei der Ausreise aus Russland in Troitsk kann man eine Versicherung erwerben. Diese hätte aber knapp 60 Euro gekostet. Auf der kasachischen Seite haben wir dafür dann nur 25 Euro bezahlt. Man muss sich also nicht stressen lassen. Für Kasachstan benötigt man ein Visum. Ein Touristenvisum erhält man für die Dauer von 60 Tagen. Siehe www.auswaertiges-amt.de

Registrierung
Innerhalb von fünf Werktagen muss man sich bei der Migrationspolizei registrieren lassen. Einige Hotels bieten diesen Service gegen Gebühr an. Für Wohnmobilisten ist es ein bisschen schwieriger. Man sollte dafür ein paar Stunden Zeit, Geduld, Humor und – wenn möglich – Sprachkenntnisse mitbringen. Außerdem benötigt man eine feste Adresse. Wir haben letztendlich einfach die Straße angegeben, in der wir geparkt haben. Wir haben knapp zwei Euro pro Person bezahlt.

In Kustanai befindet sich die Migrationspolizei in der Ul. Gogolia 79, mitten im Zentrum.

Ersatzteile

In Kasachstan gibt es keine Ersatzteile für 50 Jahre alte Mercedes-Lastwagen. Unter Umständen kann man aber einen Nachbau aus China finden. Dafür ist der Versand von Ersatzteilen nach Astana kein Problem. Der Flughafen wird mehrmals monatlich angeflogen. Das Auslösen der Ersatzteile erfordert dafür einiges an Geduld. In unserem

Fall mussten wir keine Zollgebühren zahlen, da der Warenwert unter 1.000 Euro lag. Eine ADAC-Plus-Mitgliedschaft ist unerlässlich, da man sonst überhaupt keine Chancen hat, Ersatzteile aus dem Zoll zu bekommen.

Essen
Kumys ist das Nationalgetränk aus vergorener Stutenmilch. Wir haben die verschiedensten Geschmacksrichtungen probiert, buttermilchartig und wie trockener Sekt.

Kurt oder Kurut ist ein vergorener, getrockneter und sehr harter Quark mit hohem Protein- und geringem Fettanteil. Ideal für Nomaden. Er ist gewöhnungsbedürftig, aber nicht schlecht. Matthias meinte dazu sehr treffend:»Das schmeckt, als ob man in einen ganzen Bauernhof beißen würde!« Besser kann man es eigentlich nicht beschreiben.

Kommunikation
Die günstigste SIM-Karte für das Mobiltelefon erhält man bereits ab zwei Euro inklusive kleinem Startguthaben vom Anbieter Beeline.

Lebenshaltungskosten
Nahrungsmittel sind genauso teuer wie in Deutschland. Das Tanken ist wesentlich günstiger. Siehe → Diesel.

Literatur
Reiseführer
Dagmar Schreiber: *Kasachstan*, Trescher Verlag.

Weiterführende Literatur
Tschingis Aitmatov: *Der Tag zieht den Jahrhundertweg,* Verlag Volk und Welt.

Eine herzergreifende Geschichte über das harte Leben in Kasachstan und das Begräbnis eines Freundes.

Mechaniker

Unsere Erfahrung mit der Reparatur einer kaputten Einspritzpumpe in Taldyqorghan waren überaus gut. Besten Gewissens können wir den Mechaniker Kolja weiterempfehlen und den Einspritzpumpenspezialisten Alexander. Dieser betreibt eine kleine Werkstatt bei der Aftobasa, dem Lkw-Parkplatz für Lastwagenfahrer: Remont i diagnostika diselnoi apparaturi.

Menschen

Es scheint zwei Sorten zu geben: Die einen sind absolut liebe, nette und hilfsbereite Menschen, die anderen trinken einfach viel zu viel harten Alkohol und werden dann entsprechend unangenehm. Besser, man vermeidet es, mit den Einheimischen zu picheln!

Mit Russisch und oftmals mit Englisch kommt man gut durch. Als Deutsche/r ist man außerdem gern gesehen, da viele Kasachen Verwandte oder Freunde in Deutschland haben und daher auch einiges über das Land wissen. Männer über 50 Jahren haben unter Umständen sogar einige Zeit beim Militärdienst in der DDR verbracht und sprechen daher etwas Deutsch.

Orte

Altai

Ab Moskau gibt es angeblich einen Direktflug nach Öskemen (russisch: Ust-Kamenogorsk), von dort aus nimmt man ein Mietauto oder kontaktiert Victor (siehe nächster Absatz). Für den Großteil des kasachischen Altais benötigt man ein Permit, das man mindestens acht Wochen im Voraus beantragen muss. Bei der Organisation von Touren im Permitgebiet hilft Altai Expeditions in Öskemen (Öskemen, Gorki k. 46, www.altaiexpeditions.kz). Der Besitzer spricht Englisch. Die Gegend rund um **Ridder** ist permitfrei. Victor Kuszewnow hilft dort gern weiter bei der Organisation von Touren im Altai. Eigentlich ist er Geologe, betreibt nun aber einen Autozubehörladen in Ridder. Nebenbei bietet er auch einen Transferservice ab Öskemen und Ridder zu einem Touristencamp in Seri Lug an. Leider spricht er nur wenig Englisch und kein Deutsch. E-Mail: kyz_rid@mail.ru

Seri Lug ist ein ruhiges Hüttenferienlager circa 40 Kilometer von Ridder entfernt, das von Natalia und Sergej geführt wird. Seri Lug erreicht man, wenn man von Ridder aus südöstlich aus dem Ort herausfährt. Bei dem Wegweiser Konobalowka rechts auf eine Schotterstraße einbiegen und dieser ungefähr 35 Kilometer lang folgen. Das Hüttenlager liegt auf etwa 1.200 Metern am Ende der Straße und ist von bunten Blumenwiesen und einem schönen Bergpanorama eingerahmt. Von hier aus kann man kleine und einfache Touren auf maximal 2.400 Meter Höhe unternehmen. Sergej ist ein kompetenter Ansprechpartner und, wenn er Zeit hat, auch ein sehr guter Bergführer. Man sollte sich unbedingt seine selbst gedrehten Bergvideos ansehen.

Weder Natalia noch Sergej sprechen Englisch.

Die Übernachtung im eigenen Lkw kostet 1.000 Tenge pro Nacht. Eine Banja kostet 5.000 Tenge pro Stunde. Man kann sich vor Ort auch Hütten mieten.

E-Mail Natalia Denisova: Denisova_N@topmail.kz

Astana

Wir standen ruhig und problemlos vor dem Einkaufszentrum in Zeltform, dem **Khan Shatyr**: N51°07'57.2" E71°24'13.3".

Schick usbekisch und kasachisch essen kann man im **Alascha**, dort ist es aber nicht billig. Pr. Tyran 29, Astana, E-Mail: astana@alasha.kz

Kustanai

Wer von Russland über Troitsk einreist, sollte einen Stopp in der entspannten Stadt Kustanai einlegen. Allein der Markt ist schon einen Besuch wert. Siehe auch → Ein- und Ausreise → Registrierung.

Öskemen/Ust-Kamenogorsk

Ein möglicher Stellplatz befindet sich direkt in der Innenstadt, am

Fluss vor der neuen Moschee: N49°56'46.7" E82°37'58.4". Es gibt einen schönen Park, der kurioserweise mit Musik aus Lautsprechern beschallt wird. Jeden Sonntag ab 18 Uhr spielt außerdem die in Kasachstan sehr bekannte Rockband Subkultura in der Karbysheva Street 22.

Taldyqorghan
Siehe → Mechaniker.

Polizei

Die Polizei hält einen oft und gern auf und versucht, einem auf jede erdenkliche Art eine »Schtraf« aufzubrummen. Heppos Dreistufentaktik hat sich hier bewährt:

1. Dumm stellen: »No capito!«
2. Betteln: »My turisti, no schtraf, iswinite!«
3. Das Land loben: »Kasachstan charascho!«

Gegebenenfalls wieder von vorn beginnen. Irgendwann gibt die Polizei angesichts des »tumben« Touristen genervt auf.

Straßen

Die Straßen sind zum Teil sehr schlecht. Ab dem Erholungsgebiet Kochschetau, nördlich von Astana, sind die Straßen aber plötzlich richtig gut. Die letzten 100 Kilometer vor Astana gibt es sogar eine dreispurige, gebührenpflichtige Autobahn, auf der niemand unterwegs ist.

Währung

Ein Euro entspricht etwa 393 Tenge (Stand März 2018).

Wasser

(Frisches) Wasser zu finden ist zumindest in Nordkasachstan ein großes Problem. Auch die Einheimischen müssen ihr Wasser kaufen. Zweimal pro Woche kommt der Tankwagen.

Werkstätten

Werkstätten sieht man hier deutlich weniger als in Russland. Dafür gibt es an einigen Straßen Parkplätze mit Rampen. Dort kann man seine Reparaturen und Wartungsarbeiten selbst vornehmen.

Wissenswertes

»Kasachstan 2050« ist eine Motivationsparole des Präsidenten Nursultan Nasarbajew, die man überall auf Plakaten lesen kann. Bis spätestens 2050 soll die Vision eines modernen Kasachstans verwirklicht sein. Allein nach den Straßenverhältnissen zu urteilen, gibt es noch viel zu tun. In der nagelneuen Hauptstadt Astana – die Stadt ist noch keine 20 Jahre alt – bekommt man aber einen Vorgeschmack auf das ambitionierte Programm.

Kirgistan

Diesel

0,53 Euro/Liter (Stand März 2018). Der Diesel heißt wie in Kasachstan Soljarka (sprich Saljerka).

Ein- und Ausreise

Kirgistan ist für deutsche Staatsbürger bei einer Aufenthaltsdauer bis zu 60 Tagen visafrei. Für Aufenthalte von mehr als 60 Tagen ist ein Visum erforderlich, das vorab bei der dafür zuständigen kirgisischen Auslandsvertretung beantragt werden muss. Deutsche Staatsangehörige, die sich länger als 60 Tage in Kirgistan aufhalten, müssen sich außerdem innerhalb von fünf Tagen nach Einreise bei der zuständigen Behörde registrieren.

Das sogenannte GBAO-Permit für Tadschikistan und den Pamir kann man über das Osh Guest House (www.oshguesthouse.com/visa-and-permit/) bekommen. Besser ist es aber, dieses vorab zusammen mit dem Visum zu beantragen. Siehe → Orte → Osh.

Registrierung

Registrieren lassen muss man sich erst ab einem Aufenthalt von mehr als 60 Tagen (Stand März 2018). Wer allerdings weiter nach China fährt, benötigt angeblich doch eine Registrierung in Kirgistan.

Essen

Die kirgisische Küche ist ziemlich fleischlastig, Vegetarier haben es schwer. Beliebte Gerichte sind Schaschlik, Beshbarmak (Nudeln auf zerlassenem Hammelfett), Lagman oder Lachman (hausgemachte Spaghetti in Fleisch-Gemüse-Soße) und Kurut (getrockneter und vergorener Quark). Am ehesten erhält man in Kantinen in den großen Städten fleischlose Gerichte. In Osh am Markt bekommt man leckere Manti, das sind Teigtaschen mit Kartoffelfüllung, dazu scharfe Zwiebeln. Das Ganze isst man mit der Hand aus einer Plastiktüte.

Gas auffüllen

Die Gasflaschen (Propan, Butan) auffüllen zu lassen, funktioniert nur ab und zu in den größeren Städten. Auf der Strecke von Osh nach Sarytasch – gleich am Ortsende von Osh – gibt es Gastankstellen.

Kommunikation

Es lohnt sich, nach dem günstigen Mir-Tarif von Beeline zu fragen. Für 6,5 Som pro Minute kann man so ins deutsche Festnetz telefonieren, für nur zwei Som pro Minute innerhalb von Kirgistan.

Lebenshaltungskosten

Einen großen Beutel Gemüse der Saison bekommt man bereits ab 50 Cent.

Literatur

Reiseführer

Thomas Scholl: *Kirgistan,* Trescher Verlag.

Weiterführende Literatur
Tschingis Aitmatov: *Kindheit in Kirgisien,* Unionsverlag.
Das autobiografische Buch ist wunderschön zu lesen, wie alles von Tschingis Aitmatov.

Orte

Fairytale Canyon
Zwischen Tamga und Bokonbayevo zeigt ein Schild zum Fairytale Canyon. Der Eintritt kostet pro Person 50 Som. Dafür sieht man ein Labyrinth aus naturgeformten Skulpturen. Das Gestein besteht aus bunten Sandschichten. Der Ort ist ziemlich touristisch, aber man kann trotzdem gut seiner Wege gehen. Tipp: besser frühmorgens oder abends herkommen. So ist das Licht schöner, und es ist noch nicht ganz so heiß.

Issyk Kul
An der Südküste des Issyk Kuls **zwischen Ton und Tamga** findet man einige wunderschöne Strandstellplätze mit Mittelmeercharakter, weißem Sand, kleinen Aprikosenbäumchen und blauem Wasser.
Rund um **Bokonbayevo** ist schrecklich viel los. Aber wer es turbulent liebt …
Weiter westlich ist der Issyk Kul kaum zugänglich. Die Straße führt über eine Bergkette abseits des Sees. Danach – also noch weiter westlich – hat der See einen eher moorigen und schilfigen Charakter. Vorsicht: Einsinkgefahr! Salzsee! Außerdem gibt es Mücken.
Schön sind die Stellplätze an der Landzunge von **Michailovka,** östlich von Karakol. Hier gibt es weißen Sand und Bäume.
Ebenfalls kein schlechter Tipp ist die **Tichaja Buchta,** die »Stille Bucht«, westlich von Karakol, ebenfalls eine Landzunge. Am Ufer liegen allerdings scharfkantige Felsen, und es gibt keinen Schatten. Außerdem kostet das Parken dort 150 Som pro Nacht.

Karakol

Hier findet man eine gute touristische Infrastruktur vor: Supermärkte, Souvenirshops, Internetanbieter, Touristeninformation mit Englisch sprechendem Personal, Postkarten und Pizza. Die Stadt ist außerdem Ausgangspunkt für verschiedene Trekkingtouren und Wanderritte, dazu das Büro des **Community Based Tourism** aufsuchen: #20, 123 Abdrakhmanova St., Karakol. Siehe → Touristische Infrastruktur.

Osh

Osh ist die zweitgrößte Stadt Kirgistans und voll des Lebens. Das Schönste an Osh ist allerdings der Markt, der sich über mehrere Kilometer am Fluss entlangzieht.

Einen **Stellplatz** für ein Wohnmobil zu finden ist nicht einfach. Wir ergatterten schließlich einen halbwegs vernünftigen vor dem Hotel De Luxe in der Navai Street für 300 Som pro Nacht, Toilettenbenutzung inklusive.

Das **Osh Guest House** liegt etwas versteckt in einem Hinterhof, zwischen der Hausnummer 2 und 3. Die Ansprechpartner heißen Omar und Nurlan. Beide sprechen sehr gut Englisch, Nurlan sogar perfekt Deutsch. Das Doppelzimmer kostet pro Person circa 490 Som. Hier kann man das GBAO-Permit (bis maximal 30 Tage) für den Pamir Highway beantragen. Eine Bearbeitung innerhalb von ein bis zwei Tagen kostet 70 US-Dollar, wer drei bis vier Tage warten kann, zahlt 65 US-Dollar, und wer eine Woche Zeit hat, nur noch 45 US-Dollar. Masalivea Street, ap#8, flat 48, www.oshguesthouse.com, E-Mail: oshguesthouse@gmail.com

Ein **Sammeltaxi** von Osh nach Sarytasch sollte pro Person nicht mehr als 500 Som kosten. Allerdings gibt es auch **Busse**, Marschrutkas, die aber relativ lange unterwegs sind. Der Bus nach Sarytasch fährt täglich um 14 Uhr, der Bus von Osh nach Gülchan täglich um acht Uhr, zwölf Uhr, 14 Uhr und 16 Uhr.

Touristische Infrastruktur

Die touristische Infrastruktur war um einiges besser als in fast allen auf dieser Tour bereisten Ländern. Zumindest rund um den Issyk Kul gibt es eine Beschilderung, und die Straßen sind größtenteils in einem guten Zustand.

Eine gute Einrichtung sind die in ganz Kirgistan vorhandenen Community Based Tourism Büros (CBT), die kompetente Beratung zu Touren und Trekking-Routen bieten. Der Gewinn geht an die Menschen vor Ort. www.cbtkyrgyzstan.kg. Siehe → Orte → Karakol.

Währung

Ein Euro entspricht etwa 84 Som (Stand März 2018).

Kroatien

Diesel

1,10 Euro/Liter (Stand April 2018).

Orte

Stellplätze in der Natur

Entgegen anders lautender Reiseberichte war für uns das Wildcampen kein Problem. Das lag aber sicher daran, dass wir außerhalb der Saison unterwegs waren. Direkt am Meer zu stehen ist schwierig, da die kroatische Küste schroff und steil ist.

Sprache

Kroatisch ist eine slawische Sprache.

Hier ein paar Worte:

Bog – hallo, tschüss, servus

Dan – Tag

Dobar dan! – Guten Tag!

Dobro dosli! – Herzlich willkommen!

Dobar vecer! – Guten Abend!
Grad – Stadt
Hvala – danke
Kruh – Brot
Molim – bitte
Noc – Nacht
Odmoriste – Rastplatz
Pivo – Bier
Skola – Schule
Sveti – heilig
Außerdem findet man einige deutsche Lehnwörter:
Auspuh – Auspuff
Pekara – Bäcker
In der Gegend rund um Šibenik hört man auch »Schraubenziecher«
für Schraubenzieher und »Feierzeich« für Feuerzeug.

Lettland

Diesel
1,14 Euro/Liter (April 2018)

Orte
Daugavpils
Nach Riga fahren kann ja wohl jeder, aber wer war schon in Daugav-
pils? Das ist angeblich die zweitgrößte Stadt Lettlands mit Russisch
als Hauptsprache. Unser Kneipentipp für die Stadt ist das **Artilērijas
Pagrabi** (Rigas iela 22, Daugavpils). Es handelt sich dabei um eine
nette Kellerbar mit Livemusik aus dem Punk-, Blues-, Rock- und
Metal-Spektrum.

Stellplätze in der Natur
Die Situation ist ähnlich wie in → Litauen. Generell ist es in fast allen

bereisten Ländern überaus schwierig, einen Stellplatz am See zu finden, da alle Grundstücke in Privatbesitz oder abgesperrt sind.

Währung
Lettland hat seit 2014 den Euro.

Litauen

Diesel
1,02 Euro/Liter (Stand April 2018).

Menschen
Die Litauer wirken zwar eher abweisend, sind aber, wenn man sie anspricht, doch sehr aufgeschlossen. Mit Russisch kommt man vor allem bei den älteren Semestern hervorragend durch, auch wenn die Russen nicht sonderlich beliebt sind. Wir trafen auch Litauer, die Deutsch konnten. Englisch spricht die Jugend, dafür ist bei ihnen Russisch ein absolutes Tabu!

Orte
Sehenswürdigkeiten
Es gibt in Litauen viele Attraktionen, die kostenlos zu besichtigen sind. Außerdem sind alle Sehenswürdigkeiten sehr gut mit braunen Schildern gekennzeichnet, leider meist nur in der Landessprache. Da hilft nur eines: Kurz entschlossen abbiegen und sich überraschen lassen, dann findet man so wundersame Dinge wie die Pyramide von Merkinė, die der junge Povilas Zekas im Jahr 2002 nach einer mystischen Erfahrung mitten im Wald erbaut hat, N54°08'32.0" E24°11'53.6".

Stellplätze
Wie schön wäre es, direkt an einem See zu stehen, aber leider ist das fast unmöglich. Wie erwähnt: Die Seegrundstücke sind oft in Privat-

besitz, oder der Wald geht direkt bis zum Ufer, oder es gibt einen Schilfgürtel. Am besten folgt man den blauen Schildern mit dem Zeltsymbol, dann findet man Unterstände, Lagerfeuerstellen, Banjas und Klohäuschen – manchmal sogar Strom und Trinkwasser. Dann einfach unter der angeschriebenen Telefonnummer anrufen und den angegebenen Betrag bezahlen: ungefähr 18 Litas für ein Wohnmobil, circa zehn Litas pro Person und manchmal auch etwa fünf Litas für einen Hund.

Währung
Ein Euro entspricht ungefähr 3,45 Litas (Stand März 2018).

Wasser
Obwohl an Wasser kein Mangel herrscht, war es in Litauen nicht leicht, unsere Vorräte aufzufüllen. Wir haben schließlich die Feuerwehr gefragt. Finger weg von Wasserhähnen bei Friedhöfen, das Wasser kommt meistens vom friedhofseigenen Brunnen!

Wissenswertes
Litauen ist ein Eldorado für alle Liebhaber von Holzskulpturen und geschnitzten Objekten aller Art. Leider versauen einem die Mücken, die elenden Biester, die schöne Landschaft!

Mazedonien

Diesel
0,98 Euro/Liter (Stand März 2018).

Ein- und Ausreise
Bei der Ausreise von Albanien in Richtung Mazedonien wurden wir systematisch auf Drogen gefilzt. Auch auf der mazedonischen Seite wurde noch mal genau in unseren Wagen geguckt. Siehe → Hund.

Essen
Lebensmittel sind hier deutlich günstiger als in Griechenland. Honig ist ein gutes Mitbringsel.

Hund
Die Einreise mit Hund war nach dem Vorzeigen der Papiere kein Problem.

Straßen
Die Autobahn, die von Süd nach Nord Richtung Skopje geht, kostet circa zehn Euro für die gesamte Strecke. Die Straßen (auch die Autobahn) sind mal sehr gut, mal sehr schlecht. Bei Raststätten und Tankstellen gibt es illegale Autobahnauffahrten.

Montenegro

Diesel
1,20 Euro/Liter (Stand April 2018).

Ersatzteile
Der Versand von Ersatzteilen ist einfacher nach Kroatien als nach Montenegro, da Kroatien EU-Mitglied ist. Die Ersatzteile werden zum Flughafen in Dubrovnik geschickt.

Lebenshaltungskosten
Alles kostet ungefähr genauso viel wie bei uns. Lebensmittel sind sogar etwas teurer.

Leihwagen
Leihwagen gibt es am Flughafen in Tivat ab 50 Euro pro Tag.

Orte
Budva
Das Örtchen Budva ist sehr schön und angeblich eine der ältesten Städte am Mittelmeer. Der Ort wurde 1979 von einem Erdbeben zerstört, danach originalgetreu wiederaufgebaut. Leider ist es hier fürchterlich touristisch, und es wimmelt nur so von reichen Russen.

Kotor
Kotor präsentiert sich als beeindruckende Festungsstadt mit viel Flair. Von drei Seiten ist die Stadt von Bergen umgeben und liegt außerdem an einer malerischen Bucht. Der mittelalterliche Ortskern hat noch eine alte **Stadtmauer** und über den ganzen Berg zieht sich eine mächtige **Burganlage**. Von hier aus kann man eine mehrstündige Wanderung auf den Lovćen starten. Die Landschaft sieht aus wie Tolkiens Auenland.

Stellplätze
Stellplätze für ein Wohnmobil zu finden ist nicht einfach. Die schönen Plätze am Meer sind bebaut.

Währung
Die Währung ist erstaunlicherweise der Euro.

Oman

Diesel
0,45 Euro/Liter (Stand März 2018).

Ein- und Ausreise
Die Einreise ist im Prinzip unkompliziert. Das größte Problem stellte schon fast der Stempel in unserem Carnet de Passage dar. Der Beamte

wirkte leicht überfordert und musste erst nachlesen. Ansonsten hat niemand unser Auto kontrolliert. Auch unsere gut verstauten Alkoholvorräte interessierten niemanden, obwohl offiziell nur zwei Flaschen (maximal zwei Liter) pro Person erlaubt sind.

Kosten bei der Einreise
Ausreise Vereinigte Arabische Emirate 14,72 Euro, Autoversicherung für drei Monate (in unserem Fall) 46,82 Euro, Visa für zwei Personen (je einen Monat) 89,19 Euro.

Visum
Bei der Einreise kann man entscheiden, ob man ein Visum für zehn Tage oder 30 Tage haben möchte. Das Visum kann man problemlos am Flughafen in Maskat um einen weiteren Monat verlängern. Das kostete pro Person 20 Rial (gut 40 Euro). Interessanterweise wurde das Visum nicht ab dem Verlängerungstag verlängert, sondern zum Ende des ersten Visums.

Hund

Vor Reiseantritt hatten wir ein bisschen Panik, weil uns andere Reisende erzählt hatten, dass man keine Hunde mit in den Oman nehmen dürfe. Wir riefen deshalb kurzerhand bei der omanischen Botschaft in Teheran an. Die nette Frau am anderen Ende sprach ausgezeichnet Englisch, nannte mich »Honey« und verstand zuerst meine Frage gar nicht, denn wenn wir alle erforderlichen Dokumente hätten, stünde einer Einreise mit unserem Liebling doch gar nichts im Wege. Abgesehen davon haben wir es uns auf der gesamten Reise zur Angewohnheit gemacht, unseren Hund, wenn möglich, an der Grenze gar nicht erst zu zeigen.

Kleidungsvorschriften

Es gibt keinen Kopftuchzwang, und auch kurzärmelige Shirts können ohne Probleme getragen werden. Allerdings sollte(n) man (und frau) trotzdem die Landessitten respektieren und nicht unnötig mit knapper Kleidung provozieren.

Literatur
Reiseführer
Oman Off-Road, Explorer Publishing.

Das Buch in englischer Sprache kann man für etwa 30 Euro überall in den Vereinigten Arabischen Emiraten und im Oman kaufen. Darin werden 38 abenteuerliche Strecken beschrieben. Es ist allerdings in erster Linie für Jeepfahrer gedacht. Das Buch ist toll gemacht – übersichtlich und hochwertig – und enthält viele Beschreibungen, Bilder, Karten und GPS-Koordinaten. Vom gleichen Verlag (Explorer Publishing) gibt es außerdem Reiseführer zu Dubai, Oman, Oman Map, Muscat Map, UAE Map und ein Buch namens *Ultimate Explorer UAE & Oman.*

Währung
Ein Euro entspricht 0,47 Omani Rial (Stand März 2018). Von daher ist der Oman nicht unbedingt günstig. Allerdings haben wir relativ wenig Geld ausgegeben: keine Übernachtungen, keine Eintritte, keine Kneipenbesuche.

Wasser
Auf den blauen Trinkwasserlaster achten, der die Dörfer mit frischem Wasser versorgt. Hier konnten wir öfter mal unsere Vorräte auffüllen.

Österreich

Diesel
1,15 Euro/Liter (Stand April 2018).

Straßen
Die Autobahn ist mautpflichtig, bis 3,5 Tonnen mit einer Vignette, ab 3,5 Tonnen mit einer Gobox, die nach Schadstoffklasse berechnet wird. Die Gobox kostet in der günstigsten Version 70 Euro und muss bereits in Deutschland an ausgewählten Tankstellen vor der Grenze erworben werden. Die Registrierung dauert etwa 15 Minuten: www.go-maut.at/portal/faces/pages/common/portal.xhtml

Mautfrei fahren
Wir sind die Strecke von Linz über Mauthausen nach Ybbs an der Donau gefahren. Dann haben wir uns in Richtung Graz gehalten – es folgte eine Strecke mit vielen extremen Steigungen (bis 16 Prozent!). Ab Kapfenberg wurde es schwierig, die Autobahn zu vermeiden. Daher haben wir uns auf der Landstraße wieder Richtung Wien gehalten, dann waren Ungarn und Slowenien auch bereits angeschrieben.

Polen

Diesel
1,07 Euro/Liter (Stand April 2018).

Ersatzteile
Bosch Automotive Aftermarket in Warschau, Dzial Czesci Samochodowych ul. Jutrzenki 105, 02-231 Warszawa, E-Mail: infoaa@ pl.bosch.com

Postlagernder Versand nach Warschau
Folgendermaßen adressieren:
Hold for collection
Vorname Name
Eigene Telefon oder Handynummer unbedingt angeben
DHL Express Poland
SP.ZO.O
Blekitna 93
Warszawa 04-663
DHL Polen/Warschau +48/426345345

Rumänien

Diesel
1,19 Euro/Liter (Stand April 2018).

Essen
Die Rumänen machen richtig leckeren Käse: Kackaval, ein mittelharter Käse mit Rauchnote, oder frischen Schafskäse, verpackt in einem Gefäß aus Fichtenrinde. Ein Kilo Käse kostet unter zehn Euro!

Orte
Stellplätze
Man fahre bis kurz vor Sonnenuntergang, nehme dann einfach die nächstbeste Seitenstraße links oder rechts des Weges sowie den nächsten Feldweg und parke inmitten von weidenden Schafen oder Kühen. Rumänien hat es uns mit der Stellplatzsuche sehr einfach gemacht.

Literatur
Reiseführer
Diana Schanzenbach: *Rumänien*, Michael Müller Verlag.

Weiterführende Literatur
Rolf Bauerdick: *Wie die Madonna auf den Mond kam*, Deutsche Verlags-Anstalt.
Ein schöner Roman über das Leben in den Karpaten in der Mitte des 20. Jahrhunderts.

Straßen
Man muss eine Vignette kaufen, die sogenannte Rovineta. Nach Vorlage unseres Fahrzeugscheins verlangte man von uns 150 Euro für sieben Tage! Wir verhandelten und mussten schließlich nur 20 Euro zahlen. Die Vignette konnten wir erst gut 50 Kilometer hinter der Grenze an einer der großen Tankstellen (Petrom, Rompetrol oder OMV) erwerben. Das Papier, das wir ausgehändigt bekamen, war reichlich unscheinbar und sollte für eine eventuelle Kontrolle aufbewahrt werden. Unterwegs im Land und bei der Ausreise fragte aber keiner mehr danach. Die offizielle Website www.roviniete.ro/de/info/rovinieta-pret nennt für Kategorie D (Nutzfahrzeuge mit einem zulässigen Gesamtgewicht zwischen 7,5 und 12 Tonnen) einen Preis von 28 Euro pro sieben Tage.

Währung
Die Währung ist Leu, auch Ron genannt. Ein Euro entspricht circa 4,7 Ron (Stand März 2018).

Wissenswertes
Eine Woche ist für Rumänien definitiv viel zu kurz. Das Land ist groß und hat viel zu bieten. Man sollte unbedingt mehr Zeit einplanen!

Russland

Diesel
0,58 Euro/Liter (Stand März 2018).

Ein- und Ausreise
Stellen Sie sich auf ein paar kafkaeske Stunden ein, dann kann Sie so leicht nichts mehr aus der Bahn werfen. Tatsächlich ist es halb so wild. Einfach immer freundlich lächeln und zwischendurch den Grenzbeamten ein paar alkoholische Erfrischungsgetränke reichen, dann wird alles »charascho«.

Registrierung
Man muss sich innerhalb einer Woche registrieren lassen. Das ist sehr wichtig, sonst erhält man eine Strafe und muss das Land verlassen! Selbst Russen, die herumreisen, müssen sich bei einem Aufenthalt ab 72 Stunden an einem Ort offiziell registrieren. Für Touristen übernimmt diese Formalität normalerweise ein Hotel. Wenn man privat untergebracht ist oder in einem Wohnmobil wohnt, ist das nicht ganz so einfach. Nach mehreren erfolglosen Versuchen, unter anderem auf der Post und bei der Polizei, funktionierte die Registrierung im erstbesten Hotel, ohne dass wir einchecken mussten. Wir haben einfach unsere Pässe an der Rezeption abgegeben und konnten sie nach einer Stunde wieder abholen. Die Registrierung – ein Stempel auf unseren Einreisekarten – kostete 29 Euro pro Person.

Visum
Für Russland benötigt man ein Visum und eine Einladung von einem örtlichen Reisebüro. Ein Touristenvisum, das nicht verlängerbar ist, gilt 30 Tage. Wer länger bleiben will oder einen mehrfachen Grenzübertritt plant, beantragt ein Businessvisum. Genauere Infos gibt es bei den russischen Konsulaten oder auf der Seite des Auswärtigen Amtes: www.auswaertiges-amt.de

Ersatzteile

Ersatzteile für unseren 50 Jahre alten Mercedes-Oldtimer gab es in Russland nicht. Laut ADAC ist es ungemein schwierig, Ersatzteile nach Russland liefern zu lassen, wenn nicht sogar unmöglich. Probleme macht hier anscheinend der russische Zoll. Auch russische Werkstätten bestätigten uns, dass Ersatzteillieferungen aus Deutschland mindestens drei Wochen, eher aber zwei Monate dauern würden. Siehe → Werkstätten.

Lieferungen nach Kasachstan sind jedoch laut ADAC kein Problem, mehrmals im Monat startet ein Flugzeug nach Astana. Siehe → Kasachstan.

Tipp: Standardteile, meist aus chinesischer Produktion, bekommt man natürlich auch in Russland.

Essen

Das russische Essen ist sehr gut, auf Dauer aber etwas eintönig, lokale Unterschiede gibt es kaum. Empfehlen kann man die russische Tortellini-Variante: Pelmeni gibt es meistens mit einer Fleischfüllung, wohingegen Wareniki die vegetarische Version darstellen (meist mit Kartoffeln und Pilzen).

Bier haben die Russen nicht gerade erfunden. In Gaststätten ist Bier oft unverschämt teuer, fünf Euro für die Halbe. Das beste, was wir finden konnten, ist »Zatecky Gus«. Die Dose mit der Gans gewinnt unserer Meinung nach den Preis für die hübscheste Aufmachung. Das Bier ist schmackhaft und verträglich. Von der Marke »Baltika« sollte man besser die Finger lassen, der Kopfschmerz ist vorprogrammiert.

Kumys ist vergorene Stutenmilch und etwas gewöhnungsbedürftig. Aber wenn man sich an den Geschmack einmal gewöhnt hat, ist sie eigentlich richtig lecker. Gesund soll sie sein und gut für die Verdauung.

Kwass ist ein Getränk aus vergorenem Brot. Es schmeckt ein bisschen wie Federweißer und ist bei großer Hitze sehr erfrischend.

Tee lieben die Russen. Probieren sollte man unbedingt Iwan Tschai, das ist schwarzer Tee mit geriebenen Orangenschalen und Honig. Wodka findet man überall in allen Preis- und Güteklassen.

Kommunikation

SIM-Karten gibt es bei allen MTC-Filialen. Bitte unbedingt nachfragen, ob das erworbene Paket für ganz Russland gilt. Die Netzabdeckung ist sehr verschieden. Auf dem flachen Land hat man eher kein Internet.

Literatur

Online-Sprachlehrgang
Kostenlose Podcasts von www.russlandjournal.de. Das dazugehörige Begleitbuch kann man kaufen.

Weiterführende Literatur
Alexandre Dumas: *Reise durch Rußland,* Aufbau Verlag.
Der amüsant zu lesende Reisebericht des Musketierautors führt in das zaristische Russland.

Menschen

Das Klischee vom Wodka saufenden Russen, der nur darauf wartet, eine Schlägerei vom Zaun zu brechen, können wir überhaupt nicht bestätigen. Unsere Begegnungen mit den Einheimischen verliefen alle überaus nett. Wir wurden zum Teil neugierig bestaunt und öfter auf eine Tasse Tee als auf ein Gläschen Wodka eingeladen. Die herzlichsten Menschen trafen wir in Tartastan und Baschkortostan.

Orte

Goldener Ring
Als Goldenen Ring bezeichnet man circa zehn Städte nordöstlich von Moskau, die touristisch besonders interessant sind. Hier findet man Kirchen, Klöster, Holzhäuser auf – für russische Verhältnisse – relativ engem Raum, das heißt auf einer Strecke von 700 Kilometern. Unbe-

dingt gesehen haben sollte man Susdal, eine hübsche Kleinstadt, die vielleicht die Quintessenz des Rings darstellt.

Kasan

Als **Stellplatz** empfiehlt sich der bewachte Parkplatz direkt zwischen Kreml und Landwirtschaftsministerium zum sagenhaft günstigen (verhandelbaren) Preis von nur 1,35 Euro für 24 Stunden: N55°48'00.2" E49°06'33.1".

In Kasan kann man problemlos mehrere Tage mit dem Besuch von **Museen** zubringen. Sparen kann man sich allerdings das **Sowiet Lifestyle Museum** in der Innenstadt. Für vier Euro Eintritt sieht man alltägliche Gegenstände, die zum Teil auch bei uns aus den 1960er-, 1970er- und 1980er-Jahren bekannt sind.

Im **Kreml** gibt es unter anderem eine Kunstgalerie, ein Museum der Tataren, ein Naturkundemuseum, ein Islammuseum, ein Kostümmuseum und diverse wechselnde Ausstellungen.

Bier trinken ist sehr teuer in Russland. Ein halber Liter Heineken kostet an die fünf Euro. Das günstigste Bier fanden wir in Kasan in der **Discount Bar Kill Fish**. Die Bar hat allerdings die Atmosphäre eines Bowling-Centers, und für die Barmänner liegen hinter dem Tresen Schlagstöcke und Helme zur Selbstverteidigung bereit!

Essen gehen kostet genauso viel wie in Deutschland. Daher haben wir uns sehr gefreut, als wir die öffentliche Kantine **Kulinaria** in der Baumanstraße in der Innenstadt entdeckt haben. Unten gibt es einen vegetarischen Bereich mit typisch russisch-tatarischen Speisen, oben kann man Fleischgerichte bestellen. Für nur drei Euro pro Person wird man inklusive Getränk mehr als nur satt, und das Essen ist sehr lecker.

Der **Mercedes-Händler** findet sich nördlich von Kasan an der M7. Hier bemühte man sich allerdings nicht sonderlich um uns. Fakt ist aber wohl tatsächlich, dass der Versand von Ersatzteilen von Deutschland nach Russland grundsätzlich schwierig, teuer und langwierig ist. 000 ArbaKam-Avtoservice, polevaya str. 30, 422527 Osinovo set, Zelendolsk region, Republic Tartasan, www.mercedes-trucks-kazan.ru

Bei der **Lastwagenwerkstatt Deltruck** hat man uns kreativ, schnell, nett und kostengünstig geholfen. Der Chef heißt Kamil und spricht etwas Englisch. Einer der Mitarbeiter kann ein wenig Deutsch. g. Kazan, pos. Nowohikolaewka, ul. Zentralnaja 19 a, E-Mail: info@ deltruck.ru, www.deltruck.ru

Fahrräder kann man sich in Kasan an öffentlichen Stationen ausleihen. Das kostet 30 Rubel pro Tag. Allerdings muss man sich vorab im Internet anmelden: www.veli-k.rzu

Wasser steht in der Innenstadt von Kasan im Überfluss zur Verfügung, allerdings nicht unbedingt in bester Qualität. In den Vororten wird das Wasser tagsüber abgestellt. Trinkwasser kann man dort literweise an kleinen, futuristisch aussehenden Kiosken kaufen.

Stellplätze

Wir haben kein einziges Mal auf einem bewachten Parkplatz übernachtet. Diese sind nämlich hässlich, zumeist vermüllt und laut. Sie kosten darüber hinaus auch noch circa zehn Euro pro Nacht. Wir haben immer wunderbare Stellplätze in der Natur gefunden, nur von den Mücken wurden wir belästigt. Die besten (mückenfreien) Plätze fanden sich allerdings stets in den Städten, meistens direkt zu Füßen der touristischen Hauptattraktionen.

Sumpf

Es wird ja immer betont, welch besondere Pionierleistung es von Peter I. war, Sankt Petersburg mitten in den Sumpf zu bauen. Dabei wird aber geflissentlich verschwiegen, dass ganz Russland offensichtlich in den Sumpf gebaut wurde. Die Strecke von lettischen Zilupe bis Moskau (und weit darüber hinaus) führt über 1.000 Kilometer schnurgerade durch Sumpf und Birkenwälder. Sonst ist da nichts! Kurz vor Nischni Nowgorod nimmt die Natur eindeutig beängstigende Ausmaße an; das Sumpfthema verdichtet sich zu deprimierender Trostlosigkeit. Hinzu kommen abgestorbene Waldflächen. Das liegt vielleicht daran, dass Nischni Nowgorod eine wichtige Industrie- und Rüstungsstadt und bis 1990 für Ausländer gesperrt war. Wahrscheinlich wurden hier diverse Chemikalien in den Sumpf gekippt. Wir wollten das gar nicht so genau wissen und fuhren schnell daran vorbei. Ab hier in Richtung Osten wird es langsam weniger sumpfig und landschaftlich etwas lieblicher und hügeliger.

Ural
Naturschutzpark Schulgan-Tasch mit der Höhle Kapowa Peschera: www.shulgan-tash.ru, www.welcome-ural.ru/tours/53/116/ (englische Seite) oder www.nashural.ru/mesta.htm

Sprache
Sprachkenntnisse sind überaus hilfreich. Junge Russen können zwar ein bisschen Englisch oder sogar Deutsch, aber Grundkenntnisse im Russischen erleichtern die Kommunikation doch ungemein. Hier ein paar Wörter, die leicht zu merken sind:
Russisch – Deutsch
Masschtab – Maßstab
Schlagbaum – Schlagbaum/Schranke
Landschaft – Landschaft
Buchgalter – Buchhalter
Schtraf – Strafe
Marschrut – Reiseroute
Marschrutka – öffentlicher Kleinbus

Werkstätten
»Grusowik Remont«, also Lastwagenreparatur, wird in Russland überall angeboten. Die Russen kennen sich nicht nur mit der russischen Marke Kamaz aus, sondern auch mit Mercedes-Lastern. Unsere Erfahrungen in Kasan mit Deltruck waren sehr gut. Dort wurde unsere Kupplung kreativ, effektiv und günstig repariert. Russische Mechaniker haben die hohe Kunst der Improvisation verinnerlicht.

Währung
Ein Euro entspricht etwa 71 Rubel (Stand März 2018). Wir konnten bereits in Daugavpils (Lettland) Rubel tauschen bzw. vom Automaten abheben.

Wasser
Einmal konnten wir unsere Brauchwasservorräte an einer Tankstelle auffüllen, doch schon ab Nischni Nowgorod gab es diese Möglichkeit nicht mehr. In den Vororten von Kasan wurde das Leitungswasser auch tagsüber in den Haushalten rationiert. Die Leitung funktionierte dort nur stundenweise in der Nacht. Das Wasser hat oft keine Trinkwasserqualität, es wird als technisches Wasser bezeichnet. Ab Kasan haben wir erstmals Trinkwasser gekauft!

Serbien

Diesel
1,30 Euro/Liter (Stand April 2018).

Kommunikation
Es gibt viele ungesicherte Netzwerke und somit kostenlosen Internetzugang.

Orte
Belgrad
Die Parkplätze in Serbiens Hauptstadt sind alle kostenpflichtig, und man darf dort nicht länger als 180 Minuten parken. Der nächstgelegene **Campingplatz** befindet sich in **Zemun,** was ungefähr zehn Kilometer vom Zentrum entfernt ist. Wir haben uns aber einfach frech in eine Wohngegend mit zahlreichen kostenlosen Parkplätzen gestellt. Sie liegt in der Nähe des Zoos am **Dunavski-Kai,** direkt an der Donau. Es gab keine Probleme mit den Anwohnern.

Belgrad hat den Ruf einer Partymetropole erlangt. Die Altstadt mit vielen Clubs und Kneipen ist überschaubar. An der Donau entlang reiht sich **Partyschiff** an Partyschiff, hier kann man die ganze Nacht feiern und tanzen. Die Eintritts- und Getränkepreise sind moderat. Schick ausgehen lautet hier die Devise. Die meisten Clubs und Bars richten sich an ein trendiges Publikum mit elektronischem Musikgeschmack.

Geothermie
In Serbien findet man über 238 geothermische Phänomene, darunter viele heiße Quellen und einen kuriosen, »stillgelegten« Geysir bei Sijarinska Banja.

Heilbäder
In Serbien gibt es eine hohe Heilbaddichte. Diese haben ihre besten Zeiten aber schon lange hinter sich. Die Bäder scheinen nicht auf einen Spa-Tourismus eingestellt zu sein, sondern werden hauptsächlich von der lokalen Bevölkerung zu Heilzwecken besucht. In Bujanovac entdeckten wir zwei dampfende Betonbecken, die optisch an ein Atomkraftwerk erinnerten. In Vranjska Banja konnten wir für 150 Serbische Dinar eine Waschkabine mieten, zwei Personen zahlen zusammen 250 Serbische Dinar.

Straßen
Die Autobahn ist kostenpflichtig und nicht billig. Wir fuhren nur Teilstrecken in Richtung Belgrad und wurden 15 Euro los, da wir jedes Mal in die Kategorie 3 für Lkw eingeordnet wurden.

Währung
Ein Euro entspricht etwa 118 Serbischen Dinar (Stand März 2018).

Wasser
In Serbien gibt es unglaublich viele Quellen und gesunde Mineral- und Heilwässer.

Tadschikistan

Diesel

0,89 Euro/Liter (Stand April 2018). Achtung: Besonders in abgelegenen Ortschaften, zum Beispiel in → Murgab gibt es keine Zapfsäulen, man muss stattdessen aus Kanistern tanken.

Ein- und Ausreise

Der einzige Grenzübergang von Kirgistan nach Tadschikistan befindet sich circa 40 Kilometer südlich von Sarytasch (Kirgistan). Die Straße dorthin ist bemerkenswert schlecht! Die Einfuhr des Wagens kostete 100 US-Dollar plus zehn Somoni Bearbeitungsgebühr. Später trafen wir ein spanisch-italienisches Paar, das diese Gebühr nicht bezahlen musste – dafür aber eine Desinfektion der Reifen für 50 US-Dollar. Die Erhebung der Gebühren scheint also willkürlich zu sein. Unbedingt darauf achten, dass die Zollerklärung für das Auto genauso lange gültig ist wie das Visum!

Visum und Registrierung

Für Tadschikistan benötigt man ein Visum. Das für den Pamir und die Autonome Provinz Berg-Badachschan benötigte GBAO-Permit kann man kostenfrei gleich zusammen mit dem Visum beantragen. Bei mir fehlte es leider, während es bei meinen beiden Begleitern in den Pass gestempelt worden war. In Kirgistan, in Osh im Osh Guest House, bekommt man das Permit innerhalb von ein bis zwei Tagen für 70 US-Dollar (günstiger bei längerer Bearbeitungszeit, siehe → Kirgistan → Orte → Osh). Erst bei einem Aufenthalt ab 30 Tagen muss man sich registrieren lassen. Da wir länger als 30 Tage in Tadschikistan bleiben wollten, haben wir uns in Chorugh registrieren lassen. Dazu muss man 140 Somoni pro Person bei der Amonatbonk einzahlen sowie ein Passfoto und zwei Kopien vom Pass (einmal von den persönlichen Daten und einmal vom Visum) bei der Registrierungsbehörde abgeben. Diese befindet sich in Chorugh in der Nähe der Post (Uliza

Lenina) in einem fahlgrünen Gebäude mit vorgelagerten Säulen. Der Kopiershop liegt gegenüber.

Kommunikation

In Chorugh fanden wir angenehme Internetcafés zu vier Somoni die Stunde. Eine eigene SIM-Karte lohnt sich fast nicht. Dafür ist das Netz beinahe überall im Pamir viel zu schlecht.

Lebenshaltungskosten

Tadschikistan ist eher günstig. In Murgab jedoch bezahlt man für alles ziemlich viel, was aber auch kein Wunder ist, da der Ort wirklich am Ende der Welt liegt.

Literatur

Kartenmaterial
The Pamirs, 1:500.000, Gecko Maps.
Englische Karte mit interessanten Sehenswürdigkeiten.
Southern Tadschikistan, 1:500.000, Gecko Maps.
Northern Tadschikistan, 1:500.000, Gecko Maps.

Reiseführer
Sonja Bill: *Tadschikistan,* Trescher Verlag.

Orte

Duschanbe
Duschanbe ist furchtbar stressig. Wir haben aber einen ruhigen Stellplatz direkt im Pobedy-Park im Osten der Stadt in der Nähe der ehemaligen Seilbahn entdeckt. Zu Fuß sind es von dort circa 15 bis 20 Minuten in die Innenstadt: N38°34'45.0" E068°48'30.1".

DHL-Versand nach Duschanbe
Wir haben uns unseren zweiten Reisepass mit weiteren Visa zur DHL-Station in Duschanbe schicken lassen. Der Versand und die Abholung haben problemlos funktioniert.

Die Adressierung sollte folgendermaßen aussehen:
WORLD WIDE DOCUMENT DISPATCH
HOLD FOR PICK-UP
Vorname Nachname
Eigene Mobilnummer (unbedingt mit angeben!)
Eigene Mailadresse
DHL Worldwide Express
62, Druzhby Narodov Street
Duschanbe 734024
Bitte beachten: Die Druzhby Narodov Street hat auch noch einen tadschikischen Namen, nämlich Dustii Chalkcho. Das ist aber nur bei der Abholung relevant. Der Versand dauert per Express acht bis 14 Werktage und kostet circa 80 Euro. Die Post wird 30 Tage vor Ort gelagert. Man erhält einen Anruf oder eine SMS, wenn das Versandstück angekommen ist.

Heiße Quelle Eli Su
Diese Quelle liegt circa 45 Kilometer westlich von Murgab. Man fährt von Murgab Richtung Chorugh. Gleich nach dem Ort Murgab, noch vor der Brücke über den Fluss Murgab, biegt man rechts in ein Seitental ab. Der Piste folgen, bis bei der Kilometermarkierung 32 ein kleines Dorf auftaucht. Bei Kilometer 32,5 links abbiegen, über eine Brücke fahren und bei Kilometer 33 wiederum links in ein Seitental einbiegen. Hier fließt bereits der Eli Su. Dem Weg folgen, bis dieser nicht mehr passierbar ist. Hier parken. Dann circa zwei Kilometer zu Fuß weitergehen. Die ersten paar 100 Meter muss man durch den Fluss waten, danach dem Trampelpfad bis zu Quelle folgen. Das rechte Becken konnten wir noch mit heißem und kaltem Wasser füllen. Dazu gegebenenfalls die Rohre wieder zusammenstecken. Unbedingt auf das richtige Mischungsverhältnis achten; es wird schnell zu heiß! Viel Spaß beim Baden!

Karakul
Hier findet man einen Trinkwasserbrunnen, ein paar Geschäfte (allerdings ohne Ware), mehrere Guesthouses und Restaurants. Und nicht zu vergessen: Es gibt einen wirklich spektakulären See in einer eigenartigen Wüstenlandschaft. Unbedingt sehenswert!

Murgab
Circa 188 Kilometer hinter der Grenze von Kirgistan kommt man nach Murgab, der ersten wirklich nennenswerten Versorgungsstation mit Basar, Hotels und weiteren Übernachtungsmöglichkeiten. Es gibt sogar zwei Banken und Tankstellen. Das Touristeninformationsbüro META konnten wir trotz mehrmaliger Nachfragen nicht finden, auch im Yak House war es, entgegen der Angaben unseres Reiseführers, nicht untergebracht. Das **Yak House** ist ein auffallend runder Bau am Ortseingang, in dem man Kunsthandwerk aus der Region erwerben kann.

Pamir
Der Pamir ist eine Hochebene, weshalb es in der Region um Murgab und Alichur jede Menge **Stellplätze** gibt.

Petroglyphen in der Nähe von Eli Su
Um zu den Petroglyphen zu gelangen, fährt man von Murgab Richtung Chorugh. Gleich nach dem Ort Murgab, noch vor der Brücke über den Fluss Murgab, biegt man rechts in das Seitental ab. Dann der Piste folgen, bis bei der Kilometermarkierung 32 ein kleines Dorf auftaucht. Hier geradeaus weiterfahren. Circa bei Kilometer 34 oder 35 kommt ein hübsches Wegstück, das durch Bäume hindurchführt. Linker Hand befindet sich der Fluss, rechter Hand markante Felswände. Unterhalb der Felswände findet sich der Stein mit den eingravierten Steinböcken.

Wachankorridor

Im Wachankorridor ist es deutlich schwieriger, einen Stellplatz zum Übernachten zu finden, da es dort nur eine einzige Straße gibt. Auf ihrer einen Seite befindet sich der Grenzfluss zu Afghanistan, auf der anderen Seite ein Steilhang. Das Militär fordert einen zudem auf, sich nachts lieber in den Dörfern aufzuhalten. Angeblich besteht Entführungsgefahr durch die Taliban. Ein Stellplatz im Dorf ist aber nicht die schlechteste Wahl, da die Pamiri sehr nette und gastfreundliche Menschen sind.

Jaschikul

Auf der Piste von Alichur zum Jaschikul gibt es einen **Geysir**. Nach dem Ort Alichur in Fahrtrichtung Chorugh vor der Brücke rechts abbiegen. Bei allen Abzweigungen muss man sich stets links halten. Durch den verlassen wirkenden Ort Ak-Jar fährt man durch und nimmt dann die Piste zwischen dem versumpften See und dem See Tukkul. Es folgen sumpfige Passagen sowie extrem steile Auffahrten. Der Geysir ist sogar ausgeschildert, jedoch leider falsch, denn das Schild führt zu einer Mineralwasserquelle. Diese enthält ein sehr gutes, leicht süßliches und stark kohlensäurehaltiges Mineralwasser. Der eigentliche Geysir liegt circa 300 Meter davon entfernt. Er spritzt zuverlässig alle zwei Minuten eine kleine Fontäne von maximal einem Meter Höhe: N37°44'35.4" E073°04'07.5".

Am See Jaschikul befinden sich viele Sehenswürdigkeiten. Auf der Nordseite gibt es zum Beispiel einen **Sonnenkalender**. Zu sehen sind dort drei Steinkreise in sagenhafter Landschaft: N37°47'08.7" E072°52'16.7". Außerdem kann man noch einige **Petroglyphen** entdecken. Die »Hände« könnten allerdings auch neueren Datums sein. Wir haben unser Auto auf der Ostseite des Sees abgestellt und sind 12,5 Kilometer (einfach) zu Fuß dorthin gewandert. Dabei mussten wir beim Fluss Alichur eine Furt durchqueren. Das Wasser war maximal etwa 80 Zentimetern tief und hatte eine Temperatur von circa zehn Grad Celsius. Ansonsten ist die Wanderung schön und einfach. Alternativ führt auch eine Piste direkt zu den Steinkreisen.

Ebenfalls auf der Nordseite des Jaschikul existierte einmal eine **heiße Quelle**. Diese ist mittlerweile jedoch ausgetrocknet, das dazugehörige Waschhaus kann aber noch besichtigt werden. Daneben befinden sich verlassene Bauernhäuser, eine Karawanserei (Ruinen) und ein Friedhof mit tollen Lehmkuppelbauten und sogar ein weißer Sandstrand: N37°46'16.1" E072°58'39.6".

Der Ort **Bulunkul** liegt in der Nähe des Sees Jaschikul und direkt am See gleichen Namens. Hier kann man in einem kleinen Geschäft Grundnahrungsmittel erwerben. Es gibt eine private Übernachtungsmöglichkeit.

Etwas weiter westlich am Jaschikul befindet sich eine **warme Quelle** (geschätzte 25 Grad) mit Badehaus. Darin findet man ein Naturbecken und eine veralgte Badewanne: N37°43'52.4" E072°53'25.0".

Am westlichen Ende des Jaschikul steht ein **Naturdamm**. Dieser ist aber nicht wirklich sehenswert. Außerdem wird der Ort durch einen mürrisch dreinblickenden Wachmann von einem Blechhangar aus gesichert. Die Piste dorthin ist in sehr gutem Zustand und bietet Ausblicke auf **natürliche Steinskulpturen**. Mutter Natur hat an diesem Ort große durchlöcherte oder ausgehöhlte Felsbrocken geschaffen. Man hat von dort aus noch einmal einen wunderbaren Blick auf den See.

Straßen

Ich zitiere aus dem Tadschikistan-Reiseführer von Sonja Bill aus dem Trescher Verlag: »... wegen der schlechten Straßenverhältnisse und unberechenbarer Straßenpolizei sollte man ohne Erfahrung oder Diplomatenpass nicht selbst durch Tadschikistan fahren.« Ganz so schlimm ist es dann doch nicht, aber die Straßen sind tatsächlich in einem miserablen Zustand. Besonders schlecht war die Hauptverbindungsstrecke von Chorugh nach Duschanbe rund um das Bartang-Tal. Hier war das Fahren wirklich anstrengend, da plötzlich auch noch

Schwerlastverkehr hinzukam. Zum Teil waren die Straßen nur eine Spur breit, führten meist am Steilhang entlang und der Randbereich war weggebrochen. Die Behelfsbrücken waren genauso breit wie unser Auto und bestanden manchmal nur aus zusammengebundenen Baumstämmen. Dazu kam eine partiell schlechte Sicht durch Sandstürme. Alles zusammen erforderte einiges an Mut und Fahrgeschick. Die »unberechenbare Straßenpolizei« blieb für uns hingegen unsichtbar.

Währung
Ein Euro entspricht 10,8 Somoni (Stand März 2018). Wenn man von Kirgistan aus einreist, sollte man sich schon vorab Somoni besorgen, da man erst in Murgab Geld tauschen kann. In Osh in Kirgistan kann man am Schwarzmarkt tadschikische Somoni bekommen. Ganz offiziell erhält man hier den besten Kurs.

Wasser
Wasser zu finden ist im Pamir kein Problem. Wir haben unser Trinkwasser aus Bächen und Seen mithilfe unseres Wasserfilters gewonnen. In der Region um Duschanbe ist das aber nicht mehr so ohne Weiteres möglich, da dort Baumwolle angebaut wird. Daher ist es besser, die Wasservorräte noch im Pamir aufzufüllen.

Turkmenistan

Diesel
0,35 Euro/Liter (Stand März 2018).

Ein- und Ausreise
Bei der Einreise mussten wir insgesamt 205 US-Dollar zahlen, und zwar pro Person zwölf US-Dollar, Einfuhr und Fahrzeugtransit 50 US-Dollar, Dieselsteuer 61 US-Dollar, Fahrzeugdesinfektion fünf US-

Dollar, Autoversicherung 50 US-Dollar, Bearbeitungsgebühr fünf US-Dollar und Hundetransit zehn US-Dollar.

Registrierung
Wir haben uns in Turkmenistan nicht registrieren lassen, und es hat uns auch niemand danach gefragt.

Visum
Für Turkmenistan benötigt man ein Visum. In der Regel erhält man nur ein Transitvisum für fünf Tage. Ein längeres Visum kostet sehr viel, und angeblich benötigt man dann auch einen Guide. Aktuelle Informationen dazu finden sich auf der Seite des Auswärtigen Amts und bei den turkmenischen Auslandsvertretungen.

Orte
Aşgabat
Ein möglicher **Stellplatz** ist der relativ zentral gelegene Magtymguly-Park. Dieser ist aber nur bedingt für größere Fahrzeuge zu empfehlen, da die Parkplätze ziemlich eng sind und es dort zudem sehr laut ist: N37°56'4.6" E058°23'05.7".

Im **British Pub** kann man essen und Bier trinken. Der Pub schließt aber, wie angeblich alle anderen Bars in Aşgabat, schon um 23 Uhr! N37°56'25.7" E058°22'45.4".

Daşoguz
Auf der Südseite des Basars kann man auf dem Schwarzmarkt US-Dollar gegen Manat tauschen. In der Nähe eines blau-gelb gestrichenen Metallzauns stehen die Geldwechsler.

Gaskrater von Derweze
N40°15'08.5" E058°26'26.4", Abzweigung zum Gaskrater von der Hauptstraße: N40°11'46.2" E058°24'41.9".

Schlammkrater an der Straße von Köneürgenç nach Aşgabat
N40°10'03.9" E 058°24'40.4".

Untergrundthermalsee Köw Ata
Der See ist eine Kuriosität, allerdings sind die 40 Manat Eintritt eine teure Angelegenheit. Das Wasser hat eine Temperatur von 34 bis 37 Grad und ist aufgrund seiner Zusammensetzung besonders heilsam, unter anderem bei Hautkrankheiten und Rheumatismus. Die Höhle ist 55 Meter tief. Über steile Betonstufen steigt man hinab, geht an ein paar improvisierten Umkleidekabinen vorbei und kann dann im See baden. Dort gibt es keine Trennung nach Geschlechtern.

Vor der Höhle liegt ein großer Parkplatz, wo man auch Toiletten und Wasser findet. Getränkehändler und Schaschlikbrater haben hier ihre Verkaufsstände, was den Ort zu einem attraktiven Wohnmobilstellplatz macht: N38°18'05.0" E057°31'09.7".

Wasserkrater an der Straße von Köneürgenç nach Aşgabat
N40°02'41.0" E058°25'49.2".

Straßen
Die Straßen gewinnen einen der ersten drei Plätze der schlechtesten Straßen dieser Reise!

Währung
Ein Euro entspricht 4,3 Turkmenistan-Manat (Stand März 2018).

Türkei

Diesel
1,15 Euro/Liter (Stand März 2018).

Ein- und Ausreise
Bei der Einreise von Georgien aus wurde unser Auto geröntgt. Alles ging sehr organisiert und schnell über die Bühne. Man erhält eine dreimonatige Einfuhrgenehmigung für das Fahrzeug mittels Stempel im Pass.

Essen
Die Türken sind die Franzosen Asiens. Zumindest erschien uns die Türkei nach Monaten kulinarischer Eintönigkeit wie das gelobte Land. Obst und Gemüse sind relativ günstig. Auch kleine Snacks sind erschwinglich. Biertrinken gehen ist jedoch sehr teuer: Der halbe Liter kostet vier Euro oder mehr.

Fähre
Passage auf der Autofähre über das Marmarameer von Bandırma nach Tekirdağ kostete etwa 25 Euro. Wir konnten in US-Dollar bezahlen.

Hund
Die Ein- und Ausreise mit unserem Hund war kein Problem.

Kommunikation
Wir hatten eher selten Zugang über offene Netzwerke. Auch an Tankstellen gibt es kein WLAN.

Orte
Bolu
Die Stadt gibt an Sehenswürdigkeiten nicht sonderlich viel her, hat aber ein offenes und junges Flair.

Einen **Stellplatz** findet man auf einem der kostenlosen Parkplätze rund um das Stadion. Dieses liegt sehr zentrumsnah. Von dort sind es nur zehn Minuten zu Fuß in die Fußgängerzone. Trinkwasser (leicht gechlort) und Fitnessgeräte befinden sich nahe am Parkplatz. Auch ein WC ist vorhanden. N40°44'09.3"' E31°36'2.6".

Gölyazi
Gölyazi ist eine kleiner, hübscher, aber sehr touristischer Ort, der auf einer Halbinsel liegt. Der Parkplatz am Ortseingang ist die beste Option, um im Wohnmobil zu übernachten.

Trabzon
Trabzon ist eine lebendige Stadt an der Schwarzmeerküste. Sie liegt auf einem Berg. Einen zentralen Stellplatz zu finden war unmöglich. Die kostenpflichtigen, sehr lauten Parkplätze befinden sich direkt am Highway. Zu Fuß sind es von dort circa 15 Minuten in die Innenstadt. N41°00'32.5" E39°43'41.0".

Straßen
Die Straßen sind hervorragend und entsprechen an der Schwarzmeerküste dem Standard unserer Autobahnen, außerdem sind sie gebührenfrei.

Währung
Ein Euro entspricht etwa 4,8 Türkischen Lira (Stand März 2018).

Wasser
Trinkwasserquellen und Wasserhähne mit guter Wasserqualität findet man auch in den Städten.

Wissenswertes
Bei Kleidung und Schuhen kann man gute Schnäppchen machen.

Ukraine

Diesel

0,89 Euro/Liter (Stand März 2018).

Ein- und Ausreise

Hier herrscht die Bürokratie. Ein Stück Papier, der Talon, wurde mehrmals gestempelt und von unzähligen Beamten kontrolliert. Unser Hund wurde vom Tierarzt in einem großen Buch erfasst, die Fahrzeuginhaberin mittels Einfingersuchsystem in den Computer eingegeben. Die Ausreise war noch langwieriger und dauerte über zwei Stunden.

Klima

In Südwesten der Ukraine scheint ein außergewöhnliches Klima zu herrschen. Am Straßenrand wurden bereits Ende April Erdbeeren, Kirschen und diverses Gartengemüse verkauft. Auch Iris, Rosen und Pfingstrosen blühten schon.

Straßen

Die Straßen in der Ukraine – von Satu Mare in Rumänien kommend – zählen zu den schlechtesten der gesamten Reise. Riesige Schlaglöcher im Teer ließen die Fahrt zu einem anstrengenden Ritt werden. Für die ersten 20 Kilometer haben wir über zwei Stunden gebraucht. Vor der Grenzstadt Uschhorod in Richtung Slowakei wurde die Straße dann wieder wesentlich besser.

Usbekistan

Diesel

Die Tankstellen sind fast alles Gastankstellen. Diesel gibt es nur in kleinen Mengen auf dem Schwarzmarkt, erkennbar an den Flaschen mit Diesel am Straßenrand. Leider kann ich an dieser Stelle keine Preisangaben machen, da wir vor Ort nicht tanken mussten und es keine offiziellen Zahlen zum Thema Dieselpreis gibt.

Ein- und Ausreise

Der Grenzübertritt verlief weit weniger schlimm als erwartet. Das ganze Prozedere dauerte zwar recht lange (circa drei Stunden), war aber völlig problemlos. Wir mussten die kaum nennenswerte Summe von 4.000 Som für die Desinfektion unserer Reifen zahlen. Auch unser Auto wurde ohne Weiteres für drei Monate eingetragen.

Für die nötigen Angaben zum Verzollen der eingeführten Devisen und Wertgegenstände stehen einem auf einem Formular genau vier Zeilen zur Verfügung. Wir hatten daher schon vorab alle elektronischen Geräte auf einer Liste zusammengestellt und ausgedruckt. Unser Auto wurde nicht geröntgt und nur oberflächlich durchsucht. Die Zöllner blödelten lieber mit meiner Gitarre rum. Weder wurden unsere Medikamente konfisziert noch unser Hund beanstandet. Die Hundedokumente und das in Duschanbe ausgestelltes Gesundheitszeugnis für Sidi wollte niemand sehen.

Registrierung

Angeblich muss man sich täglich melden. Für Pauschaltouristen übernehmen das die Hotels. In Buchara fragten wir direkt bei der Registrierungsbehörde nach und erhielten zur Antwort, dass sich »Wohnmobilisten« nicht registrieren lassen müssen. Das haben wir dann auch kein einziges Mal getan!

Visum
Für Usbekistan benötigt man ein Visum. Wir hatten dies schon in Deutschland über eine Agentur in Auftrag gegeben. Dazu haben wir jeweils einen zweiten Reisepass in Deutschland gelassen, der uns inklusive Turkmenistan- und Iranvisum zur DHL-Station in Duschanbe geschickt wurde. Das hat wunderbar geklappt, war aber natürlich ein Risiko. Siehe → Tadschikistan → Orte → Duschanbe.

Gas auffüllen
Gas kann man auch ohne Adapterset überall problemlos auffüllen lassen. Viele Autos fahren hier mit Gas!

Literatur
Reiseführer
Judith Peltz und Daniel Lepetit: *Usbekistan*, Trescher Verlag.

Orte
Buchara
Wir standen sehr schön direkt vor der **Kunstakademie,** dem **Sa'nat Kolleji,** gegenüber dem **Grand Buchara Hotel,** nur zehn Minuten zu Fuß von der Altstadt entfernt. N39°46'05.7" E064°25'20.0".

In einer Seitenstraße am zentralen Platz in der Altstadt kann man in **The Pub** für wenig Geld Bier trinken und Burger essen.

Chiwa
Ein **Stellplatz** findet sich direkt an der Stadtmauer am Westtor: N41°22'47.0" E060°21'27.5".

Das Mehrtagesticket für (fast) alle Sehenswürdigkeiten kostet 28.500 Som plus 7.000 Som für die Fotoerlaubnis. Besondere Highlights sind die **Juma-Moschee** und das Naturkundemuseum, letzteres vor allem wegen seiner unfreiwilligen Komik. Am Südtor kann man umsonst auf die etwas marode Stadtmauer steigen und hat von dort einen schönen Blick über die Stadt.

Leitungswasser ist in Chiwa nicht trinkbar, da salzig – besser Trinkwasser kaufen.

Samarkand

Wir standen drei Nächte lang auf dem **Parkplatz** hinter der Oper. Es könnte ein bisschen ruhiger sein, aber dafür ist man dort sehr zentral: N39°39'07.6" E066°57'58.7".

In die **Nekropole Shohizinda** kann man kostenlos gelangen, wenn man auf der Rückseite den Eingang über den Friedhof nimmt. Eingang: Ulitsa Taschkent.

Das **Blues Café** in der Amir-Timur-Straße ist anscheinend die einzige Kneipe in Samarkand. Die Einrichtung mit den Ledersofas ist gemütlich, es gibt leckeres und verträgliches Sarbast-Bier und kleine Speisen. Leider ist die aufgelegte Musik alles außer Blues.

In der Ulitsa Makaronka befindet sich das **Autoschrauberviertel.** Hier kann man unter anderem seinen Kühler (»Radiator«) für wenig Geld löten lassen.

Polizei

Die Straßenpolizei ist allgegenwärtig, und wir mussten permanent Ausweis und Fahrzeugpapiere vorzeigen. Das war lästig, aber nicht weiter schlimm. Wenigstens wollte man kein Geld von uns wie etwa in Kasachstan.

Straßen

Wenn man gerade aus Tadschikistan kommt, sind die Straßen ganz gut. Alles ist eben relativ.

Währung

Die Währung heißt Som. Meistens kann man nicht mit einer Visa- oder Mastercard Geld an Automaten abheben. Gern werden US-Dollar (Euro dagegen nicht!) getauscht, dafür gibt es einen regen Schwarzmarkt. Wir haben einfach am Basar einen der Händler gefragt. Dort haben wir einen guten Kurs erhalten. Laut Währungsrechner (Stand März 2018) entspricht ein US-Dollar 10.000 Som. Der Preis auf dem Schwarzmarkt variiert aber wahrscheinlich stark. Tipp: Sehr große Geldtasche anschaffen, da fast nur 1.000-Som-Scheine kursieren. Für 200 US-Dollar erhält man daher einen ganzen Beutel voller Geld. Nachzählen ist schwierig, aber wir wurden auch nicht übervorteilt.

Wasser

Da Usbekistan ziemlich viel Ackerland hat und das meiste davon Baumwollfelder sind, haben wir dem Trinkwasser aus der Leitung nicht getraut. Beim Tahtakaraca-Pass, südlich von Samarkand, fanden wir jedoch mehrere Quellen, die wir als unbedenklich eingestuft haben. Das Wasser sprudelt dort aus dem Berg in ein Becken. Daneben befinden sich schön geformte Felsen.

Vereinigte Arabische Emirate

Alkohol

Alkohol ist offiziell eigentlich verboten – aber für Touristen und Gastronomiebesitzer gibt es einen sogenannten Liquorstore. Hier gibt es alles, auch Weine in der Preisklasse bis zu 10.000 Euro! Dieser liegt von Dubai Richtung Norden nach Ra's al-Chaima fahrend am Beach Resort: N25°35'08.4" E55°39'10.9". Alkohol sollte man dennoch besser nicht öffentlich trinken.

Diesel

0,59 Euro/Liter (Stand März 2018).

Ein- und Ausreise

Fähre

Die Fähre nach Schardscha kann man auch kurzfristig vor Ort in Bandar Abbas (Iran) bei der South Shipping Line buchen: N27°09'56.1"

E56°13'45.5". Sie fährt samstags, montags und mittwochs vom Port Bahonar ab: N27°09'17.3" E56°12'23.8". Man sollte sich auf einen Tag Bürokratie im Hafen von Bandar Abbas einstellen – und auf weitere zähe Stunden in den Vereinigten Arabischen Emiraten.

Die Kosten im Iran haben sich auf 83 Euro für die Überfahrt für zwei Personen, 51,30 Euro Steuern, 553 Euro Transportkosten für das Fahrzeug (verhandelbar) und 7,80 Euro für den Stempel im Carnet de Passage belaufen. Die Mitnahme unseres Hundes war kein Problem. Wir durften ihn sogar auf dem Zwischendeck spazieren führen. Bei der Einreise in die Emirate haben wir ihn wieder einmal nicht vorgezeigt. Auch für den Inhalt des Autos hat sich niemand interessiert. Die Kosten in den Vereinigten Arabischen Emiraten haben sich folgendermaßen zusammengesetzt: 108 Euro Bearbeitungsgebühren am Hafen, 17,84 Euro weitere Gebühren und 4,46 Euro für den Stempel im Carnet de Passage (zum Teil verhandelbar).

Visum
Das kostenlose Visum erhält man relativ unkompliziert vor Ort am Hafen von Schardscha.

Hund
Siehe → Ein- und Ausreise → Fähre. Hunde sind in den Emiraten bei weitem nicht so ungewöhnlich wie im Iran. Außerdem leben und arbeiten viele Europäer im Land, die auf ihren Vierbeiner nicht verzichten möchten. Auffallend waren daher die vielen Tierkliniken. Im Sommer, bei Temperaturen bis zu 50 Grad, ist eine Hundemitnahme aber sicherlich nicht zu empfehlen, vor allem wenn man über kein voll klimatisiertes Zuhause verfügt.

Kleidung
Wenn man aus dem Iran kommt, ist die Kleiderfrage vergleichsweise locker. Man darf als Frau auf das Kopftuch verzichten, und ein kurzärmeliges T-Shirt zu tragen ist ebenfalls kein Problem.

Orte

Sandy Beach

An der Ostküste rund um die kleine Felseninsel Snoopy Island in der Nähe von Dibba kann man am Sandy Beach sehr schön schnorcheln. Haie, bunte Fische und Schildkröten sieht man hier unter Garantie.

MEIN DANK GEHT AN

... meine Eltern Karin und Uli für Recherchearbeit, die Botanikhinweise und die Hilfe beim Korrekturlesen.

... Heppos Eltern Marga und Paul für die Pflege unseres Wagens während unserer Abwesenheit.

... Matthias' Eltern.

... Samuel für das Kümmern um unseren Wagen.

… unsere damaligen Mitbewohner für die Nachrichten eines bewegten Jahres.

... meinen Chef Martin und meine Kolleginnen.

... alle Freunde und Bekannte für die positiven Reaktionen auf den Reiseblog und das Mitfiebern.

... die allrad-lkw-gemeinschaft, Mareike und Tobi sowie Matthias' Cousin Klaus für technische Hilfe und Ferndiagnosen.

... Florian Zeitler für die Reserveradhalterung.

... den Bootsbauer alias Frank Jäcklein für die Werkstattmitbenutzung und den Orientierungslehrgang.

... die Reisekollegen von abseitsreisen, morpheusreisen, magirus-nomaden, mankei-travel, wirsindunterwegs, die Praschels und viele mehr für Inspiration, Tipps und Reisehinweise.

... meine ehemalige Russischlehrerin Yuliya für die Reisetipps Ural.

... all die wunderbaren und gastfreundlichen Menschen unterwegs, die uns zu sich nach Hause eingeladen oder uns weitergeholfen haben.

… die Lektorin Sigrun Künkele und den Projektbetreuer Niko Schmidt im Delius Klasing Verlag.

... alle, die ich hier vielleicht vergessen habe.

Der größte Dank aber geht an meine Mitreisenden:

Frau Scherer, die so tapfer war.

Hund Sidi für das Dabeisein.

264

An Matthias für die tolle Planung vorab und seine Geduld mit mir. Und – nicht zuletzt – an Heppo, der mit mir zusammen so viele wunderbare und verrückte Ideen in die Tat umsetzt. Ich liebe Dich!

Bibliografische Information der Deutschen Nationalbibliothek
Die Deutsche Nationalbibliothek verzeichnet diese Publikation
in der Deutschen Nationalbibliografie; detaillierte bibliografische
Daten sind im Internet über http://dnb.dnb.de abrufbar.

1. Auflage
ISBN 978-3-667-11407-5
© Delius Klasing & Co. KG, Bielefeld

Lektorat: Sigrun Künkele, Niko Schmidt
Fotos: alle von Berit Hüttinger, bis auf:
Titelbild und Bilder 1, 2, 4, 6, 7, 8, 17 und 20 (Matthias Feicht);
beide Autorinnenbilder und Bild 29 (Andreas Helmberger)
Karten: Berit Hüttinger
Umschlaggestaltung: Felix Kempf, www.fx68.de
Satz: Axel Gerber
Lithografie: Mohn Media GmbH, Gütersloh
Druck: GGP Media GmbH, Pößneck
Printed in Germany 2018

Delius Klasing Verlag, Siekerwall 21, D - 33602 Bielefeld
Tel.: 0521/559-0, Fax: 0521/559-115
E-Mail: info@delius-klasing.de
www.delius-klasing.de

MARTIN RÖHRIG

SCHR AU BEN. SCHLAFEN. SURF EN.

MEIN BULLI SABBATICAL
AM ATLANTIK

DELIUS KLASING

SMURFY'S LAW

Smurfy ist ein schlumpfblauer T2-Bulli, mit dem Martin
Röhrig von Hamburg aus in Richtung Atlantikküste auf-
bricht. Sabbatical, raus aus allem. Was soll schon passieren,
wenn man ein Jahr Zeit hat, um traumhafte Campingplätze,
grandiose Kite-Spots und nebenbei vielleicht auch sich selbst
zu finden?
Eine ganze Menge, denn Smurfy ist nicht mehr der Jüngste.
Im Lauf der Reise wird »Murphy's Law« zu »Smurfy's Law«,
oftmals gibt der Schlumpf den Takt vor. Aber nicht alles,
was schiefgehen kann, geht schief. Unterwegs finden sich alte
und neue Freunde, zahlreiche Gelegenheiten zum Kiten, zum
Surfen, zum Grillen, zum Chillen – und die besten Kultur-,
Werkstatt- und Stellplatztipps gibt's noch dazu.

DER ROADTRIP FÜR SINNSUCHER,
BULLIFREUNDE, SURFER, KITER,
UND ALLE, DIE SCHON MAL
ANS AUSSTEIGEN GEDACHT HABEN:
EINSTEIGEN UND LOSFAHREN!

Martin Röhrig
SCHRAUBEN. SCHLAFEN. SURFEN.
224 S., Format 15,0 x 22,5 cm, Flexocover
Euro 19,90 (D)/20,50 (A)
ISBN 978-3-667-11249-1
www.delius-klasing.de
E-book: 15,99 Euro

01

FRANKREICHS
ATLANTIKKÜSTE

JOIE DE VIVR

ENDLICH ATLANTIK

Und dann liegt er vor mir: der Atlantik, das Weltmeer, das mindestens für die nächsten zwei Monate mein ständiger Reisebegleiter sein soll – so lautet jedenfalls der aktuelle Plan. Ich bin so bewegt, dass ich im Rückwärtsgang fast ein Auto zusammenschiebe. Zum Glück warnt mich mein neu eingebauter Rückfahrpieper vor einer größeren Katastrophe. Den Schreck muss ich bei einer Kite-Session verarbeiten. Auch wenn es unerwartet kühl und das Wetter noch ausbaufähig ist, genieße ich die erste Session meines Trips in vollen Zügen. Ein Gefühl endloser Freiheit ergreift mich, und es fühlt sich gigantisch gut an. Hinter mir liegt das konservative Wertesystem, das mich mein Leben lang eingeschränkt hat, vor mir die Freiheit: willkommen! Aber was bedeutet »Freiheit« in meinem besonderen Fall – den ganzen Tag auf dem Kiteboard zu verbringen?

Ich treffe die Familie von Tornado an, wie ich sie bei meinem letzten Besuch vor zwei Jahren zurückgelassen habe. Die meisten Sorgen und Gespräche drehen sich um den spätpubertierenden Sohn, der sie alle in Atem hält und jeden Tag wie eine neue Bewährungsprobe erscheinen lässt. Das tut mir sehr leid, denn im Prinzip wohnen sie hier in einem Paradies, mit einem gemütlichen kleinen Häuschen nur wenige Meter vom Strand und vom Ortskern entfernt. Vereinzelt gelingt es, die Gespräche in eine andere Richtung zu lenken – über Frankreich, über das Leben. Tornado war früher Kampfpilot und hat in seinem Leben viel erlebt und gesehen. Der Spagat zwischen Freiheit und familiärer Verantwortung kostet ihn viel Energie, was deutlich zu spüren ist.

Ich schlafe vor dem Haus im Bulli. Alles ist sicher, aber irgendwie noch extrem ungewohnt. Die Matratze scheint zu hart, der Rücken tut weh, und während der ganzen Aufregung sind mir mindestens zwei Wirbel rausgesprungen. Bulli fahren bedeutet nun mal: Stil vor Komfort! Kann das denn überhaupt drei Mo-

32

nate gut gehen? Früher habe ich in der Hängematte übernachtet, aber aktuell jage ich hinter der optimalen Schlafsituation her wie ein Hund hinter dem Postboten. Tornado bietet sich an, mir die Wirbel wieder einzurenken. Einmal tief eingeatmet, und krach! Es scheppert, als wäre das ganze Rückgrat gebrochen. Noch ein zweites Mal, und die Blockaden sind weg. Ob die Schmerzen weg sind, kann ich noch nicht sagen. Im Moment bin ich nur überglücklich, dass ich nicht querschnittsgelähmt bin. Auf den Schreck jetzt aber erst mal 'ne Runde aufs Wasser.

Bereits nach zwei Tagen in Le Touquet spüre ich, wie die Ferne »an mir zieht«. Meine Zeit hier ist vorbei, auf ins Ungewisse! Diesmal ohne Freund, Bekannten oder Verwandten an der Zielmarke, einfach los. Was sich ursprünglich superfrei anfühlen sollte, erweist sich zunächst als extrem ungewohnt. Wie läuft das Auto? Wer schleppt mich ab, wenn ich liegen bleibe? Gut, ADAC plus wird sicher über die größten Probleme hinweghelfen, aber wenn die gelben Engel einschreiten müssen, ist die Reise auch vorbei. Wenigstens schaffen dann sie Smurfy nach Hamburg zurück.

LE MONT-SAINT-MICHEL

Ein Blick auf die Karte verrät, dass es bis zu der Landmarke südlich von Brest, die mir Boris geschickt hat, zu weit ist für eine entspannte Tagesreise. Le Mont-Saint-Michel wird mir als Stopp empfohlen. Ein Ort auf einem Felsen im Meer, mit einer Abtei obendrauf. Früher nur bei Ebbe zu erreichen und heute Teil des Weltkulturerbes – na dann mal los! Es nieselt, und ich hasse es, bei Regen Bulli zu fahren. Das Wischwasser funktionierte noch nie, der Scheibenwischer leider auch nur recht selten. Gerade will er mal wieder nicht, was auf der Autobahn aufgrund des Fahrtwindes nicht so dramatisch ist, aber dennoch extrem nervt. Ansonsten gefällt mir das Tempo in Frankreich. Die Autofahrer scheinen entspannter als in Deutschland,

VORWEG:
Die Frage »Darf man da stehen?« muss sich jeder selbst beantworten, wenn e nach dem ganz besonderen Stellplatz sucht. Im Norden Frankreichs ist es, saisonal abhängig, relativ unkompliziert, irgendwo zu stehen. Dieses Buch gibt hier nur rudimentäre Anhaltspunkte, denn der Bulli findet den ide alen Stellplatz, und nicht de Fahrer. Schmeißt die dicken Campingführer in den Müll und findet es selbst heraus!

STELLPLATZTIPP
LE TOUQUET-PARIS-PLAGE
Im Norden der Stadt, am Pointe de Touquet, nahe des Hafens, gibt es einen öffentlichen Parkplatz mit einem sehr schönen Blick über die kleine Lagune.
50°32'10.3"N
1°35'32.2"E

Smurfy und ich komme uns näher – die ers Übernachtung auf der Straß

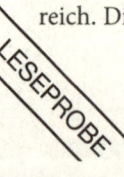

Die Parade beim Start der Tour de France.

und regelmäßig fährt jemand vorbei, grüßt, reckt den Daumen in die Höhe oder fotografiert Smurfy, das entschleunigt. Aber nach gut fünf Stunden reicht es mir, im Regen zu fahren. Ich folge den Schildern Richtung Le Mont-Saint-Michel. Auf dem Weg dorthin fallen mir unfassbar viele Campervans auf, die auf den Äckern und am Straßenrand stehen. Keine coolen Smurfys, eher so Wohncontainer, aber irgendwo muss ein Nest sein. Leute in Regencapes wollen mir Parkplätze auf den Wiesen entlang der Straße anbieten, merkwürdig. Dem Herdentrieb folgend, stelle ich mich auf so einen Acker, natürlich in die erste Reihe mit Blick auf den Mont – man weiß ja nie, was kommt.

Fähnchen, Aufsteller, Flaggen. Hier ist was im Gange, denke ich bei mir, dann ein Schild mit der Aufschrift »Le Tour«. Ich nehme das Tablet auf den Schoß und durchstöbere das Netz: Zum

D

RTENEMPFEHLUNG
ANKREICH
ANCE –
RD DE MER (KÜSTE),
ITIONS TRAILER'S PARK.
f Basis von Michelin-
rten im Maßstab
50.000–1:300.000,
sätzlich mit einer Liste an
atisstellplätzen entlang
r französischen Küste. Die
eisten dieser Stellplätze
mmen über das Prädikat
unktional« nicht hinaus.
der Regel mit Parkauto-
at, oft mit Wasser- und
wassersäule und mäßigen
iletten. Selten meine Wahl,
er als Rettungsanker
rchaus verwertbar. Für
verse Länder zu beziehen
er:
ww.trailers-park.fr

ersten Mal startet die Tour de France in Le Mont-Saint-Michel, und zwar morgen, am 2. Juli. Wir sind mittendrin, statt nur dabei. Ich kann diesen Zufall gar nicht so recht fassen. Was für ein Glück! Plötzlich passt alles zusammen.

Ich wache von einem regen Treiben auf und beginne mit meinem Morgenritual, dem Kaffeekochen. Dabei wird der heimische Elbgold-Kaffee zunächst in der Handmühle gemahlen und dann schonend in der Isolier-French-Press aufgebrüht. Der Regen hat sich derweil verzogen, und die Bedingungen für ein Radrennen könnten nicht angenehmer sein: gemäßigte Temperaturen, trocken und bedeckt. Schon die ganze Zeit fahren Autos mit einzelnen Rädern, kompletten Rennrädern und allem möglichen Zubehör über die Strecke – was für eine Materialschlacht. Dann beginnt die Parade, auf die hier offensichtlich alle in ihren Wohncontainern gewartet haben. Es ist wie Kölner Karneval, wenn man ihn den großen Konzernen zur Selbstdarstellung überlassen würde. Allerdings fahren die »Paradewagen« mit einem Affenzahn über die Strecke. Die Wagen selbst sind alle perfekt hergerichtet, aus Glasfaser, wie es scheint, mit perfekter Bemalung im Einklang mit der Corporate Identity des jeweiligen Produktes. Und so brausen McCain-Pommes, die französische Lotterie, Senseo-Kaffee, Haribo-Tüten und Co. an mir vorbei. Die angeschnallten Jecken darauf – hier wohl eher Studenten beim Aushilfsjob – werfen den Schaulustigen Werbemittel zu. Die Haribo-Tüten sind noch das Beste. Das Tuch vom französischen Reifenhersteller und die Mütze mit Skoda-Werbung entsorge ich direkt – bloß kein unnötiger Ballast. Die Begeisterung der Menschen ist gewaltig, aber der Kommerz, der hier betrieben wird, gleichermaßen. Irgendwann kommt ein Pulk Rennradfahrer vorbeigeschossen, gefolgt von weiteren Autos mit Fahrradteilen. Das Feld hat vielleicht 15 Sekunden der ganzen Show ausgemacht. Was für ein Aufriss.

Die Menge kriegt sich langsam wieder ein und sortiert sich zum Aufbruch. Das war er also, der Tour-de-France-Start 2016. Ob

KULTURTIPP
LE MONT-SAINT-MICHEL
Die über 100 Meter hohe
Erhebung Le Mont-Saint-Mi-
chel vor der normannischen
Küste wird dominiert von der
Abtei. Sie ist Pilgerziel und
UNESCO-Weltkulturerbe mit
rund 3,5 Millionen Besuchern
pro Jahr. Zu erreichen über
einen ein Kilometer langen
Damm mit dem Shuttle-Bus
oder zu Fuß, Radfahren ist
untersagt.

LESEPROBE

die gesamte Parade bei jedem Etappenstart auffährt? Ich werde es nicht erleben, denn die Tour startet in Richtung Normandie, und ich werde genau entgegengesetzt weiterreisen. Doch vorher steht noch Kultur auf dem Programm.

Ich nehme das Elektro-Skateboard und düse im Slalom durch die Pilgerschar. Es stand nirgends, dass Skateboards verboten sind. Le Mont-Saint-Michel ist als historisches Dorf ganz schnuckelig, architektonisch beeindruckend und von den üblichen Touristenfallen durchzogen, aber auf jeden Fall sehenswert. Ich plane, in die Abtei vorzudringen, und möchte das E-Skateboard an der Kasse abgeben. So etwas kriegen die Kassiererinnen nun gar nicht gewechselt und weigern sich standhaft, das Skateboard in Verwahrung zu nehmen. Es einfach irgendwo in den Büschen zu verstecken, ist mir schlichtweg zu blöd, und so mache ich mich langsam wieder auf den Rückweg, elektrisch, über den Damm zum Auto. Zum Abschied gönne ich mir noch ein regionaltypisches Sandwich mit Wurst, und ab geht's in Richtung eines Wegpunktes, den mir Boris über WhatsApp geschickt hat.

CROZON

Der Ort Crozon in der Bretagne scheint komplett unspektakulär zu sein. Dem Navi nach steuere ich Smurfy kurze Zeit später durch recht schmale Gassen den Hang hinab Richtung Wasser. Zweimal in Folge steht dort ein riesiges »Camping verboten«-Schild. Ob ich hier über Nacht bleiben möchte, kann ich jetzt noch nicht entscheiden. Auf dem Parkplatz steht nur noch ein einziges Auto, aus Deutschland. Eigentlich ist es ein Lkw und sieht aus wie ein Möbeltransporter mit Fenstern, sicherlich älter als Smurfy und ziemlich alternativ. Ich habe ein ungutes Gefühl und parke erst einmal, um die Gegend zu erkunden. Vom Parkplatz führt ein schmaler Weg zum Strand. Es verschlägt mir den Atem: was für ein Anblick! Ich stehe auf einem

KULTURTIPP
NORDFRANKREICH

Die Küsten Nordfrankreichs also der Normandie, der Bretagne und der Pays de la Loire – sind ursprünglich, r und touristisch entspannt, c Menschen tiefgründig und sympathisch. Das Gebiet ist geprägt von schroffen Felse und Klippen, durchmischt mit traumhaft schönen, einsamen Sandbuchten. Durch den Tidenhub von bis zu zwölf Metern verändert es sich stetig. Das Wetter in dieser Region ist recht durchwachsen, ähnlich wie in Norddeutschland. Die Be bauung an der Küste ähnelt der Natur: Kleine Dörfer mit Häusern aus grob behauene Steinen schützen vor der Witterung. Die Umwelt präg den Menschen, weshalb die Normannen und Bretonen eher introvertiert und stur sind, aber ein großes Herz haben. Mit dem Bulli fühle i mich hier überall willkomme und in Ruhe gelassen.

menschenleeren Strand am Ende einer großen Bucht. Weit und breit ist kein Mensch zu sehen, rechts der Atlantik, links zieht sich eine bewachsene Dünenlandschaft den Berg hinauf. Es ist wunderschön hier, friedlich, herrlich. Zurück auf dem Parkplatz sind auch die Nachbarn aufgetaucht, nebst drei Hunden. Ich bin immer noch skeptisch. So ein »Besetzerfahrzeug«, dann auch noch Dreadlocks, und das alles auf einem verbotenen Parkplatz. Die Situation überfordert mich maßlos. Ich muss dazu sagen, dass ich in Hunde vernarrt bin, wenn sie halbwegs erzogen sind, und so bricht schon der erste – Labrador Cello – das Eis. Es stellt sich heraus, dass meine Nachbarin Solveig Hunde ausbildet, Cello als Blindenhund und einen Collie als Hund für Zuckerkranke, und sie gehorchen sagenhaft gut. Der Lkw stellt in der Tat das Zuhause von Malte dar, sesshaft, wenn man das so nennen kann, in Köln. Innendrin befindet sich ein Bollerofen zum Heizen, ein regulärer Herd zum Kochen, eine Sitzgelegenheit und ein Bett. Die Fenster sind vom Schrottplatz – ich erkenne die Rundungen der Heckscheibe einer alten »Ente« wieder. Langsam taue ich auf. Hier mit nur zwei Autos zu stehen, ist mir immer noch suspekt, aber immerhin haben wir drei Hunde, die aufpassen. Ich richte mir mein Nachtlager ein. Mein Rücken tut chronisch weh, ich weiß nur nicht, ob es von der Matratze oder von der allgemeinen Anspannung kommt. In Le Mont-Saint-Michel standen wir Auto an Auto, dies ist quasi die erste Nacht in freier Wildbahn, und genauso schlafe ich auch: miserabel.

Der erste Morgen in freier Wildbahn. An Natur hat der Platz so ziemlich alles zu bieten, was das Herz begehrt, an Sanitäreinrichtungen logischerweise gar nichts. Ein Blick auf die Karte zeigt, dass sich am anderen Ende des Strandes, gut einen Kilometer entfernt, eine Surfschule und ein Campingplatz befinden. Vielleicht wäre es schlauer, einfach dorthin umzuziehen? Für die Morgentoilette schummele ich mich auf den Campingplatz. Auf dem Rückweg notiere ich die Nummer der Surfschule und bemerke zeitgleich, dass Wind aufkommt. Playtime!

Der Wind ist zu schwach zum Kiten, aber ich habe es wenigstens versucht. Zurück auf dem Parkplatz begrüßt mich schon Labrador Cello. Dich könnte ich sofort mitnehmen! Ich leihe mir den Hund für einen Spaziergang aus und bin völlig überrascht, dass er mitkommt und sogar gehorcht. Zu zweit tollen wir über den Strand, und es fühlt sich unglaublich gut an. Ich hätte so gern einen Hund. Auf der Tour wäre das auch perfekt, aber dann? Wie passt ein Hund in mein ziviles Leben in Hamburg?

Abends grillen wir gemeinsam, und ich packe erstmalig meinen Campingaz-Gasgrill aus, das macht Eindruck. Vorher will noch Fußball-EM geschaut werden, Deutschland gegen Italien. Deutschland gewinnt im packenden Elfmeterschießen. Oha, ein Finale Deutschland gegen Frankreich, das wäre ja noch ein Spaß hier in Frankreich, aber noch ist nichts entschieden. Ich spüre, wie mein Puls langsam in den Relax-Modus übergeht, nach gut eineinhalb Wochen. Die letzten Tage waren doch ziemlich stressig.

Am nächsten Tag verzurren Solveig und Malte wieder alle Einrichtungsgegenstände in ihrem Heim und reisen ab, die Hunde nehmen sie leider mit. Da kein Wind aufkommt, beschließe ich, mich mit Surfunterricht über den Verlust hinwegzutrösten. Allein möchte ich hier nicht zurückbleiben, und so siedele ich um auf den Campingplatz am anderen Ende der Bucht, denn duschen müsste ich auch mal.

Der Surflehrer heißt Nicolas und hat, wie alle französischen Surflehrer, das eine, übergeordnete Ziel, der Welt Französisch beizubringen – hartnäckig, wie ein Franzose so sein kann. Gut, dann bestreiten wir den Tag halt auf Französisch, ich kann mich ja anpassen. Nicolas gibt sich, abgesehen von dieser ausgeprägten Macke, wirklich Mühe. So viel Mühe, dass ich am nächsten Tag gleich noch einen Kurs buche. Eigentlich bin ich gar nicht so heiß darauf, Surfen zu lernen. Dies ist ungefähr mein achter Versuch. Im Prinzip geht es mir aktuell mehr um eine

Beschäftigung, um Anerkennung und Gesellschaft. Jedes Mal, wenn ich eine Welle stehe, schaue ich beifallheischend zu Nicolas, und er bejubelt meinen Erfolg. Mehr brauche ich nicht, nur jemanden, der meine Freude teilt, wenn es klappt. Am Ende des zweiten Tages kommt Nicolas dann mit seinem Surfboard zu mir geschwommen und lädt mich ein, mit ihm weiter hinaus zu den großen Wellen zu paddeln. Ich fühle mich stolz wie Simba, der kleine Löwe, und paddele ihm hinterher – dorthin, wo die richtigen Surfer surfen.

Der Abschied von Crozon fällt mir schwer, wie jeder Abschied. Nicht, dass ich hier irgendwen vermissen würde, aber ich weiß einfach nicht, was kommt. Dieser Aufbruch ins Ungewisse weckt einen Widerstand in mir. Wird es wieder so schön sein? Ich habe gar keine rechte Vorstellung davon, wohin ich fahren soll und was mich dort erwartet. So beschließe ich, noch in der Region zu bleiben, klappere zunächst die Nordseite der Halbin-

SPITZKOHLSALAT VON SOLVEIG UND MALTE

ZUTATEN FÜR 2 PERSONEN:
½ Spitzkohl
½ Apfel
Salz
Pfeffer
gutes Olivenöl
heller Essig

ZUBEREITUNG:
Den Spitzkohl sehr fein in dünne Streifen schneiden.
Dabei den dicken Strunk in der Mitte nicht verwerten.
In eine Schüssel geben und mit wenig (!) Salz und Pfeffer würzen.
Mit beiden Händen alles gut durchkneten, bis der Kohl schön weich ist.
Nun etwas Olivenöl und einen Hauch Essig dazugeben,
einen halben Apfel reiben und alles gut durchmischen.

44

sel ab und cruise die Promenade von Camaret-sur-Mer entlang. Ich genieße es, wenn die Leute dem Bulli hinterherschauen, den Daumen hochrecken oder sogar hinterherrufen, das macht den Unterschied. Auf dem Weg in eine Parkbucht kracht es unerwartet und unüberhörbar irgendwo unter dem Auto, und dann lässt sich die Kupplung nicht mehr vernünftig durchtreten. So ein Mist, denke ich, rolle mit letzter Kraft in die Parkbucht und mache mich an die Fehlersuche. Am Ende des Kupplungszuges finde ich eine Stellmutter, die sich noch ein gutes Stück aufschrauben lässt, bis der Kupplungszug wieder Spannung hat. Das ging einfach. Mit geschwellter Brust fahre ich weiter – die erfolgreich durchgeführte Reparatur gibt mir ein unglaublich gutes Gefühl. Den Erfolg werde ich heute mit einem Restaurantbesuch feiern, Nicolas hat mir beim Abschied noch einen guten Tipp gegeben. Doch vorher suche ich einen schönen Platz für die Nacht.

Schnell werde ich fündig, neben zwei Bussen mit Surfern aus Deutschland. Ein schöner Parkplatz, direkt am Strand, einsehbar und keine 100 Meter hinter einem »Campen verboten«-Schild ... aber die werden hier ohnehin überbewertet. Ein passender Ort, um meine Fotoausrüstung auszupacken und Surfbilder zu machen. Das dargebotene Schauspiel ist eine Fotoserie wert, zumal ich ein extrem großes Teleobjektiv dabeihabe. Den Hauptdarstellern zeige ich später auf dem Parkplatz die Bilder und schicke sie ihnen vom Fleck weg per Mail, der perfekte Eisbrecher. Doch jetzt mache ich mich erst einmal schick für das Abendessen.

Die Speisekarte liest sich gut, soweit ich sie verstehe. Leider verstehe ich nicht viel. Und dann ist da etwas, das mich interessiert: Andouille. Ich frage die Bedienung, die auf ihren Bauch deutet und mir versichert, dass es lecker ist, eine regionale Spezialität. Aufgepasst: Es ist in Frankreich – und sicher auch anderswo – ein großer Fehler, etwas zu bestellen, von dem man nicht weiß, was es ist, und ich begehe ihn. Vor mir auf dem Teller liegt eine Wurst im Naturdarm, beim Anschneiden kommen recht grobe Stücke zum Vorschein. Inzwischen, jedoch zu spät, habe ich hier Internetempfang und schaue nach: »Spezialität der Region, wird aus Innereien hergestellt«. Offenbar so etwas wie der Pfälzer Saumagen. Widerlich! Ich würge ein gutes Stück herunter und gebe dann auf. So habe ich mir meine kleine Belohnung nicht vorgestellt. In der Nacht schlafe ich schlecht. Viele Gedanken gehen mir durch den Kopf, und ich wache ständig auf. Ich bin völlig durch den Wind. Aber wenn das Teil meines persönlichen Regenerationsprozesses sein soll, dann ist das eben so.

AUF INS UNGEWISSE

Am nächsten Morgen kann es weitergehen, in den unbekannten Süden. Zum Glück habe ich noch ein paar Tipps von Boris bekommen, die ich zunächst ansteuern kann. Er ist ein absoluter Fan der Region und motiviert mich am Telefon zur Weiterfahrt. Also wieder auf ins Ungewisse, was habe ich für eine Alternative? Vorher wird noch im Supe markt E.Leclerc eingekauft und getankt, dort ist es so schön billig. Gerade will ich von der Zapfsäule wegfahren, da knallt es wieder. Diesmal scheint sich der Kupplungszug komplett verabschiedet zu haben. Der erste Gang ist noch drin, aber wohin nun damit? Der nächste Stopp bedeutet Endstation, bis der Schaden behoben ist. Rücksichtslos fahre ich in den Kreisverkehr ein und im gleichen Stil über den Parkplatz von E.Leclerc, bis in eine ruhige Ecke am Ende. Erst einmal Motor aus und sammeln! Einen Ersatzzug habe ich zum Glück dabei, er ist Teil meines Ersatzteil-Kits, das ich am letzten Tag in Hamburg noch abgeholt habe. Jetzt bitte keine festgefressene Schraube, dann sollte ich das Problem selbst beheben können. Ich gehe die Reparatur gelassen und konzentriert an, und nach gut 45 Minuten ist alles wieder beim Besten, nur dass ich jetzt aussehe wie Sau. Aber das ist das kleinste Problem.

Stellplätze mit Mehr-Wert

DiesesbegeisterndeAbenteuer-BucherzähltdieGe-schichtevoneinerReisezuzweit,diemitdemCam-pingbusüberdielängsteStreckeführt,diemansich überhauptaussuchenkann:VonderSchweizbisnach bisAustralien.YvonneundBrunoerlebendabeifaszi-nierendeNatur,unendlicheWeiten,überfüllteStädte undimmerwiedertolleBegegnungen.EinBuch,das Lust darauf macht, seine Träume zu leben.

Bruno Blum
Der weiteste Weg
Mit dem Campingbus bis Australien
ISBN 978-3-667-10914-9

Der VW Bus Bulli prägte eine ganze Generation – die Hip-pies der 1970er. Ober-Hippie Jürgen Schultz und sein VW Bulli waren damals mit dabei und in diesem Buch erzählt er eine schier unglaubliche Fülle an Geschichten, Aben-teuern und Anekdoten aus seiner Zeit auf dem legendären Hippie Trail. Der alte VW Bus existiert noch heute – gehen Sie auf eine Zeitreise und erleben Sie eine Bulli-Geschich-te, wie es sie nur ein Mal gibt.

Heiko P. Wacker
Im Bulli auf dem Hippie-Trail
Die abenteuerlichen Reisen des Herrn Schultz
ISBN 978-3-667-11250-7

DELIUS KLASING

Fastalleskönner

Er wurde vor mehr als 60 Jahren als Arbeitsgerät für die Landwirtschaft erdacht und konnte stets noch viel mehr: Der Unimog (Abkürzung für Universal-Motorgerät) scheut vor fast keiner Aufgabe zurück. Als leistungsfähige Zugmaschine und äußerst geländegängiges Arbeitstier hat er sich überall bewährt. Wo er nicht mehr durchkommt, kommen andere gar nicht erst hin.

Peter Kurze | Lars Döhmann
Unimog
Vielseitig auf jedem Arbeitsgebiet
ISBN 978-3-7688-3596-1

VW Transporter waren das Rückgrat des wirtschaftlichen Aufschwungs im Nachkriegs-Deutschland, sie lösten die Transportprobleme von Handel und Handwerk und wurden deshalb auch gerne als die „Lastesel des Wirtschaftswunders" bezeichnet. Mit zeitgenössischen Fotos und Grafiken erinnert dieser liebevoll gestaltete Band an die Anfangsjahre eines der erfolgreichsten Fahrzeuge.

Peter Kurze
VW Bulli
Flotter Transporter
ISBN 978-3-667-11156-2

DELIUS KLASING